JN086881

The IPO Story ~A 745-day Voyage to IPO and Beyond~

IPO物語

とあるベンチャー企業の
上場までの 745 日航海記

和田　芳幸　本村　　健 編集代表

武藤　雄木　佐藤　新也
小池　赳司　高木　　明 編著
池田美奈子　羽間　弘善

商事法務

はしがき

　舞台はAIを利用した人材マッチングサービスを展開するBook village社。木口優香社長は会社の更なる成長を目指してIPO（Initial Public Offering）を決意します。社長の言動に翻弄されながらも献身的にサポートする小菅副社長のほかユニークな仲間達とともに外部の専門家の協力も得ながら、――社会の公器となるべく――その通過点たるIPOに向かって突き進んでいきます。

　本書では、IPOのテーマごとに章を設け、Book village社が幾つもの課題を解決しながらIPOを実現させ、上場企業として更に成長していく航海の軌跡を物語形式で綴っています。

　IPOに関わる書籍は、経営者や会社担当者が参照すべき良書が数多く出版されております。そのような中で、執筆陣が本書の出版を目指したのは、主人公とともにIPOに至るまでの道程を読者の皆さんに疑似体験し、共感いただきたい、という想いでした。

　IPOへの道のりは、社長を船長とする帆船が、悪天候などのアクシデントに見舞われながらも、副船長（副社長／CFO）をはじめとする航海士や乗組員ら仲間達と協力しながら、IPOという新大陸を目指す大航海のようであり、現実でありながら、さながら物語のようであるといえます。そのため、本書は物語基調で展開しますが、体系的な実務書としても利用していただけるよう各章に実務家の目線からの詳細な解説を設け、さらにはコラムも随所に記載しました。日頃IPO支援業務に携わる弁護士や公認会計士などの専門家が職種を超えてコラボレートし、上場審査基準の解説等をはじめ、主幹事証券会社や監査法人の選定やIPOコンサルタントの活用時の留意点など、実際に上場準備を進める中で寄せられる悩みを持ち寄り、踏み込んだ回答をしています。

　特に近年は、IPOを目指す企業が増大する一方で、審査（引受審査、上場審査）の段階で問題が明らかとなるケースが散見され、直前で上場承認が取り消される事例もあります。それには、さまざまな理由がありますが、社長の公私混同や不適切な関連当事者取引の存在、あるいは、経営者へのけん制機能不足など、会社が上場企業となることの意義を経営者が十分に認識できて

いなかったことに起因するガバナンスや内部統制システムの不備が多く指摘されているところです。

　言うまでもなく、IPOにより会社は、一般投資家によって株式が売買される公の存在、つまりパブリック・カンパニーになるため、会社を運営する経営者にも、相応の社会的責任が生じます。Book village社の木口社長や小菅副社長も、上場準備を進める中でIPOを行うことの意義と自らの責任を自覚し成長していきますので、読者の皆様におかれては、その成長過程を自らに置き換えるなど楽しみ方を見出していただければ幸いです。また、将来会社をIPOさせたいと考えている起業家、経営者の方々におかれては、本書を通じて、IPOを行う意義をあらためて考えていただき、自身のIPOの成功に少しでもお役に立てていただければ望外の喜びです。

　このように、本書は、IPOを志して上場準備を開始している会社に加え、将来会社を上場させたいと考えている起業家、経営者の方々にとっての羅針盤となるような書籍を作りたいとの思いを抱く弁護士・公認会計士が中心となり、司法書士も加わり、士業の仲間で描き上げました。いずれのメンバーともIPO実務に豊富な経験を有し、その知見をもとに解説やコラムを執筆しておりますが、意見にわたる部分は各執筆陣の個人的な見解であり、執筆者が現在所属し、または過去に所属した組織等の公式の見解ではないことをご理解いただきたいと思います。

　最後になりましたが、本書は、編集をご担当いただきました商事法務の浅沼亨氏、水石曜一郎氏から貴重なアドバイスと編集校正に至るまで多大なる尽力を頂き発刊に至りました。両氏にはこの場を借りて心より御礼申し上げます。

令和 2 年 9 月吉日

執筆者を代表して
　　編著者代表
　　　　　　公認会計士　和田　芳幸　　　　弁護士　本村　　健
　　編著者
　　弁護士・公認会計士　武藤　雄木　公認会計士　佐藤　新也
　　　　公認会計士　小池　越司　公認会計士　高木　　明
　　　　　弁護士　池田美奈子　　　弁護士　羽間　弘善

目　次

第15章 企業の成長はIPO後が命！ 257

第16章 エピローグ：未来のBook village社 271

■登場人物

所属	部署・役職	名前	年齢	性別	人物説明
Book village 株式会社	代表取締役 社長 (CEO)	木口優香 (きぐちゆか)	37	女	大学 (理工学部) を卒業後、商社に10年勤務し、5年前にBook village 社を創業。魅力に溢れた、ビジネスにアグレッシブな社長。ビジネスセンスで会社を急拡大させてきたが、他方で、経営に関しては感覚派の部分があり、思い付きと勢いで振り回す気質がある。プライベートでは、事実婚のパートナーがいる。
Book village 株式会社	取締役 副社長 (COO)	小菅正一 (こすげしょういち)	35	男	Book village 社の創業メンバー。社長の大学の後輩で、商社に8年勤務した後、社長の誘いによりジョイン。大学時代から、社長が思い付きと勢いで進めるビジネスを長年サポートしてきた。指示された仕事は嫌がりつつもしっかりとこなすため、社長・部下からの信頼は厚い。ただ、大金が絡むと冷静さを失う傾向にある。
Book village 株式会社	取締役 (CFO)	久保玲子 (くぼれいこ)	36	女	IPOを意識した社長がスカウトをして採用した監査法人出身の公認会計士。クールな性格の合理主義者であり、論理的。
Book village 株式会社	経理部課長	班目 (まだらめ)	45	男	経理人員の拡大のために中途採用した社員。周囲とのコミュニケーションが取れず、自分より年下のCFOが入社してからは、いよいよ仕事もしなくなった。
Book village 株式会社	営業部 部長	赤井 (あかい)	36	男	社長のビジネスセンスに魅了され、社長を崇拝する営業部長。叩き上げの営業マンで、案件をとるためにはグレーゾーンもいとわない。
Book village 株式会社	営業部 主任	青島 (あおしま)	28	男	中途採用された社員。営業部長と気質が合い、入社後、バリバリと営業を行う。営業部長もかわいがっている。
Book village 株式会社	営業部 社員	黄瀬 (きせ)	25	男	前職の会社でやりがいのある仕事ができず、伸び盛りの会社で働きたいと思い、Book village 社に転職してきた。典型的なゆとり世代。
Book village 株式会社	上場準備室 室長	望月 (もちづき)	40	女	監査法人のIPO支援部署出身の公認会計士。監査法人から転職後、ベンチャー企業で上場を経験。
Book village 株式会社	上場準備室 社員	太田 (おおた)	26	女	上場準備室のメンバー。室長の厳しい指示にもガッツで応える元気印。
Book village 株式会社	システム部 部長	宮上 (みやがみ)	37	男	IT企業出身で、木口の大学時代の同級生。Book village 社のIT全般を担うプログラミングオタクで、木口のプログラミングの師匠。
Book village 株式会社	秘書	川西 (かわにし)	不明		木口が絶大な信頼を寄せている有能な美人秘書。全てが謎に包まれている。
Book village 株式会社	社外取締役	藤田田田 (ふじた でんでん)	67	男	東証一部上場の大手メーカーの元代表取締役副社長。管理部系のポストを歴任し、人事部長も務めていた。
レッスル 弁護士事務所	弁護士	大崎 (おおさき)	39	男	敏腕企業法務弁護士。小山会計士と名コンビでボケツッコミが成り立つ。ボケ担当。
レッスル 弁護士事務所	弁護士	原田 (はらだ)	35	女	敏腕企業法務弁護士 (人事・労務担当)
レッスル弁護士 事務所	弁護士	平 (たいら)	36	男	敏腕企業法務弁護士 (情報法担当)
High wood 会計事務所	公認会計士	小山 (こやま)	37	男	敏腕会計士。大崎弁護士と名コンビでボケツッコミが成り立つ。ツッコミ担当。
TK会計事務所	公認会計士	浅原 (あさはら)	42	男	独立会計士。IPO支援の経験が豊富。インテリヤクザのような風貌。
CW司法書士 事務所	司法書士	清水 (しみず)	38	男	不動産私募ファンドのAM会社出身という異例の経歴を持つ司法書士。レッスル弁護士事務所が、所内パラリーガル対応ではリスクが大き過ぎる登記案件のみ、責任と一緒にアウトソースする。大崎弁護士を兄と慕う。祖父、父も司法書士の日本でも珍しい三代続く司法書士一家。
Wing監査法人	パートナー	沼尻 (ぬまじり)	67	男	大規模監査法人のビッグパートナー。監査法人では大企業の監査を主に担当し、ニューヨークへの海外駐在経験もあるエリート会計士。
Sugar監査法人	パートナー	湖池 (こいけ)	45	男	中規模監査法人のパートナー。IPOの経験が豊富。
スカイ証券	課長	空岡 (そらおか)	49	男	数多くの上場案件を手掛ける大手証券会社の課長。IPOに精通している。
和田証券	課長	海部 (かいふ)	46	男	スカイ証券ほどではないが、上場案件を多く手掛ける大手証券会社の課長。きめ細やかなサポートが売り。

第1章

プロローグ

　恵比寿の某有名コーヒーチェーンのカウンター席で1人の女性が退屈そうに雨模様の外を眺めていた。女性は、シャツブラウスにデニムをあわせたラフなスタイルに、薄手のロングカーディガンを羽織っている。店内は、突然の大雨に見舞われ、雨宿りをする客でにぎわっていた。

　そこに、ポロシャツを着た丸眼鏡の男性が現れ、手に持った2つのカフェラテの1つを女性に手渡す。
「社長、ディカフェのラテでしたよね。」
「ありがとう。」と言って、女性は受け取ったカフェラテをひと口、口に含んだ。

　女性は、Book village株式会社を経営する木口社長、カフェラテを渡した男性は、同社の小菅副社長であった。

　Book village社はAIによる転職マッチングサービスを提供しているベンチャー企業である。AIによる適切なマッチングにより離職率が低いことが口コミで評判となり、前期の売上高は10億円の大台を突破しており、ベンチャー企業でありながらも業績は非常に安定していた。木口が80%、小菅が20%、同社の株式を保有しており、保有比率は創業当時からまったく変動していない。

「社長、ぼーっと外を眺めてましたけど、何か考えごとですか。」
「いやさぁ……なんだか、最近つまらないなーって思って。」

「またですか。」
最近よく聞く木口の言葉に、小菅はため息混じりに答えた。

「また……って言うけど仕方ないじゃない！　ビジネスをスクラッチから作るのはすごく大変だったけど、その分すごくおもしろかったでしょ？　でも最近はひと段落したなーって思って。父親に監査役に入ってもらったときは、ああだ、こうだってうるさかったけど、会社が安定してからは何も言わなくなっちゃって、なんか最近仕事に刺激がなくなってきちゃったのよね。」
「会社が安定していることはいいことじゃないですか。久保さんにもジョインしてもらって取締役会設置会社にしましたし、着実に会社は前に進んでると思いますよ。」

　久保は、木口が監査法人からヘッドハンティングしてきた女性だ。公認会計士の資格を有し、当社の財務担当取締役（CFO）の地位にある。久保の取締役就任後、Book village 社は取締役会設置会社に移行しており、代表取締役は木口、取締役は小菅、久保、そして、監査役は木口の父親が務めている。

「でもやっぱり、ビジネスを爆速で成長させていきたいの。そう！　爆速よ、爆速！　爆買いじゃないから間違えないでね！　一度きりの人生だし、やり切りたいじゃん。このあたりで何かしかけていかないとダメだと思う。小菅くんもそう思うでしょ？」
「まあ、そうですけど……。」

　小菅は木口の大学の後輩であり、2人は学生の頃からの知り合いである。小菅は商社に8年勤務した後、木口と共にBook village 社を創業し、木口が思いつくビジネスを後輩の小菅が手伝って実現させてきた。
　学生の頃から、小菅は、木口の思いつきに振り回されっぱなしであったが、木口といっしょにいると、面白いことが起こるのもまた事実であり、木口から手伝うようにお願いされては、悪態をつきながらも、しっかりと手伝うのであった。
「それで、社長の頭の中には何かアイディアでもあるわけですか？」

　小菅は、今回も、木口が何か新たなビジネスアイディアをもっているのではないかとの期待半分、また振り回されてしまうかもしれないという不安半分で、おそるおそる聞いてみた。すると、木口はそれまでとは打って変わって目を輝かせながら話し始めた。

　「うちで使っているAIを、他の分野に応用できないかな？　AIによる人事評価システムとかさ。せっかくAIを自社開発しているんだし、ドンドン使わないともったいないよ！　それに、そろそろ人材がほしいよね。うちのメンバーになってくれる仲間がさ。あ、今うちってウソップのタイプがいなくない？　私、ワンピースみたいなチームが作りたいのよね。やっぱビジネスって仲間を探していく旅でもあると思うの！　ちなみに私はナミとルフィの一人二役だからね。」

　そのマシンガントークたるや、まるで2倍速で再生されたYouTube並みである。これはパンドラの箱を空けてしまったかなと内心後悔しながら、小菅は会話にキャッチアップする。

　「はあ、まあそうですね。そのとおりです。ただ、うちの会社にはウソップはいらないと思います。社長に振り回される、かわいそうな副社長の心の癒しとしてチョッパーを希望します。」

　木口は、自らが小菅を振り回しているという点は華麗にスルーしたうえで、話題を変えた。

　「でも、仲間だけでなく、資金も必要よね。」

　「そうですね。資金をどうやって調達するかは大きな問題です。うちは1度IPOを止めてしまっていますし、本当にやるなら資金調達の計画を立てないといけないですね。」

　「IPOを再開するしかないのかな。」

　木口はカフェラテを飲みながら、小声でつぶやく。

　間髪入れず腕時計に目をやる小菅。

　「おっと、そろそろ会社に戻る時間ですね。行きましょうか。」

　小菅は、嫌な話題になりつつあったので、一気にカフェラテを飲み切り、席を立った。

　Book village社では、久保が入社したタイミングで、当時所属していた役職員に対してストックオプションを発行し、IPOを目指そうと考えていた時期があったが、IPOを目指すには当時の社内人材だけでは到底足りず、また

コスト負担が大きすぎるため、IPOを見送ったという経緯があった。今まで本業以外の大きなプロジェクトがあると、その業務の大半は必ずといっていいほど小菅に回ってくることになっており、小菅としては、IPOは避けたい話題であったのだ。

「まさか、本当にIPOを再開しようとか言い出さないよな……。」
　小菅は店を出たところで、そうつぶやいた。
　── うちの船長は、荒れ狂う海原でも平気で航海に出るから困りものだ。社長は、自分がナミとルフィの二役って言ってたが、船長と航海士を一人でやるなんて聞いたこともない。おれがBook village社の航海士として舵取りしないと、こんな船すぐに沈んじまいそうだ。そういう意味じゃ、ナミはおれか。

＊＊＊＊＊＊＊

　店をでると、雨がいつのまにか上がっており、空には大きな虹がかかっていた。これは吉兆か凶兆か……その運命はまだ誰も知らない。

第2章

IPOは社長の決意が命！

1　IPOのはじまりは突然に

「社長、やはりIPOを目指しましょう。」
沈黙が支配する会議室で、CFOの久保が口を開いた。

＊＊＊＊＊＊＊

　久保玲子。36歳。久保は学生時代に公認会計士試験に合格し、大手監査法人に入社。特段出世が早かったわけではなかったが、キャリア志向が強く、辞める直前にはシニアマネージャーまで昇格していた。
　もっとも、久保が大手監査法人に入社した動機は、外からたくさんの企業に関与して幅広い経験を積むことが自分のキャリアアップにつながるという点にあり、他によい話があれば大手監査法人を辞めてもよいと思っていた。そうしたところ、久保は、仕事で知り合った木口から熱烈なラブコールを受け、Book village社に入社した。

＊＊＊＊＊＊＊

　寒い冬の日の午後。東京都渋谷区恵比寿の本社会議室で、社長の木口、副社長の小菅、久保が集まり、会社の今後を決める経営戦略会議を行っていた。
　「今日のテーマは、うちのいっそうの成長に向けた今後の経営戦略をどうしていくかよね。前期の売上高は目標だった10億円を超えたけど、その伸び率は5％に下がってて、成長も踊り場に差しかかっているから、やっぱり新しいことにチャレンジするタイミングだと思うの。2人はどう思う？」
　木口が会議の口火を切った。
　「社長、現在の主力製品である転職マッチングサービスは、利用者数や利用企業数の伸びもひと段落した感があります。今後の新規営業先も限られていますし、大手の牙城をいまだ崩せていません。そのため、確かに、今の延長線上では、大きな成長は期待できないかもしれません。」
　小菅が会社の置かれた状況を的確に分析してみせる。
　「小菅くんが言うとおり、このままでは、大きな成長は期待できないよね。うーん……やっぱあれかな！　前から推し進めていたAI人事評価システムの開発を本格化させて、大規模に展開するタイミングが来たということなんじゃないかな！」
　会社の現状を誰よりも把握している小菅は、慌てて木口を止めに入る。

「いやいやいや、社長。現在開発中のAI人事評価システムを本格的にサービス展開するには、今のエンジニア数では到底追いつきませんよ。」

「システム部長の宮上さんと同程度の技量がある方が必要です。宮上さんもしばらくの期間は、マッチングビジネスの追加開発対応を行う必要がありますから、AI人事評価システムを積極的に開発する時間はとれないでしょうし。」

「じゃあ、エンジニアの採用数を増やすのはどう？　スタンフォード大学卒のプログラマーとか、優秀な人材が来てくれたらいいよね！　報酬は向こうの言い値ってことにしてさ！」

「社長。当社の知名度では難しいです。優秀なエンジニアは、世界規模で人材獲得競争がありますから。」

木口は、否定的なことばかり言う小菅にあからさまに不機嫌そうな顔をした。それでも、小菅はかまわず続ける。

──　社長に、AI人事評価システムの開発の舵取りなんかをやらせたら、会社の財布はすっからかんになってしまう。それはなんとしてでも避けねば。

「それに、現在開発中のAI人事評価システムを本格的にサービス展開するには、人だけじゃなくてサーバーも大幅に増強する必要があります。また、人事評価システムのマーケットは既に大手が押さえています。当社の今の信用力や知名度では、既存の人事評価システムからの入替え営業を行っても苦戦することは目に見えており、多額の広告宣伝費も必要になるでしょう。これらを全部やるには、10億円単位の投資が必要です。」

小菅の言うことはもっともではあるものの、あまりのネガティブさに木口は声を荒げていら立ちを露わにした。

「でも、このままだと、何を目指して経営していくのかわからないよ！　このまま現状維持で経営していくのは、私の性に合わないの！」

社長の言葉を受けて、小菅が再び力説する。

「社長、おっしゃる気持ちもわかりますが、当社にはキャッシュが2億円しかありません。売上高こそ10億円となりましたが、利益はそれでも2億円程度です。人員の大幅増員やサーバー投資、広告宣伝を行う余裕はまったくありません。銀行も数億円ならまだしも、数十億円の借入れなんて、とても応じてくれるわけはありません。

借入れ以外に資金調達の手段なんてそうそうないんですから……。」

とそこまでいって、小菅は自分が調子に乗って余計なことまで言ってしまったことにようやく気づく。小菅の脳裏には恵比寿のコーヒーチェーンにおけ

る会話が再生されていた。そして、この部屋には、同じ会話が再生された人物がもう 1 人。木口は、満面の笑みを浮かべて言い放った。

　「借入れ以外の資金調達の手段……あるじゃない？　アルファベットで 3 文字……もうわかったよね？」

　木口は、少しずつ小菅に近づきながら、ゆっくりとつぶやく。

　「Ｉ……Ｐ……」

　木口がそこまで言ったところで、小菅は、少し立ちすくんで「おえーっ」と気分の悪そうな顔をする。

　木口は、小菅のすぐ近くで停止し、まるでなってないとでも言うかのように右手の人差し指を左右に振りながら、

　「チッ、チッ、チッ。最後は、Ｏよ！　小菅くん、Ａはいらなかったわね。」

　「しかし、社長、そんな独断で言われても、もっと慎重に議論をしないと……。」

　さっきまでの気勢をそがれた小菅は、冷や汗を浮かべながら空虚な反論に出る。それは罠に追いつめられたネズミが出口を求めてきょろきょろしている姿に少し似ていた。

　木口と小菅の会話が途切れると、会議室を沈黙が支配した。

　会議中 2 人の会話を黙って聞いていた久保は、入社して以降ずっと思っていたことを、今言うべきではないかと考え、口を開いた。

「私からも言わせてください。社長、やはりIPOを目指しましょう。社長のお考えのとおり、IPOをすれば、数十億円規模の資金調達と、社長の思い、その両方を達成できます。」

「そうそう！　これよこれ！　この展開を待っていたのよ！　求めよさらば与えられんっていうでしょ。」

木口は、歓喜の声をあげながら茶目っ気たっぷりに言い放つ。

そのかたわらには、謎のうめき声をあげる小菅。小菅は、今後IPOに向けた対応で発生するであろう無数のタスクを想像し、今からその重みであえいでいるのであった……。

② なぜIPOを目指すのか？

久保は、監査法人時代は1兆円規模の日本を代表する企業の監査チームにほぼ専属状態で、IPOにかかわったことはほとんどなかった。もっとも、Book village社に転職するにあたり、将来的には同社をIPOさせたいと考えていたため、IPOについて自ら調べて、いつでも社長にプレゼンテーションができるように資料を準備していた。

「社長、副社長。実はこんなスライドを作りました。ご覧ください。」

久保は会議室のモニターにスライドを投影して説明を続けた。

「IPOには多くのメリットがあります。1つ目は、資金調達力の増大と多様化です。今は、我々ができる調達方法は銀行からの借入れくらいですが、上場

11

すれば広く投資家からお金を集めることができます。数十億円から、場合によっては数百億円の調達が可能です。この規模の資金があれば、新たなサービスに投資して、大きな勝負をすることができます。

　他にも、上場することで知名度が向上し、信用力も増します。上場企業であればサービスや財務も安定しているだろうと認識され、現在はクライアントとすることが難しい大企業にも当社システムを採用してもらえる可能性が増しますし、知名度アップは人材採用にも大きなプラスの効果が期待できます。

　また、過去に発行したストック・オプションも、上場を経営課題の1つに据えることで強力なモチベーションアップにつながります。

　IPOに向けては、たくさんの壁にぶち当たります。その壁を乗り越えていくのは、非常に大変なことですが、全社一丸となって取り組めば越えられない壁ではないと考えています。

　今こそ、止まってしまっていた上場プロジェクトに再度取り組むべきではないでしょうか。」

　久保がまくしたてるのをさえぎる形で、小菅が口をはさんだ。

　「IPOにはデメリットもいっぱいあるよね。だからこそ、当社では、IPOを止めていたのでは。」

　久保はひと息入れて、冷静に小菅のコメントに打ち返した。

スライド1：IPOのメリット

	IPOのメリット	IPOの留意点
会社	・知名度の向上 ・社会的信用度の向上 ・資金調達能力の向上 ・財務内容の充実 ・社内管理体制の強化 ・インセンティブプランの充実強化 ・株式交換制度等の活用可能性	・会社情報の開示義務等の強化 ・株主への配慮の必要性 ・上場準備のための先行投資 ・上場維持のための投資 ・第三者への説明を意識した企業経営
株主	・株式が換金性を持つこと ・財産価値の増加 ・創業者利潤の実現 ・相続対策のしやすさ	・新株主による経営関与の可能性
従業員	・福利厚生の充実 ・モチベーションの向上 ・資産形成	・管理機能強化の必要性

「おっしゃるとおり、IPOには留意点もあります。」

「この**スライド1**にもあるとおり、管理体制を強化したり、監査法人の監査を受け入れたり、企業のガバナンスを厳しくしたりする必要があります。コストもそれなりにかかってしまいます。ですが、このことは、上場していようがしていまいが、会社が大きくなってくればいずれにしても必要になってくることです。将来的に取り組むべき課題でもありますので、上場のためという大義名分のもと、一気に進めてしまうのがよいのではないでしょうか。」

「また、次の**スライド2**も見てください。これは今のIPOの動向を説明したスライドです。2018年は新規上場90社、2019年も86社が上場しており、非常に活発なマーケット状況といえます。新規上場企業のおよそ60%から70%がマザーズを選択しており、まさに我々のようなベンチャー企業が上場しています。成長性が認められれば、今では赤字のまま上場する企業も多いです。事業拡大の可能性がある企業であれば、現時点での売上高がそこまで大きくなくても大きな時価総額をつけて上場することができるのです。」

「なるほどねー。ただ、IPOって具体的には何をやればいいのかしら。スケジュールについても説明できる？」

久保は待ってましたとばかりにニヤリと笑みを浮かべながら次のスライドを映した。

スライド2：現在のIPOマーケット

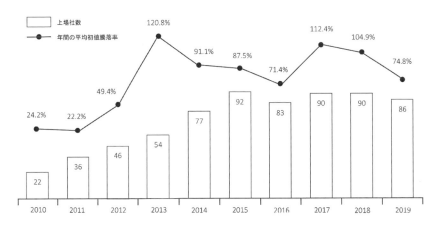

近年の上場社数＆平均初値騰落率

スライド3：上場までのプロセス

上場審査においては、直前期及び直前々期に対する監査法人による監査意見を得ることが前提となっているため、直前々期の期首の1年以上前から準備に着手、直前々期を整備・運用、直前期を完全運用及び審査対応とする企業が多数。

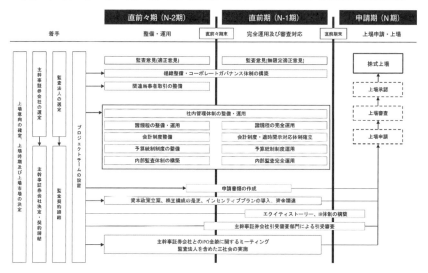

　「次の**スライド3**は上場までのプロセスです。まずは監査法人を選定してショートレビューを受ける必要があります。並行して、主幹事証券会社も選定する必要があります。それが終わったら、次は会社の機関構成を見直すとともに、上場プロジェクトチームを部門横断的なタスクフォースとして立ち上げます。このメンバーによって、管理体制強化等の上場準備を進めていきます。上場するまでには最低2期間監査法人の監査を受ける必要がありますが、ここまでを当期中に実施すれば、来期をN-2と呼ばれる直前々期として監査を受けられるので、最短で上場まで進めます。

　また、上場を見越して準備していることを対外的にも説明できるようになることで、VCなどからエクイティ・ファイナンスをすることもできるようになると思います。」

　「社長！　IPOは、必ず当社の状況をよくします。ぜひとも上場させましょう。」

　普段は冷静で口数が少ない久保が熱弁する。木□はその姿を目に焼きつけた後、落ち着いた口調で話し始めた。

「そろそろうちもIPOの時が来たのかもって最近考えていたの。久保さんをCFOとして採用したのも上場を考えていたからだし、私自身もIPOを検討していると口にしていたけれど、なかなか具体的な行動に出られなかった。けれども、今日の久保さんのプレゼンを聞いて、雲が晴れたような気分。ありがとう。IPO後は、買収資金の獲得もしやすくなって、M&Aで事業拡大や人材確保を進めるという手段もとれるかもと思ってたから、私のやりたいことを最短で実現する方法だと思えてきたわ。IPO準備によって、管理部門側の負担が重くなると思うけど、主力事業がまだ成長している今こそ、IPOにチャレンジすべきだと思う。小菅くん、久保さんのサポートを受けながら、あなたが責任者としてIPOを進めてくれる？」

木口から矢を向けられると、小菅は、やはり、自分が責任者になるのかと思いながら、わずかな抵抗を試みる。

「いや、社長……私にはIPOの経験も知識もないので難しいです。久保さんの方が適任ではないでしょうか。」

「小菅くん、あなたが音頭をとってくれないと、社歴の長い人たちは動いてくれないでしょ。」

小菅は、これまで木口のお願いを拒否できた試しはなく、今回も結局は白旗を上げた。

「……はい、承知いたしました。必ずやり遂げます……。」

小菅の口調は重く、見るからに肩を落としていた。

他方で、久保はプレゼンテーションに成功して満面の笑みを浮かべており、木口も上場に向けてスイッチが入ったようで、目をキラキラさせていた。

小菅は、IPOを目指す場合、ただでさえ忙しいところにまた仕事が増えることが火を見るよりも明らかであり、また、何よりIPOのイメージがまったく湧かず不安であったため、できれば避けたかった。

ただ、木口が恵比寿のコーヒーチェーンでIPOの話を持ち出して以来、こうなることは何となくわかっていた気もする。

── これも何かのめぐり合わせと思うしかないか。

小菅はなんとか気持ちを切り替えるよう自分を鼓舞しながら、「何から手をつけ始めたらいいのやら。」と重い腰を上げるのであった。

●解説

I　IPOとは

　IPOとは、Initial Public Offeringの略であり、一般的には、新規株式公開と訳されます。通常、未上場企業は少数の限定された株主で構成され、その株式の売買も制限されていますが、株式を証券取引所（株式市場）に上場させることで、誰でも株式市場で株式を売買することが可能となり、不特定多数の投資家に開かれた会社となります。

　IPOには、新たに株式を発行して株式市場から資金を調達する「公募増資」と既存の株主が発行済みの株式を売り出す「売出し」があります。

1　IPOのメリット

　IPOのメリットは会社、株主、従業員によってそれぞれ異なります。誰に、どのようなメリット・デメリットがあるかを把握することで、円滑なIPO準備が可能になります。

(1)　会社

　IPOを行うことによって得られる会社のメリットには、まず、資金調達方法の多様化と調達力の向上があげられます。会社は、IPOによって必要なタイミングで、株式市場から多額の資金調達が可能となり、事業拡大に向けた投資を適時に行うことができるようになります。

　次に、知名度の向上があげられます。上場により知名度があがるとともに、上場企業として信用が増すため、企業イメージやブランドの向上による人材獲得および営業・マーケティングにおける優位性を得ることが可能となります。

　さらに、経営管理体制の強化による社会的な信用の向上があげられます。すなわち、上場企業となるためには、コンプライアンスを強化遵守し、適正な財務報告を行うための内部管理体制を構築することが上場審査において厳格に求められます。その結果として、上場企業では社内の不正防止が図られ、社会的な信用を高めることが可能となります。

　最後に、役職員のモチベーションやモラルの向上があげられます。上場によりストック・オプションの付与や従業員持株会の設立といった企業価値と連動したインセンティブ報酬の設計が可能となります。このようなインセンティブ報酬を導入することにより、役職員として企業価値をいっそう高めるべく仕事へのモチベーションを上げ、かつ、企業価値を棄損させないようにモラルを向上させることが期待できます。

(2) 株主

保有する株式を売り出すことによる創業者利益および投資利益の実現や、引き続き保有する株式の換金可能性を増大させられることが大きなメリットになります。

(3) 従業員

上場企業の従業員であることによる従業員個人の社会的信用力の増大と満足度向上に加えて、ストック・オプションおよび従業員持株会への加入等を通じての財産形成が可能となることが従業員のメリットになります。

2　IPOの留意点

一方で、IPOを実施することにより、さまざまな点に留意する必要が生じます。これらは、上場企業となることで新たな株主や投資家といった会社のステイクホルダーが増えることに伴うものです。本書では、留意点についてあえて厚く記述することで、多くの起業家の方が、IPOによって社会の公器としての役割を果たすことがいっそう求められるようになることを理解し、これらの課題に真摯に取り組む意欲を持ってIPOに挑んでほしいと考えています。

(1) 会社情報の開示義務の強化

株式会社は会社法に基づき株主等に対する情報開示として、計算書類の作成や決算公告等を行う必要がありますが、これに加えて、株主・投資家等のステイクホルダーに向けて、有価証券報告書、四半期報告書、適時開示情報等の公表といった企業情報の開示のための負担が増すことになります。

(2) 株主への配慮

非上場企業は定款に株式の譲渡制限を定めることにより、経営陣（ひいては経営陣を選任する既存株主）にとって好ましくない新規株主の登場を防止することができます。

しかしながら、上場企業では、定款に株式の譲渡制限を定めることができず、その株式は証券取引所を通じて転々流通します。そのため、上場企業（の経営陣）は株主を選別することが基本的にできなくなります。

また、上場後は経営に関与できない多数の株主のために、企業情報の開示制度の遵守や株主総会の運営等を通じて、積極的に会社の情報を提供することが必要になります。

株主には会社法上数多くの権利が認められており、中には株主が会社に代わって経営陣を訴える株主代表訴訟や取締役・監査役の解任請求権等、経営権を脅かすような権利も含まれています。株式上場前は株主は対話の可能な身内やエンジェル投資家のみであることが一般的ですが、上場後は投資家は開示されている情報のみから判断を行い、株主権を行使することとなります。そのた

め、投資家が判断するに足る十分な情報を適時・適切に開示しなければ、株主からスムーズな経営を阻害するような権利行使がなされることが起こりえます。

株式会社は、株主の利益の最大化を図るべきものでありますので、株主の要請には誠実に対応することを心がける必要があり、これらの対応には適切な経営資源を割く必要があります。

(3) 上場準備のための費用負担

上場準備中には、監査法人へ支払う短期調査（ショートレビュー）報酬・内部統制コンサルティング費用・監査報酬、主幹事証券会社へ支払う上場コンサルティング費用・引受手数料・上場成功報酬、信託銀行等へ支払う株式事務代行手数料、印刷会社へ支払う上場申請書類作成関連費用、証券取引所へ支払う上場審査料・上場手数料等、各種のコストが発生します。これらは会社の規模や依頼先によっても異なりますが、総額で最低でも数千万円前後はかかることが一般的です。

また、直接的に発生する上記の上場準備費用以外にも、上場準備中に内部管理体制を強化するために追加的に人員を補強する必要がある場合の人件費負担や、内部管理体制が脆弱な場合には新システムの導入等が不可欠となるケースもあり、間接的な追加コスト負担が発生する可能性もあることにも留意が必要です。

もっとも、これらの負担は社会の公器たる上場企業になるための先行投資であり、企業の成長に向けてポジティブにとらえるべきだと考えられます。

(4) 上場後のコスト負担

上場後も、証券取引所に対する上場手数料等の費用、監査法人に対する監査報酬、信託銀行等への株式事務代行手数料、印刷会社への法定書類作成関連費用等のコストは継続的に発生し続けることとなるため、上場を維持するだけでもコストが発生することを認識する必要があります。

近年では国際財務報告基準（IFRS）を導入する会社も増加傾向にありますが、たとえば上場企業にIFRSが強制適用されることとなった場合等、会計制度の変更等に伴って社内体制の見直しが必要となり追加コストが発生する可能性もあります。

もっとも、上場企業は、株主や投資家からの監視や要請に応えることで規律ある経営を実現することができるという側面があります。また、上場を維持するための費用はタイムリーに株式市場から資金を調達するためのものともいえます。そのため、これらのコスト負担は企業の持続的成長に向けて必要不可欠と考えられます。

(5) 第三者へ説明可能な内部管理体制の構築

上場準備の過程では内部管理体制を充実させる必要があります。その一環として、相互監視のための内部牽制機能の強化が求められますが、これには上長・上席者による承認や別担当者によるチェック等の業務追加を伴うことが多いため、迅速な意思決定が阻害されることとなる可能性があります。

もっとも、不正や事務処理誤りはすべての会社が防止すべきものであるため、上場準備により追加すべき業務は、健全な会社経営にとって不可欠なチェック機能です。

なお、組織規模や事業の性質を慎重に検討して、自社に適した内部統制機能や内部牽制機能を意識的に構築しなければ、必要以上に機動性を犠牲にすることとなりかねないため、監査法人やコンサルティング会社等の専門家に相談しながら、自社に適したバランスのよい統制を構築することを心がける必要があります。

3 IPOプロセス

上場審査においては、上場申請する事業年度の直前期および直前々期の財務諸表について監査法人による監査意見を得ることが前提となっていることもあり、直前々期の期首の1年以上前から上場準備に着手し、直前々期を組織体制等の整備・運用、直前期を完全運用および審査対応とするスケジュールを採用する企業が多数となっています。年度ごとに実施すべき事項は、次章以降で詳細に説明します。

(1) 直前前々期（N-3期）

IPOの意思決定は3年以上前に行います。IPOの実施に向けては、まずは監査法人を選定し、当該監査法人によるショートレビュー（短期調査）を受け、IPOするために会社に足りない事項や、改善が必要な事項の洗い出しを行う必要があります。

ショートレビューであげられた課題は、優先順位をつけて1つひとつ改善していきますが、これらの課題は会社横断的に存在し、その課題解決には全社的な協力が不可欠です。そのため、改善を会社全体でしっかりと実施し、適切な進捗管理をするために、部門横断的な上場プロジェクトチームを立ち上げることが求められます。

> **主な実施事項**
> ① 上場方針（上場時期、市場等）の決定
> ② 監査法人の選定
> ③ 監査法人によるショートレビューの実施
> ④ 上場プロジェクトチームの立上げ
> ⑤ 中・長期経営計画の策定
> ⑥ 資本政策の策定

(2) 直前々期（N-2期）

　直前々期においては、まず主幹事証券会社を選定します。主幹事証券会社の選定にあたっては、RFP（Request for Proposal）を提出し、複数の証券会社から提案を受けて決定することが一般的です。

　主幹事証券会社が選定されると、当該証券会社によるショートレビューが実施されます。監査法人によるショートレビューと同様に、会社の課題について証券会社の引受部門による調査がなされ、改善を要する事項が提言されます。

　これらの事項は、組織体制・コーポレートガバナンス体制、内部管理体制、規程類の状況等多岐にわたりますが、いずれも直前々期中に改善し、整備して運用を開始することが求められます。

　また、監査法人による期首残高（直前々期の期首貸借対照表）の監査および期末においては経営成績（直前々期の損益計算書）および期末残高（直前々期の期末貸借対照表）に対する監査が実施されます。なお、期首残高の監査を期首後に監査法人が遡及的に行うことは少ないため、直前前々期（N-3期）中に監査法人を選定し、期首残高監査に備えることがスケジュール上重要になります。

> **主な実施事項**
> ① 主幹事証券会社の選定
> ② 証券会社によるショートレビューの実施
> ③ 組織体制・コーポレートガバナンス体制の構築・運用
> ④ 内部管理体制の構築・運用
> ⑤ 規程の整備・運用
> ⑥ 会計処理の整備
> ⑦ 関連当事者等との取引の整理
> ⑧ 関係会社の整理
> ⑨ 予実管理の実施
> ⑩ 内部監査体制の構築
> ⑪ 監査法人による監査（期首残高、期末残高。なお、意見表明はこの時点では
> 　なされず、会計監査人選任後になされます）

(3)　直前期（N-1期）

　直前期においては、監査法人および証券会社から指摘された事項を含めた、組織体制・コーポレートガバナンス体制、内部管理体制等の完全運用が求められます。

　また、早期決算や適時開示等の体制を構築し、四半期報告書等のトライアル作成等も実施します。

　加えて、上場申請書類等のドラフトを作成したうえで証券会社の審査を受けます。また、直前期の経営成績および期末残高に対して監査法人の監査を継続して受けます。

> **主な実施事項**
> ①　組織体制・コーポレートガバナンス体制の完全運用
> ②　内部管理体制の完全運用
> ③　早期決算体制の構築・運用
> ④　適時開示体制の構築・運用
> ⑤　内部監査体制の運用
> ⑥　上場申請書類の作成
> ⑦　監査役会の設置
> ⑧　会計監査人の選任

(4)　申請期（N期）

　証券会社による引受審査を受けます（N-1期に実施されることもあります）。引受審査の期間は証券会社により異なりますが、最近では6か月程度の審査期間を確保する証券会社が増えてきています。

　また、申請書類を最終的に完成させ、証券取引所に上場申請をします。上場審査には通常2、3か月かかります。その後証券取引所から上場承認がなされ、晴れてIPOを達成することとなります。

> **主な実施事項**
> ①　主幹事証券会社による引受審査
> ②　上場申請
> ③　上場審査
> ④　上場承認・株式上場

Ⅱ　IPOマーケット

1　証券取引所の種類

　証券取引所とは、主に株式等の売買取引を行うための施設であり、証券の需要と供給を証券取引所に集中させて、流動性の向上と安定した価格形成を図る

ことを役割としています。

　日本の証券取引所は、東京、名古屋、福岡、札幌の4か所に存在します。国内の取引所で圧倒的な取引量を有しているのが東京に所在する東京証券取引所で、上場企業社数はおよそ3,600社、時価総額合計は610兆円（2020年6月末時点）程度となっています。

　東京証券取引所は、東証第一部、第二部、マザーズ、ジャスダック（スタンダード、グロース）と種類が分かれています。第一部および第二部は大企業向け、マザーズおよびジャスダックは小規模な新興企業向け市場といわれています。

　それぞれの市場ごとの特色は以下の表のとおりです。上場を目指すにあたっては、自社の規模・事業内容・成長性等をふまえて、IPOの目的を達成するために最も適切な市場を選択する必要があります。

市場別特色

上段：最大値 中段：中央値 下段：最小値	売上高	経常利益	純資産の額	初値時価総額	IPO時の ファイナンス規模 （注1）
東証一部	14兆2,588億円 **688億円** 149億円	1兆1,158億円 **61億円** ▲120億円	15兆3,016億円 **249億円** 149億円	7兆5,600億円 **675億円** 207億円	6,930億円 **378億円** 31億円
東証二部	965億円 **186億円** 20億円	36億円 **12億円** 3億円	167億円 **57億円** 9億円	271億円 **99億円** 34億円	129億円 **27億円** 8億円
マザーズ	217億円 **22億円** 2億円	29億円 **2億円** ▲14億円	94億円 **5億円** ▲20億円	746億円 **102億円** 28億円	283億円 **11億円** 1億円
JASDAQ スタンダード	384億円 **55億円** 7億円	10億円 **3億円** 1億円	49億円 **11億円** 3億円	214億円 **55億円** 16億円	21億円 **7億円** 4億円

(注1) 公募・売出の合計額（海外、OA含む）

（出典　https://www.jpx.co.jp/equities/listing-on-tse/new/basic/index.html）

> **COLUMN**
>
> ## TOKYO PRO Market
>
> 　TOKYO PRO Marketは、東京証券取引所が管理するプロ投資家（機関投資家等）向けの株式市場（個人投資家は売買等に参加できない）として2012年に開かれました。2019年12月時点では34社が上場していましたが、2020年7月末時点で新たに5社が上場し、これを含め、2020年は15社前後が上場するとの見方も出ています。
>
> 　形式要件（株主数、流通株式時価総額、利益額等の数値基準）は設定されていませんが、少なくとも1期分の監査法人による監査証明が必要であり、またJ-Adviser（東京証券取引所から認証を受けた機関で、上場審査の実施や上場後の情報開示やファイナンスの手続等をサポートする組織）による上場適格性の判断が求められます。
>
> 　TOKYO PRO Marketに上場することで、成長に意欲的で、かつ、経営管理体制の強化を積極的に進めている企業といった信頼を得られることを通じ、企業ブランドの周知性が高まり、取引先の拡大や優秀な人材の確保等につながると考えられます。

2　IPOマーケットの状況

(1)　新規上場の推移

　新規上場はリーマン・ショック不況の真っただ中であった2010年の22社から2015年の92社まで右肩上がりで増え続けましたが、2014年末から2015年にかけて上場会社における企業会計不正が相次いだことにより、東京証券取引所における審査が厳格化したため、2016年は83社までいったん下落しました。しかしながら、その後も堅調な東証株価指数の推移や好調な企業業績を背景に反転上昇し、2019年の新規上場数は86社となっています。

　市場別に見ると、2018年の上場においては64社がマザーズであり、全体の7割程度を占めています。マザーズにおいては、東証審査の基準に利益要件がないため、赤字でも上場可能となっています。フリマアプリを提供するメルカリ社、フィンテックのマネーフォワード社、製薬の研究開発をするDelta-Fly Pharma社、名刺管理アプリ等を運営するSansan社等が赤字上場で注目を集めています。

(2)　ユニコーン企業

　企業価値が10億ドル（約1,100億円）以上の未上場のベンチャー企業を「ユニコーン」と呼びます。世界中にたくさんのユニコーン企業が存在しています

が、すでに上場を達成した企業の中でも、フリマアプリ「メルカリ」を運営するメルカリ社（上場時の時価総額 6,700億円）、AIを開発するHEROZ社（同1,700億円）、サッカー界のスーパースター、クリスティアーノ・ロナウドを起用した美容・健康器具を開発するMTG社（同2,700億円）等、日本でも多くのユニコーン企業が誕生しています。

IPOは資本政策が命！

1　IPO の一丁目一番地

「さて、会議を始めましょう。さっそくだけど、IPO 準備って最初に何をすればいいの？」

先日の経営会議での熱が冷めやらぬ木口は、興奮気味に久保に尋ねた。

「まずは、資本政策の立案ではないでしょうか。成長のために必要な資金調達額を考慮し、上場までの資金調達や、将来の株主構成をシミュレーションしておく必要があります。資本政策の実行においては、外部から新たな資本を受け入れるケースもあり、いったん実行してしまうと修正が難しくなります。また、上場後の持株比率をどの程度維持したいかも考えなければなりません。そして、仮に上場に向けて新たな資本を受け入れるとしても、受け入れる株主の属性については注意が必要です。ここで間違うと、取り返しがつかないことになるケースもあります。友人の会社は、反社会的勢力を株主に入れてしまったせいで上場が不可能になってしまいました。外部から資本を受け入れる場合は、特に慎重を期す必要があります。」

久保が続ける。

「また、資本政策は資金調達だけの話ではありません。上場するには会社の成長性や安定性を証券取引所に認識してもらう必要があります。上場を可能とする成長を実現するには、従業員のモチベーションアップが必須ですので、従業員に対するストック・オプションの付与を検討する必要もあります。」

話がひと区切りついたところで、久保は水をひと口含み、こういった。

「ベンチャー企業のオーナーは、最初はサービスの構築と営業、資金調達だけに目が行きがちで、将来を見据えた資本政策を考えているケースは少ないのが実情です。しかし、ここで道を間違えると、いくらビジネスモデルがよくても上場することはできません。」

「なるほど、資本政策って奥が深いねぇ。正直いって、私もここまでは、ビジネスモデルを成長させて規模を拡大することしか考えてこなかったのよね。小菅くん、うちって久保さんがいうところの資本政策って何かやったことあっ

たかな？　ストック・オプションぐらい？」

　木口の問いに対して、小菅が答える。

　「そうですね、おっしゃるとおり、当社は従業員に対するストック・オプションの付与ぐらいしかやっていません。株主も社長と私しかいない状況です。」

　Book village社はそれほど大きな初期投資が必要ではないビジネスモデルであり、幸いにして早い段階でサービスが市場に受け入れられ、短期的に黒字化を達成した。また、事業拡大のフェーズにおいても、毎期利益が確実に出るモデルであったことから、金融機関からの借入れもスムーズに受けることができていた。

　そのため、資本による資金調達は実行されず、当社の株主は創業時と同様、木口が持分の80%を保有し、残りの20%を小菅が保有しているという状況にある。久保の入社にあわせて、久保を含む役員および従業員にストック・オプションを発行したが、実質的に資本政策とは無縁であった。

　「じゃあ、資本政策を今から考えましょう。決めごとは、迅速かつ慎重に決めていかないとね。上場担当大臣の小菅くん。」

　「いつそんなポストができたんですか。初めての業務でどう進めていいかわからないんですから、プレッシャーをかけないでくださいよ。私のハートはガラスでできてるんですから。」

　「小菅くんのハートは強化ガラスだから、大丈夫でしょ。資本政策のような大きな問題は楽しく、クールで、セクシーに取り組まないとね！」

　小菅は、どこの環境大臣ですかといいたくもなったが、ロングマン英和辞典（初版）によれば、「sexy」には、「(考え方が) 魅力的な」という意味もあったことを思い出し、ぐっとこらえた。

　何しろ今回の担当業務は、会社の命運を決める上場に向けた業務である。少なくとも2年間はこの業務に忙殺されることが目に見えており、また責任も重い。小菅は、木口の軽口を受け止めながらも、頭をフル回転させて、どのように進めるかを考えていた。

　「資本政策については、口頭で議論してもわかりにくいので、まずは、項目

別に資本政策の説明を作り、それをベースに協議したいと思います。久保さんの方で作ってもらいたいのですが、いつまでに作成が可能でしょうか。」

「副社長……実はもう資本政策のスライドは作成済みです。」

そういうと久保は自分のPCを会議室のモニターにつなぎ、**スライド1**を投影した。

「まずは新たな投資を受け入れるか否かを決めていきたいと思います。」

スライド1：デット・ファイナンスとエクイティ・ファイナンス

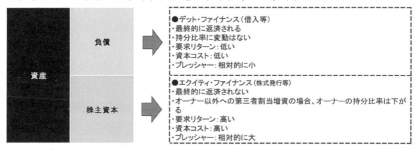

「既存株主は社長と副社長のお二人だけのため、既存株主の整理は不要です。あとは、新たにエクイティ・ファイナスをするか否かです。当社は、売上高が10億円程度で、毎年2億円程度の利益が出ています。そのため、上場にあたり、単に資金を調達するという観点からは、新たなエクイティ・ファイナンスは不要であると考えます。一方、このタイミングでVCのような機関投資家からの出資を受けて、彼らの手を借りながら上場を目指す、という考え方もあります。」

「VCやエンジェル投資家からの資金調達は昔考えたことがあったんだけど、どうも縛りがきつそうだったからやめたのよね。このタイミングで実施する理由はあるの？」

木口の質問に久保はこう答えた。

「社長のおっしゃるとおり、VCからの出資の受入れはときに劇薬となります。管理面の縛りがきつくなるとともに、常に目標利益を達成しなければならないというプレッシャーを受けることになり、マイペースな経営はできなくなります。一方、VCは機関投資家であり、目標期間を決めて、その期間で投資に対するリターンを確定させなければなりません。この機関投資家の投資資金の回収戦略をエグジットというのですが、当然VCもエグジットに向けて手助けをしてくれます。特に、上場によるエグジットを目標とした場

合には、VC側でも対象会社に役員を派遣して上場サポートを行うケースもあります。」

「なるほどね。VCの投資を受けると、要求事項がある反面、見えざる手が上場に導いてくれると考えればいいわけね。小菅くんは、どう思う？」

木口の問いに、小菅は少し考えた後答えた。

「当社は必ずしもVCを入れる必要はないでしょう。既存ビジネスを回していくだけであれば、当面資金調達をする必要はありませんし、上場に向けての具体的な作業はこちらで行うことを決めているわけですから。」

「わかった、小菅くんがそう言うなら、VCからの出資受入れはやめておきましょう。さっきも話が出ていたけど、新たな出資を受けるとすれば、株主の属性とかも考えないといけないしね。」

「はい、では、次の**スライド2**に移りたいと思います。」

スライド2：株式の公募・売出し比率と上場後の持分比率

上場前の発行済株式総数が100株であり、オーナーが全て保有していたが、上場時にオーナーの株式を半数売出、同時に50株を公募するケース。

「次は、上場時に新たに株式を発行する公募によって株式を市場に出すか、または社長と副社長が保有している株式を市場に売り出すかも重要な論点です。今後は、前者を公募、後者を売出しといいます。公募は新たに資本金を

組み入れることになるため、資金調達に該当し、売出しは創業者の利益実現に該当します。売出しは創業者をはじめとする大株主の利益を確定することができ、これはリスクを負って起業した創業者の当然の権利ではありますが、一方で新たな資金調達が行われるわけでもなく、通常会社の成長性に寄与しませんから売出しが多すぎると投資家ウケがよくないといわれます。」

久保は続ける。

「次に、全体の持分比率のコントロールとして、上場後の持分比率をどのようにするかを決める必要があります。現時点での当社は社長と副社長のお二人がオーナーですので、実質的に会社を100％支配している状況です。一方、上場するということは、一般の投資家も当社の株式を市場で売買できる状態にするということです。仮に50％を売買できる状態にすると、社長と副社長の持分合計も50％になるため、お二人が一枚岩で、安定株主であるという前提をおいたとしても、一般的に会社を支配しているといわれる過半数の持分比率を維持できません。もちろん、売買可能にした50％すべてを1人の株主が保有し、敵対的な意思決定をするなどといった可能性はゼロに近いですが……。」

久保はさらに続ける。

「社長は既にご理解いただいていると思いますが、代表取締役と株主は違います。創業者は通常オーナー兼代表取締役であることが多いので、会社の経営と所有が区分されていないことが多いのですが、本来、代表取締役は会社との契約のもとで会社経営を委任されているものであり、その会社の所有者は株主にあります。上場して、株式を売りに出すということは、会社の所有者を広く一般に求め、社会の公器となることを意味します。当然、社長の持分比率が低ければ、株主から解任される可能性もあるわけです。その点をふまえて、売出し比率、持分比率を考える必要があります。」

「うーん。これは難しいね。オーナーがいつまでも大半の持分を持っている会社って多いの？」

木口の質問に久保の眼鏡がキラリと光った。

「社長、いいところに気づかれました。上場企業の持株比率を見てみると、上場した後もオーナーが直接持分の大半を保有し続けるというわけではありません。このスライド3をご覧ください。」

スライド３：上場後の持分比率の例

ソフトバンクグループ株式会社

2020年3月31日現在

氏名又は名称	住所	所有株式数（千株）	発行済株式（自己株式を除く。）の総数に対する所有株式数の割合（%）
孫　正義	東京都港区	439,409	21.25
日本マスタートラスト信託銀行㈱（信託口）	東京都港区浜松町２丁目11-3	211,993	10.25
日本トラスティ・サービス信託銀行㈱（信託口）	東京都中央区晴海１丁目8-11	121,332	5.87
JP MORGAN CHASE BANK 385632（常任代理人 ㈱みずほ銀行決済営業部）	25 BANK STREET, CANARY WHARF, LONDON, E14 5JP, UNITED KINGDOM（東京都港区港南２丁目15-1）	58,990	2.85
J. P. MORGAN BANK LUXEMBOURG S. A. 1300000（常任代理人 ㈱みずほ銀行決済営業部）	EUROPEAN BANK AND BUSINESS CENTER 6, ROUTE DE TREVES, L-2633 SENNINGERBERG, LUXEMBOURG（東京都港区港南２丁目15-1）	37,678	1.82
日本トラスティ・サービス信託銀行㈱（信託口5）	東京都中央区晴海１丁目8-11	31,717	1.53
SSBTC CLIENT OMNIBUS ACCOUNT（常任代理人 香港上海銀行東京支店）	ONE LINCOLN STREET, BOSTON MA USA 02111（東京都中央区日本橋３丁目11-1）	30,908	1.49
JP MORGAN CHASE BANK 380763（常任代理人 ㈱みずほ銀行決済営業部）	25 BANK STREET, CANARY WHARF, LONDON, E14 5JP, UNITED KINGDOM（東京都港区港南２丁目15-1）	29,066	1.41
JP MORGAN CHASE BANK 385151（常任代理人 ㈱みずほ銀行決済営業部）	25 BANK STREET, CANARY WHARF, LONDON, E14 5JP, UNITED KINGDOM（東京都港区港南２丁目15-1）	28,352	1.37
CITIBANK, N. A. -NY, AS DEPOSITARY BANK FOR DEPOSITARY SHARE HOLDERS（常任代理人 シティバンク、エヌ・エイ東京支店）	388 GREENWICH STREET NEW YORK, NY 10013 USA.（東京都新宿区新宿６丁目27-30）	23,617	1.14
計	－	1,013,062	48.99

SanSan株式会社

2019年5月31日現在

氏名又は名称	住所	所有株式数（千株）	発行済株式（自己株式を除く。）の総数に対する所有株式数の割合（%）
寺田　親弘	東京都渋谷区	10,920	37.10
DCM Ventures China Fund(DCM VII), L.P.	2420 Sand Hill Road Suite 200 Menlo Park, CA 94025	2,030	6.90
株式会社INCJ	東京都千代田区丸の内1-4-1	1,740	5.91
株式会社SMBC信託銀行（特定運用金外信託口 契約番号12100440）	東京都港区西新橋1-3-1	1,710	5.81
Sansan従業員持株会	東京都渋谷区神宮前5-52-2	1,470	4.99
ジー・エス・グロース・インベストメント合同会社	東京都港区六本木6-10-1	1,300	4.42
A-Fund, L.P.	2420 Sand Hill Road Suite 200 Menlo Park, CA 94025	1,280	4.35
富岡　圭	神奈川県鎌倉市	1,050	3.57
ニッセイ・キャピタル5号投資事業有限責任組合	東京都千代田区丸の内1-6-6	900	3.06
EEIクリーンテック投資事業有限責任組合	東京都品川区東五反田5-11-1	690	2.34
計		23,090	78.45

有価証券報告書「大株主の状況」より抜粋

「スライドのとおり、ソフトバンクグループのオーナーである孫正義氏の直接保有持分は22％程度であり、また2019年に上場したSanSanのオーナーである寺田親弘氏の直接保有持分は37％程度と、過半数を保有しているわけではありません。その理由としては、信託銀行のような安定株主に株式を持たせて、経営の安定性を確保し、仮に議決権の過半数を保有しなかったとしても、売り出した株式は一般の会社の支配に興味がない少数株主によって保有されるため、経営の安定性の確保するうえではあまり問題にならないケースが多いからです。また、上場の主たる目的は資金調達であり、目標となる資金調達額があるにもかかわらず、持分比率が下がるからといって調達資金を減らしたのでは、何のために上場したかわかりません。会社として安定性を損なわない程度に創業オーナーの持分を薄める、ということはよくあることです。ここで、もう1点重要な点があります。」

　久保はさらに続ける。
「先ほど持分比率が下がるからといって調達資金を減らしたのでは意味がない、という話をしましたが、1株あたりの売出し価格は会社の価値によって決まりますので、会社の価値が高ければ高いほど売出し価格は上がり、売り出す株式数も少なくて済みます。この会社の価値は何によって決まると思いますか、小菅さん。」
　久保の問いに、小菅が答えた。
「うーん、やっぱり利益とか、会社が持っている資産でしょうか？」
　その答えに、久保の眼鏡がギラリと輝いた。
「そのとおりです！　次のスライドをご覧ください。」

スライド4：事業計画と企業価値評価

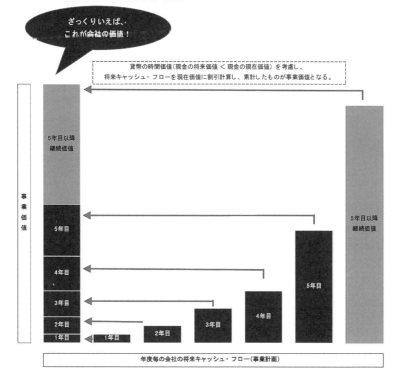

　「ベンチャー企業の資金調達の際、右肩上がりの成長曲線を描いている会社の価値を評価するときには、一般的に将来キャッシュ・フローをベースとした評価を実施します。正確な説明ではないですが、簡単に言うと、予測期間の将来キャッシュ・フローと、予測期間の最終年度以降において事業を継続することによって生み出されるキャッシュ・フローを現在の価値に置き換えた金額の累計が今の会社の価値、つまり時価総額です。将来キャッシュ・フローとは、事業計画の利益をキャッシュの出入りに置き換えたもの、と考えてください。当社も毎年事業計画を立てていますが、一般的に上場にあたっては、向こう5年間の中期経営計画を策定します。そして、会社の将来的な価値をシミュレーションした上で、目標とする調達額に到達するよう、株式の売出し価格と数量を決定すればよいのです。あとは、先ほども申し上げた通り、企業価値が高ければ高いほど少ない発行株式で目標とする資金調達額を達成できますし、創業者が持っている株式も高く売れることになります。

　なお、上場時の株価は、PERマルチプルで決まることが多いです。つまり、

会社の上場時の利益と同業他社の株価収益率が比較され、上場時の市場動向
や投資家の需給などの要因で決まります。ローンチにおいて投資家の意見を
聞いたり、大型案件であれば、グローバルオファリングを実施する場合もあ
りますので、株価は想定よりも上下することはありますね。ただ、やはり上
場時に想定通り、いや想定以上の株価を達成するためには、将来事業計画と
その達成がキモとなります。」

「上場するまでには、きちんとした事業計画を作ってそれを達成し、会社の
価値を上げたうえで安定的に会社運営ができる水準の株式を創業オーナーに
残して、株式を売り出すのが理想なのね。そうすると……。」
　「久保さん、うちの今の価値ってどのぐらいですか？」
　木口の話をさえぎるように、小菅が突如口を開いた。

　「そうですね、計算してみないと正直わかりませんが、事業内容も魅力的で、
単年度で2億円以上の利益が出ていますし、今後も伸びていく計画ですから
現時点でも15億円程度の価値はつくのではないでしょうか。」
　「15億円？　そんなに価値があるのか！」
　小菅の声が段々と大きくなっていくのを感じながら、久保は続ける。
　「まぁ、今後のAI人事評価システムの市場浸透次第では、上場時にはPER
の50倍以上の価値がついてもおかしくありませんね。」
　「PERの50倍？　つまり利益の50倍が時価総額ということだから……。っ
てことはすごい！　上場すると株価は跳ね上がるって聞くけど本当なんだ。」
　小菅は、ここにきて冷静さを見失い、ついにその本性を爆発させる。
　「ということは、私はこの会社の20％の株式を持っているから……。うっ
ひょー！　これがIT長者かぁ！　私の分を全部売り出したって、社長がまだ
80％も持っていますもんね？　上場最高！　株も全部売って世界一周だ！
いや、もしかしたら前〇社長みたいに月旅行も夢じゃないかぃ！　あ、でも1
人で行くのは寂しいからお見合い企画をして、月に一緒に行ってくれるパー
トナーを見つけないと……。久保さんは月とか興味あります？　ね、久保さ
ん。……久保さん？」
　とそこまで話して小菅は、久保が信じられないという目でこちらを見つめ
ていることにようやく気づいた。久保の目は、ふとつけたテレビに映った
ニュース番組で前〇社長のお見合い企画が特集されていたときの剛〇彩芽と
同じくらい冷やかであった。

「ふざけないでください！　小菅さん」

「え？」

「小菅さん、上場をなめないでもらえますか。」

　横で聞いていた木口は、会議室の温度が2度ほど下がったように感じられた。

　「お前みたいな……ゲフンゲフン……間違えました。小菅さんみたいな自分の利益のことしか考えないやつ……ゲフンゲフン……方がいるから、せっかく上場できた会社でも不正が絶えないんでしょう？　いいですか？　上場するってことは、いろいろな人が会社の株を持つっていうことです。パブリックカンパニーになるっていうことなんですよ！」

　久保の声が徐々に大きくなる。会議室は震え、窓がガタガタと音を立て今にも割れそうである。この会社の耐震強度、大丈夫だったっけと、木口はふと思った。

　1度頭に血がのぼった久保は、さらに畳みかける。会議室は、決裂寸前の離婚調停さながらに混乱を極めていた。

　「株主のことを考えて経営しないと、投資家からすぐにそっぽを向かれて会社の価値なんてなくなってしまうんですからね！　上場はゴールじゃないし、創業者の利益を確定するために上場するわけでもない！　そのあと、パブリックカンパニーになって何を成すか、これが大事なんだ！　見損ないました！！　月に行く前にこの会社を出てって行ってほしいくらいです！！」

　沸点を超えた久保から湧き上がる言葉のナイフを前に、小菅は、自分の浅

はかすぎる考えを思い知らされ、ほとんど土下座に近い態勢をとりながら平謝りするほかなかった。

「すみません。もう株を売るなんて言いません。月旅行もあきらめますから許してください！」

——会社のブレーンである副社長がこの調子では、上場は月に行くよりも長旅になりそうね。

その場で唯一冷静であった木口はそんなことを思った。

❷　従業員へのインセンティブ

「申し訳ありません、先ほどは言いすぎました。」
久保も少し休憩をはさんで落ち着きを取り戻したようだ。

「い、いえ、株式を売るなんて軽々しくいったのが悪かったです。社長、久保さん、大変申し訳ありません。」

小菅はまだ青ざめた表情だ。無理もない、久保が怒鳴ったところは誰も見たことがなく、社内で最も冷静な人間だと思われていた。その久保が激高するとは……木口も小菅も予想だにしないことだった。

「久保さんがあれだけ言うってことは、上場に向けた心構えってよほど重要なことってことよね。とにかく、小菅くんも反省しているようだし、先に進

めよっか。次は何を考えればいいんだっけ？」

木口の問いに、久保が答えた。

「資本政策は従業員に対するインセンティブプランとも関連があります。まずはインセンティブプランについて、**スライド5**をご覧ください。」

スライド5：インセンティブプランの活用

	ストック・オプション	従業員持株会
概要	・役職員等（外部者を含む）に対して、無償で新株予約権を付与する制度	・拠出金の給与控除、奨励金の支給などの種々の便宜を与えることにより、従業員の自社株取得を容易にし、財産形成を助成する制度
メリット	・将来の利益を報酬として、役職員等から強いコミットを引き出せる ・権利付与時点での資金負担がない	・社員の忠誠心の向上になる ・給与天引きで積み立てられ、無理なく財産形成が可能
デメリット	・権利行使ができなくなると、モチベーションの低下を招く ・企業価値のディスカウント要因となる	・インセンティブ効果は低い
資本政策上の特徴	・上場後は売却される事が多く、安定株主としての役割は期待できない。	・株主構成が安定し、敵対的買収に対する抑止力になる

「インセンティブプランは、大きく分けてストック・オプションと従業員持株会がありますが、当社においては、すでにストック・オプションを発行しており、また上場を目指すベンチャー企業でストック・オプションを活用しないケースはほとんどないので、ここではストック・オプションについて話しましょう。私が入社した際にストック・オプションを役職員に対して付与しましたが、行使条件はどういったもので、発行数はいくつぐらいでしょうか？」

久保の質問に小菅が答える。

「うーん、行使条件は確か継続した勤務期間が5年、単年度利益5億円達成だったと思います。発行個数は忘れてしまいました……。」

「はい、私も当社の登記簿とストック・オプションの明細表を拝見して再確認しました。行使条件は小菅さんのおっしゃるとおりで、発行個数は5,000個です。仮にすべてが行使されたと仮定すると、当社の持分の約5％は当社の役職員が保有することになります。少数ではありますが、この分も上場後の持分比率のシミュレーションに含める必要があります。また、ストック・オプションについては持分比率との関係性よりも、もっと重要なことがあり

ます。それは、役職員等のモチベーションに与える影響です。」

「ストック・オプションを付与するということは、会社の株式を一部保有する権利を与えるということです。一方、ストック・オプションの行使で入手可能な議決権は通常わずかですので、役職員の興味はストック・オプションを行使し、その株式を売却することにより得られる利益、つまりキャピタルゲインの獲得です。当社は再度上場を目指すことにしたわけですが、仮に上場を目指さなかったら、従業員はどのような気持ちになると思いますか、小菅さん？」

「給料は普通のベンチャーより出してるし、何も思わないんじゃないですか。」

あっけらかんと答える小菅を見て、久保の眼がギラッと輝いた。

「小菅さん！　大変失礼な物言いとなりますが、それはあまりにも浅はかです！　役職員がベンチャー企業に入社する理由は、能力次第で若いうちに重要な仕事を任せてもらえるので、大企業では得られない経験を得られるということもありますが、ストック・オプションを付与された場合、当然ストック・オプションを行使することによるキャピタルゲインの獲得が視野に入ります。このような中で、会社が上場をしないということになると、従業員のモチベーションが一気に下がってしまいます。当社は1度上場を止めているので、退職者が続出してもおかしくはないと耳にしたこともあります。ストック・オプションの付与は劇薬でもあるんです。」

小菅はまた怒られてしまったと思いながらも、すぐに頭の中で内容を咀嚼しこう言った。

「なるほど、ストック・オプションを発行すると、従業員にぬか喜びをさせてしまう可能性があるということかな。よくわかったよ。久保さん。」

木口も納得した様子で頷き、久保に質問をする。

「それをふまえて当社はどうしたらいい？」

「はい、当社ではすでに発行しているストック・オプションが存在し、幸い今後の上場計画と矛盾しない内容であるため、上場をあらためて目指すということを従業員に周知したうえで、従前発行したストック・オプションが決して紙クズではないということを説明する必要があります。また、その際に

上場を達成できればストック・オプションの行使によりどのようなリターンがあるかについて、役職員にあらためて説明した方がいいでしょう。ストック・オプションを発行してから入社した役職員もいますし、社内的に不公平をなくすため、ストック・オプションを追加で発行することも考慮する必要があります。ちなみに、当社を手伝ってくれる外部コンサルタントにもストック・オプションの発行はできますから、今まで親身になってくれた、あるいは今後お付き合いすることになる外部コンサルタントや専門家にもストック・オプションの発行を検討してもいいかもしれないですね。もちろん、ストック・オプションがすべて行使された場合の役職員や外部者の持分の比率をあまり多くはできませんので、可能な範囲でということになりますが。」

「わかった。私も従業員にメリットのない会社運営はしたくないから、行使条件を少し緩和したストック・オプションの発行を視野に入れるよ。小菅くん、久保さん、専門家に相談しながらストック・オプションの発行についての検討をしてくれる？　前のストック・オプションの登記でお世話になった清水先生にも忘れずに話を聞いてね。」

木口の問いに、小菅が答えた。

「承知しました。これは私の方で進めます。」

＊＊＊＊＊＊＊

小菅は、株式を安易に売却しようと考えていたことを反省しつつも、IPOの実施について不安の中に少し光を見出しつつあった。これまでは、古株の役職員の意見も取り入れながらではあるが、最終的な意思決定は木口と自分で行ってきた。そのため、自分たちが創り出したサービスに対する自信はあったが、このままでは今後行き詰まるのではないかという漠然とした不安がないといえば嘘になるという状況にあった。それが恵比寿のコーヒーチェーンでの木口のひと声、それに共鳴した久保の提案、そういった1つひとつのピースがはまったことでIPOに向けたプロジェクトが少しずつ進み始め、最初は拒否反応を示していた小菅の中にも会社が大きく変わるのではないかという期待感が芽生え始めたのだ。……そういった期待感の果てにはIPOを成功させキャピタルゲインを手に入れてあわよくば月旅行に行きたいというむき出しの本心があることは絶対に久保には言ってはいけないな、小菅は人知れず誓うのであった。

●解説

I　資本政策とは

　IPOにおける資本政策とは、事業計画等に基づく企業価値の予測、資金調達ニーズの明確化、役職員等に対するストック・オプションの付与、創業者の持分比率維持や安定株主持分比率維持、創業者利益の実現等のさまざまな項目を考慮して、適切な株主構成を計画することを言います。通常、資金調達フェーズごとに株主構成を明示した資本政策表を作成します。

資本政策表の例

	設立時		シードラウンド			シリーズA			株式上場時		
	発行株	比率	増減	発行株	比率	増減	発行株	比率	増減	発行株	比率
オーナー①	80,000	80%		80,000	67%		80,000	59%	−20,000	60,000	31%
オーナー②	20,000	20%		20,000	17%		20,000	15%	−10,000	10,000	5%
Aファンド			20,000	20,000	17%		20,000	15%		20,000	10%
Bファンド						16,000	16,000	12%		16,000	8%
安定株主									20,000	20,000	10%
従業員									15,000	15,000	8%
一般投資家									55,333	55,333	28%
合計（株）	100,000	100%		120,000	100%		136,000	100%		196,333	100%
1株当たり価値（円）	100		1,000	1,000		2,500	2,500		11,029	10,317	
調達額（千円）			20,000			40,000			525,500		
企業価値（千円）	10,000		100,000	120,000		300,000	340,000		1,500,000	2,025,500	

　本書の事例では、IPOに至るまで追加の資金調達を実施していませんが、特に投資が必要なビジネスにおいては、複数回の資金調達が行われるケースがあります。たとえば、東南アジアでタクシー等の配車サービスを運営しているGrab Taxi Holdingsは本書執筆時点でラウンドH（Aから起算し、8回目）の資金調達を実施しています。このような企業においては、適切な資本政策表の作成がより重要になります。

　以下の項目において、資本政策の各要素について内容を確認します。

1　事業計画に基づく企業価値の予測

　IPOをめざすベンチャー企業は右肩上がりの成長曲線を描いていることが多く、このような会社については、将来キャッシュフローに着目した企業価値評価が行われることもあります。その点もふまえ、会社は将来における利益や投資の額を可視化した事業計画を作成する必要があります。この事業計画は、各製品やサービスの販売単価および個数、投入される市場規模等のデータから積上げで作成される必要があり、各資金調達ラウンドにおける投資家や、IPO時の主幹事証券会社が納得できる水準の合理的なものでなければなりません。

2　資金調達ニーズの明確化

　上場する大きな目的の１つとして、資金調達ニーズがあります。そもそも資金調達の目的となる投資があり、投資による会社の成長戦略がなければ、資金調達をする必要性がありませんし、当面目標となる資金調達額があり、今後それ以上の資金調達を実施する予定がまったくないのであれば、VC（ベンチャーキャピタル）やその他の投資家からの調達を考えればよく、上場する必要もありません（もっともVCの出資を受けた時点で、VCの利益確定、つまりエグジットのためにIPOを要請される可能性もあります）。そのため、上場することで、上場時、または上場後において、どの程度の資金を調達したいかについて、シミュレーションをしておく必要があります。

3　役職員等に対するストック・オプションの付与

　IPOを実現するためには、証券取引所の上場審査における形式基準や実質基準をクリアする必要がありますが、会社の資金調達ニーズを考えた場合、株価が高ければ少ない株式の発行数で資金調達ニーズを充足することができますし、売出しを行った際の創業者利益も大きくなるため、当然のことながら、上場時に公募・売出しを行う株式の価値は高ければ高いほどよいということになります。

　また、上場時の株価を高めるためには、事業計画の達成が重要であり、その達成のためには従業員の奮起が必要となります。その従業員のモチベーションアップに使われるのがストック・オプションです。

　ストック・オプションは、株式会社の経営者や従業員等が自社株を一定の行使価格で購入できる権利のことをいいます。今でこそストック・オプションのことを知らない人はベンチャー界隈ではあまりいないかもしれませんが、ストック・オプションについておさらいをします。

ストック・オプションとは

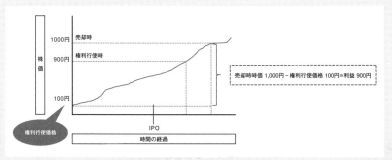

　このように、ストック・オプションは、たとえば行使期間が到来した際に、1株あたりの市場価格が1,000円、行使価格が100円であった場合、100円で1株を購入して1,000円で売却ができることとなり、900円の株式売却益が得られるというものです。行使価格は100円から変動することはないため、この時の株式の市場価格が高ければ高いほど、ストック・オプションの保有者は大きな利益を得られることになります。

　ベンチャー企業において、ストック・オプションが活用されることが多い理由は、一般的にベンチャー企業は大手と比べて給料が安かったり、会社の安定性に乏しいため、ストック・オプションを付与することで、成果報酬という形で役職員に利益を還元することができるからです。役職員からすれば、会社の利益が上がれば企業価値が高まり、株式の公募・売出し価格が上がるため、利益を少しでも上げるという強いモチベーションとなります。

　また、現在は役職員に加えて、一定の要件を満たせば外部協力者（業務委託者・社外アドバイザー等）にも税制適格ストック・オプション[1]の発行が可能になっており、上場前にサポートしてもらう代わりに上場後のキャピタルゲインで還元するという、外部協力者に対する成果報酬的な運用もできるようになりました。

　一方で、ストック・オプションは劇薬でもあり、仮にIPOが何らかの理由で頓挫し、そのストック・オプションが紙切れとなってしまった場合には、従業員のモチベーションが下がり、退職者が続出するようなケースもあり得ますので注意が必要です。

　なお、ストック・オプションが行使されることを仮定すると、ストック・オプションの行使による株式の増加分は、会社に潜在的な株主がいるということであるため、資本政策表に含める必要があります。

1　一定の要件のもと、課税のタイミングが株式を売却したときのみとなり、権利行使時に所得税を支払う必要がなくなるストック・オプション。

COLUMN

退職者によるストック・オプションの行使を認める場合

　従業員に付与するストック・オプションは、当該従業員が退職した後に増加した企業価値から利益を得させることを防止して適正なインセンティブを与えられるよう行使時点の在職を行使条件とすることが一般的です。もっとも、定年退職や会社都合による退職など当該従業員に報いるためにストック・オプションの行使を認めることが合理的な場合もあることから、定年退職した場合や取締役会が「正当な理由」があると認める場合には、退職した従業員にもその行使を認める旨の行使条件を定めておくことが多くあります。

　この場合、退職者にストック・オプションの行使を認めるか否かは、取締役会が「正当な理由」があるかどうかによって判断することになりますが、会社の勧奨に応じて円満退社した従業員とその後に紛争が生じてしまったようなときにも退職時点の状況にかんがみて、「正当な理由」があるものとして行使を認めるべきでしょうか。

　上記のような事案で元従業員がストック・オプションを行使できる地位にあることの確認を会社に求めた訴訟において裁判所は、「正当な理由」とは企業価値の向上に対する貢献という見地から在籍する従業員と同等に扱うことを正当化する事由がある場合を意味するものとし、また、「正当な理由」の有無は行使を認める取締役会の決議時点までの事情を考慮することができると述べて、当該元従業員について「正当な理由」は認められないと判断しました（東京高判平成28・11・10判タ1445号116頁）。

　一般論としてベンチャー企業では、会社（現経営陣）と退職者との間で報酬や知的財産権の帰属等に関して争いが生じることが少なくありませんので、退職者にストック・オプションの行使を認める「正当な理由」があるか否かの判断は、時間をかけて慎重に行うべきといえるかもしれません。

4　創業者の持分比率維持や安定株主持分比率維持

　資本政策上、最も重要な要素の1つが、各株主の持分のコントロールです。資金調達を行う際、創業者が保有する株式を売却した場合はもとより、第三者割当増資を利用して、第三者に対して株式を発行したとしても、創業者の持分比率は下がります。創業者の持分比率が下がれば、相対的に会社運営の安定性は失われていきますし、上場後は敵対的買収にあうこともありえないわけでは

ありません。そのため、創業者または安定株主の持分比率をキープする必要があります。

　安定株主として考えられるのは、簡単にいえば創業者の味方になってくれる株主のことであり、創業者一族、役員、従業員持株会、金融機関、ビジネス的に深い関係にある取引先等です。

　ところで、創業者を含む安定株主の持分は何％であれば安心なのでしょうか。これは一概にはいえないのですが、株主総会における議決権数が1つの目安になります。

議決権数による決議事項

決議の種類	定足数	決議要件	主な決議事項
普通決議 （会社法309条1項）	定款に別段の定めがある場合を除き、議決権を行使できる株主の議決権の過半数を有する株主の出席	出席株主の議決権の**過半数**	・役員の選解任 ・計算書類の承認 ・剰余金の処分 ・剰余金の配当
特別決議 （会社法309条2項）	株主総会で議決権を行使できる株主の議決権の過半数（3分の1以上の割合を定款で定めた場合は、その割合以上）を有する株主が出席	出席株主の議決権の**3分の2**（これを上回る割合を定款で定めた場合は、その割合）以上 ※頭数要件も可能	・募集株式・募集新株予約権の発行における募集事項の決定 ・株主に株式・新株予約権の割当を受ける権利を与える場合の決定事項の決定 ・定款の変更 ・事業譲渡の承認 ・解散 ・吸収合併契約・吸収分割契約 ・株式交換契約の承認 ・新設合併契約・新設分割計画 ・株式移転計画の承認
特殊決議 （会社法309条3項）	なし（事実上決議要件の数以上）	**頭数** 株主総会で議決権を行使できる株主の半数以上（これを上回る割合を定款で定めた場合は、その割合以上） **議決権** 株主総会で議決権を行使できる株主の議決権の3分の2（これを上回る割合を定款で定めた場合は、その割合）以上 ※頭数と議決権の両方が必要	・公開会社から非公開会社への変更
特殊決議 （会社法309条4項）	なし（事実上決議要件の数以上）	**頭数** 総株主の半数以上（これを上回る割合を定款で定めた場合は、その割合以上） **議決権** 総株主の議決権の4分の3（これを上回る割合を定款で定めた場合は、その割合）以上。 ※頭数と議決権の両方が必要	

このように、議決権数が全体の過半を超えるか（株主総会の普通決議が可能）が1つの目安であり、議決権数が2/3以上となるか（株主総会の特別決議が可能）がもう1つの目安となっています。経営の安定性を求めるのであれば、持分の過半数以上は創業者を含む安定株主が保有しておけばよいと考えられますが、何％を安定株主で保有すべきかは、ケースバイケースであると考えられます。

5　創業者利益の実現

　多くの創業者にとって、最も重要なのがこの創業者利益の実現です。創業者は多くのリスクを背負って起業をしており、リスクに見合うリターンを期待するのは当然です。

　創業者利益の実現のタイミングとしては、VCによる各資金調達ラウンドにおいて企業価値評価（バリュエーション）が実施されることにより、出資時、あるいは直前の資金調達時点より企業価値が増加していれば、潜在的な創業者利益は実現しているといえます。しかし、このタイミングでは株式が市場に流通しているわけではなく、一般的には自由に売買できる状態にはありません。IPOの時点で、創業者は自己が保有する株式を売出しすることができ、ようやく創業者利益を実現することができます。なお、本書でも久保CFOが言及しているとおり、売出しはリスクを負って起業した創業者の当然の権利ではありますが、一方で売出しはもっぱら創業者利益の実現を目的として行われることから、売出しが多すぎると投資家の印象がよくないといわれます。そのため、公募・売出しの比率については、主幹事証券会社と相談しながら、適切な水準に抑えることが必要です。

　さて、ここまで資本政策のさまざまな側面に着目しましたが、ここで言及した資本政策の各要素は相互に関連しており、その関係性を図にすると以下のとおりとなります。

第3章　IPOは資本政策が命！

資本政策に係る要素の関連性

企業価値の予測

インセンティブプラン（特に
SO）の活用により、役職員等
を事業にコミットさせ、企業
価値をUPさせる。

今の企業価値で目標とする資
金調達額の達成、安定株主持
分比率の維持、創業者利益の
実現が可能か検討。

インセンティブ
プランの活用

資金調達ニーズ
明確化

持分比率の維持

創業者利益確保

　このように、資本政策の各要素は密接に関連性を持っているため、1つの要素だけを見て決めるのではなく、全体を見ながらコントロールすることが肝要です。

Ⅱ　資本政策の重要性

　ほとんどのベンチャー企業は、創業当初は製品やサービスの構築に加え、自社の製品やサービスを売るための営業活動、さらに資金調達をするための投資家や銀行回りに全力であり、創業当初から資本政策について詳細に検討しているケースは多くありません。しかし、資本政策は、間違ったときに後戻りができず修正が不可能です。仮に上場企業にふさわしくない者が株主となってしまったとして、その者を株主から追い出すことは非常に困難です。また、資金調達ラウンドを経るたびに創業者の持分は希薄化していきますが、希薄化した後に改めて株式を買い戻したいと思ったとしても、すでに各ラウンドの企業価値評価により会社の価値が大幅にあがっていると、株式の買戻しは実質的に不可能となるケースが多いです。

　したがって、仮に忙しくて資本政策表を自分で作成するのが難しいとしても、専門家にサポートを依頼するなどして、設立初期の段階から資本政策の検討をしておくべきであると考えられます。

COLUMN

資本政策と登記

　法人登記簿は公開されており、誰でも閲覧することが可能です。例えば、資本政策についてもデット・ファイナンスは登記簿から読み取れませんが、エクイティ・ファイナンスとしてVCから資金調達を行っていた場合は、法人登記簿の「発行可能種類株式総数及び発行する各種類の株式の内容」欄にて概要を確認できますし、また、ストック・オプションや転換社債型新株予約権付社債を発行している場合も「新株予約権」欄で確認することができます。木口がVCについて「縛りがきつそう」と発言する場面がありますが、例えば、登記簿を閲覧すると種類株式の内容として「A種種類株主総会において、取締役2名を選任することができる」など、VCから役員派遣の縛りが読み取れることもあります。なお、詳細な縛りについては株主間協定書などで規定されるため、さすがに登記簿からは読み取れません。

　その他、登記に関して言えば、資本政策の附随論点としてオーナー持分や従業員持株会の法人化（資産管理会社や一般社団法人の設立等）を検討する場合もあります。特に、創業一族の保有する株式は、個人名義のままでは、（1）本人に認知症など判断能力の低下が見られた場合や、相続が発生した場合に、議決権行使の安定性が揺らぐこと、また、（2）創業家側としては資産税対策も考慮して、法人化が検討されます。これらの附随論点は上場前に整理されていることが望ましいといえます。

　なお、登記とは関係ありませんが、帆船サンタ・マリア号に例えると、本章で描かれている経営陣による資本政策の議論は、上場という夢に向かい、まさにスペインのパロス港から勇猛果敢に飛沫をあげて大西洋を疾走しているステージです。その後、新航路の発見後に継続的な安定航海をしていくためには、法務部という部署が重要になります。実働部隊を支援する我々士業としては、会社が法務部をどのように位置づけているかも注目しています。

IPOはガバナンスが命!

1　機関設計のすすめ

「IPOに向けて、人『財』確保を進めよう。」

　機関設計の重要性を認識した木口は、人「財」確保を推し進めることにした。

＊＊＊＊＊＊＊

　よく晴れた月曜日の朝、久保は、本社の会議室で、木口と小菅に対して機関設計について説明していた。

　先週金曜日に、久保がその日の業務を済ませ、友人との飲み会に繰り出そうとしたところで木口に呼び止められ、機関設計について説明するように言われたのだ。

　「久保さん、IPOを進めるためには、社外役員を確保しておくことが重要らしいから、社外役員について説明してほしいの。善は急げっていうし、ちょっと急で申し訳ないのだけれど、月曜日に会議をしましょう！」

　久保は、もう少し早く会社を出るべきだったと頭を抱えながらも、友人に謝罪のLINEを送り、仕方なく残業を続けることにした。木口が1度言い出したら聞かない性格であることは十分理解している。

　久保は、足早に退社していく部下たちをうらやましげに見送りつつ自席に戻った。

　──資料作成が順調に進めば、せめて2次会くらいには顔を出せるかも。

　そんな淡い期待を抱きながら。

＊＊＊＊＊＊＊

　結局のところ、久保の淡い期待は泡と消え、資料作成に週末まで費やすことになった。久保は、そうして完成させた力作をモニターに映しながら、木口と小菅に説明を始めた。

　「機関設計は、会社の経営のための仕組みということができます。会社を経営していくためには、業務についての意思を決定し、実際に業務を執行し、その業務について不正がないかをモニタリングする必要があります。これらを誰がどのように行うのかを設計することを、機関設計といいます。」

スライド1：取締役会設置会社（監査役会設置の場合）の組織構造

取締役会設置会社（監査役会設置の場合）の組織構造

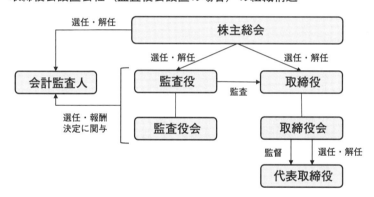

「今まで会社のことは全部私が決めてきたけど、これからはそれを分担しなきゃいけないってことなの？ 今のところ会社の株のほとんどを私が持っているわけだけど。」

木□がいぶかしげに□を開いた。

「取締役会設置会社では、基本的に、会社のことは取締役会の決議で決定することになり、逆に株主総会で決議する事項は一部の重要事項に限られることになります。

今までは取締役会といっても、我々3人なので、事実上社長が全部決めてきましたが、IPOするとさまざまなステークホルダーが出てきますので、今

51

までどおりというわけにはいかず、取締役会に限らず、きちんとした機関設計を検討する必要があります。

　一般的に、会社の規模が大きくなり、IPOを目指すような段階になると、社長1人ですべてのことを見るのは現実的ではなくなりますので、致し方ないことかと……。とはいえ、会社を代表するのは代表取締役である社長であることに変わりはありません。」

「わかったわ。」
　木口がしぶしぶ納得したようなので、久保はほっと胸をなでおろした。

＊＊＊＊＊＊＊

「今までは株主が社長と副社長だけだったので、株主総会もきちんと行われていませんでしたが、これからは株主総会の運営やスケジュールについても意識する必要があります。」

スライド2：株主総会のスケジュールの例（会計監査人・監査役会設置会社）[1]

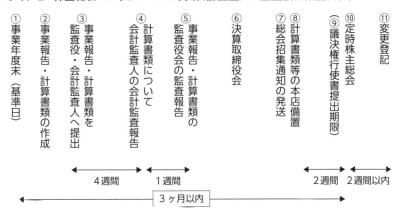

「法律上、取締役会は3か月に1回以上の開催とされていますが、上場会社では、意思決定を機動的に行うため、毎月の開催が必要となります。開催時期も月の下旬ではなく中旬以前の実施が求められます。上場審査との関係で

1　この例では、監査報告をする監査役と監査報告を受ける取締役の合意（会社法施行規則132条1項3号）により、事業報告の監査期限を5週間とすることを想定している。

は、一定の運用期間を設けて審査が行われるため、事前に体制を整備しておくことが望ましいです。」

「私と小菅くんと久保さんの3人では、頻繁に集まって話し合いをしているから、あまり今までと変わらなさそうね。」

「社長、取締役会を開催するだけでなく、議事録も作成する必要がありますし、そのうえで議事録を本店に10年間置いておく必要もあります。」
　小菅が、木口の発言に対して指摘をした。
「じゃあ議事録の作成は小菅くん、お願いね！」

　小菅は「余計なことをいうんじゃなかった」という表情をしながら弱々しく頷いた。

＊＊＊＊＊＊＊

「取締役会以外には、どんな機関が必要になるの？　選択肢を示してくれると助かるんだけど。」
　木口からの質問は、まさに久保が想定していたとおりのものだった。久保は週末の努力が報われた気がして、内心小さくガッツポーズをした。

「会社法上は、さまざまな機関設計が可能ですが、取引所の規程で、監査役会、監査等委員会または指名委員会等のどれかを設置することが必要になります。」
「なるほどね。あんまり複雑なのは嫌だから簡単な設計がいいかな。小菅くん、どう思う？」

　突然話を振られた小菅だったが、木口に賛同する。
「そうですね。私もシンプルな機関設計がいいのではないかと思います。」

　久保はさらに説明を続けた。
「監査機関をどうするか、社長のお父様が監査役に就いているのも何とかしないと……。」
「私の父親が監査役のままだと何か問題でもあるの？」
　木口が割り込んだ。

　久保は、木口の反応は想定内であったため、何事もなかったかのように説明を続けた。

　「はい、その点については後で触れたいと思います。その前に、選択できる機関設計について説明させてください。

　さっき話したとおり、上場会社は、監査役会、監査等委員会、または指名委員会等の3つのうちどれかを置かないといけないことになっています。このうち最後の指名委員会等は、我々みたいなベンチャー企業にはなじまないので、その説明は省くとして。」

　久保がそこまで説明すると、またもや木口がさえぎった。

　「そもそも、監査役は何のために設置されてるんだっけ？　取締役会を置くときに法律上必要だからって言われて、とりあえず定年退職していた父親に頼んだんだけど。」

　小菅が口を開いた。

　「監査役は、取締役による職務執行が適正に行われているか監査する機関です。取締役会が権限を濫用しないように、見張る役割を担ってる、そうでしたよね、久保さん？」

　「そうです。わが社では取締役会を置いていますが、取締役会設置会社では、株主総会の権限が限定されていて、取締役会に会社の運営や管理の権限が集中するので、それらが適正に行われているかどうかを監査する機関として監査役が必要とされているんです。今までは、監査役1人でもよかったのですが、上場するにあたってはそうはいかないんです。」

　久保は説明を続けた。

　「先ほどの続きになりますが、監査役会、監査等委員会、指名委員会等のうち、監査役会か監査等委員会のどちらかを選択するのが現実的かと思います。そして、監査等委員会の方が必要となる社外役員の数が少ないので人材確保の負担が少ないといわれています。つまり、監査役会は、3人以上の監査役で構成されるとされ、その半数以上は社外監査役でないといけませんので、最低2人の社外監査役が法律上必要になります。そして、取引所の上場規程では、上場会社は、少なくとも1人以上の独立社外取締役を置くよう努めることとされています。たとえばマザーズに上場している会社で独立社外取締役を選任している会社は9割近くにのぼっていますので（『東証上場会社コーポレート・ガバナンス白書2019』82～83頁）、当社でも上場を目指すにあたり、最低1名は置くべきだと考えます。そうすると、監査役会を置く場合

は最低でも３人の社外役員が必要になります。

　一方、監査等委員会を置く会社では、監査役の代わりに、監査等委員である取締役が、他の取締役の職務執行を監査します。そして、監査等委員会は３人以上の取締役で構成され、その過半数は社外取締役でないとならないので、法律上、最低２人の社外取締役が必要になりますが、それで足ります。

　社外役員は人材確保が難しいことを考えると、監査等委員会の方が社外役員の数が少なくて済むことから、わが社でも監査等委員会を選ぶのを検討してもよいと思います。」

　木口が口を開いた。

　「社外役員の人材確保の観点からすると、監査等委員会の方がよいという説明だけど、実際うちみたいなベンチャーはこの監査等委員会を選ぶ方が多いの？」

　「少々お待ちください。」

　久保は、東京証券取引所が公表している統計資料を確認するため、東京証券取引所のHPを検索した。

　「お待たせしました。東京証券取引所が出している『東証上場会社コーポレート・ガバナンス白書2019』によると、ベンチャーに限った数字ではないんですが、たとえば、マザーズに上場している企業ですと、監査等委員会を設けているのは２割弱ですね……。８割が監査役会設置会社です。（『東証上場会社　コーポレート・ガバナンス白書2019』図表58）まぁ、監査等委員会は2015年５月施行の改正会社法で導入されたばかりの新しい機関ですから。」

　「でも、８割近くが監査役会を置いてるってことは、監査役会にもそれなりのメリットがあるってことじゃないの？　社外役員の人数の点以外のプロコンはどうなの？」

　「すみません、そこまでは……。」

　久保は、返答に窮した。監査等委員会設置会社では、社外役員の人数が少なくて済む点にのみ着目し、それ以外の点については確認しきれていなかった。

　「じゃあ、今日はここまでにして、久保さんは、後で資料をまとめてメールで共有しておいてくれるかな？」

　そういって、木口は会議室を後にし、小菅もそれに続いた。

　「はぁー。まだまだだな……。」

　会議室に一人残された久保は大きなため息をついた。
　──ため息をしても1人……か。

2　1週間後の会議室にて

　前回の会議から約1週間後、会議室には、木口、小菅、久保の3人が再び集まっていた。
　「久保さん、そういえば、監査役会と監査等委員会を比較してまとめた資料、メールで送ってくれてありがとう。わかりやすくまとめられていてよかったわ。監査等委員会だと、常勤の者を置く必要がないとか、海外投資家からの評価が高くなるとかのメリットがある、と。後は、社外役員の問題は人材確保以外にも報酬の問題もあるということね。」
　久保は、木口に理解してもらえていたことにひとまず胸をなでおろした。

　「でも、常勤の者を置かなければならないのは、私の父親が常勤で監査役続ければよいから問題はないのかなと思ったんだけど？」
　「その点は、先週、頭出ししたんですが、監査役は取締役を牽制する役割を担うので、取締役の近親者は監査役になれないんです。」
　「そういえば父親であることが問題っていってたね。」
　「監査役会を設置する場合、監査役として新たに3名、しかもそのうち2名は社外の人にお願いしないとならないということですか……。」

小菅がそうつぶやいた後、久保に質問する。

「社外監査役ってどういう人に頼むものなんでしょうか。他の会社では、どういう人が社外監査役になっているかはわかりますか？」

「上場会社では、監査役のうち1名以上は、財務・会計に関する十分な知見を有している人でないとなりません。これも東京証券取引所の公表している資料によると、2018年の数字ですが、東証に上場している会社全体でみると、社外監査役の属性は、他の会社の出身者が5割、弁護士が2割、公認会計士が2割弱となっています（『東証上場会社コーポレート・ガバナンス白書2019』図表91）。

久保は手元の資料をめくりながら答えた。

「財務・会計に詳しい必要があるから、会計士がそれなりの割合いるってことね。それなら、まずは久保さんの方で候補となる会計士の先生がいれば教えてくれる？」

「分かりました。あと、最近はダイバーシティの観点から、女性や外国人を取締役や監査役として選任する例も多いです。当社の場合には、社長が女性ですのであまり問題になりませんが、女性の活躍については、社長もご存じかとは思いますが、政府がいろいろな政策を打ち出していて、法律も作られています。」

「確かにねー。これは後学のために聞くんだけど、法律で女性の役員登用は必須とされているの？」

「必須ではありませんが、政府から経済界に対して、上場会社は役員に1人は女性を登用するように、と要請がされてますし、上場会社は、役員の男女別人数を公表しないとならないことになっています。

アメリカの例ですけれども、IPOの引受業務で最低1名を女性とすることが条件になってきていますし、これからの時代の流れからすると、女性役員の登用がますます進むと思います。現在は、当社のように、社長もCFOも女性という会社はまれですが、女性が第一線で活躍している会社として今後も頑張っていきたいですね。」

木口と久保の話を聞いていた小菅は、久保に質問する。

「ところで、監査役会と監査等委員会のどちらでも社外役員は必要になるということですが、社外役員は急いで決めた方がよいのでしょうか。」

「上場申請にあたっては、適切な機関設計を整えた状態で1年以上運用した

実績があることが望ましいので、機関設計の決定も、それに必要な社外役員の確保もすみやかに進めた方がよいと思います。」

　「まだしばらく時間があるけれど、候補者が見つかるまで時間がかかることも考えられるから、早めに候補者をリストアップした方がいいですね。それでは、先ほどのとおりお願いします。」

　「でも、社外役員に来てもらうには、それなりのお金がかかってしまうだろうな。なんかもったいないような……。」
　小菅がぼそぼそと独り言をつぶやく。
　それを見た木口は、
　「機関設計は会社の基礎だから大事だと思うわ。必要なところにはちゃんとお金をかけないとダメでしょ。」
と小菅をたしなめるのであった。

　＊＊＊＊＊＊＊

　Book village社は、まず、経営者の社外役員の候補を探し、木口の父親の伝手で、大手東証一部上場のメーカーにて長年取締役を務めていた大物経営者、藤田田田（ふじたでんでん）に社外取締役になってもらった。
　また、社外監査役として別に公認会計士・弁護士各1名が選任された。

●解説

I　機関とは

　機関とは、株式会社の管理・運営に携わる者または会議体をいいます。
　具体的には、株主総会、種類株主総会、取締役、取締役会、会計参与、監査役、監査役会、会計監査人、監査等委員会、指名委員会等（指名委員会・監査委員会・報酬委員会の総称）および執行役が、これにあたります。
　株主総会および取締役は、すべての株式会社に必須の機関ですが（会社法295条、326条1項）、その他の機関については基本的に各社の自主性に委ねられています。
　したがって、株式会社は、機関設計についてのルールに従いつつも、各機関の意義と役割を十分に理解し、自社の特性にあわせ、どの機関を設置するかを選択する必要があります。

Ⅱ　各機関の意義と役割

1　株主総会

(1)　株主総会の役割

　株式会社は、基本的に、株式会社の実質的所有者である株主が、株主総会で取締役を選んで会社の運営・管理を行わせるという仕組みであるから、株式会社の実質的所有者である株主を構成員とする株主総会は、株式会社の最高意思決定機関であるといわれます。

　しかし、株主総会の役割は、株式会社が取締役会設置会社であるか否かによって異なります。

株主総会の権限・各種手続の異同

	公開会社[1]	非公開会社[2]
	取締役会設置会社	取締役会非設置会社
株主総会の権限	法律・定款に規定する事項	一切の事項
招集権者による議題の決定	必要	不要
招集通知の発送期限	総会日の2週間前／総会日の1週間前	総会日の1週間前・定款で短縮可
招集通知の方法	書面による一定の事項の記載必要	規制なし

(2)　取締役会設置会社ではない場合

　会社が取締役会設置会社ではない場合、株主総会において選任された取締役が、会社の業務の決定および業務の執行を行うことになり（会社法348条）、また、対外的には会社を代表することになります（同法349条）。

　他方で、株主総会も、会社に関する一切の事項について決議する権限を有し（会社法295条1項）、株主総会が業務の決定を行った場合、取締役は、それに従って業務の執行をする義務を負います（同法355条）。

2　公開会社とは、その発行する全部または一部の株式の内容として譲渡による当該株式の取得について株式会社の承認を要する旨の定款の定めを設けていない株式会社をいいます（会社法2条5号）。なお、一般的に上場会社を公開会社ということがありますが、会社法上の意味はこれとは異なります。
3　非公開会社とは、公開会社でない会社をいいます。

　以上より、取締役会を設置しない会社は、株主が比較的少数で互いのことをよく知っており、日々の会社経営に直接関与することを望むような会社に適した組織形態ということができます。

(3)　取締役会設置会社の場合

　取締役会設置会社では、取締役会は、株式会社の業務執行の決定をするとともに、取締役の中から会社を代表する取締役（代表取締役）その他の会社の業務を執行する取締役（業務執行取締役）を選定し、その職務執行を監督します。業務執行取締役は、会社の業務を執行するほか、取締役会の委任を受けて業務執行の決定をすることもできます。他方で、株主総会が決議することができる事項は、会社法及び定款で定めた事項に限られることになります。

　取締役会設置会社では、基本的に、会社の事業活動は取締役会及びその監督下にある業務執行取締役によって行われ、株主は日々の経営に関与することはありません。このような仕組みは、特に、投資家から広く出資を募って大規模な事業を行う会社に適した組織形態ということができます。

2　取締役・取締役会

(1)　取締役の権限・選任等

　上記のとおり、取締役は、取締役会設置会社か否かにより主に権限の点で多少違いはあるものの、基本的には会社の業務執行の決定や各取締役の業務執行の監督等を行います。

　取締役は株主総会の決議によって選任されますが（会社法329条1項）、取締役会設置会社においては、取締役は3人以上でなければなりません（同法331条5項）。取締役はその全員で取締役会を構成することになります（同法362条1項）。

　ただし、次の者は取締役となることができないとされています（会社法331条1項）。

---

① 　法人
② 　未成年者以外の制限行為能力者
③ 　会社法その他の一定の法律の規定に反して刑に処せられ、その執行を終わりまたは執行を受けることがなくなった日から2年経過しない者
④ 　③以外の法令の規定に違反し、禁固以上の刑に処せられ、その執行を終わるまでまたは執行を受けることがなくなるまでの者（執行猶予中の者を除く）

---

(2)　代表取締役

　代表取締役とは、株式会社を代表する取締役であり、取締役会の決議により選定および解職されることになります（会社法362条2項3号）。

　代表取締役は、株式会社の職務を執行し（会社法363条1項1号）、対外的に会社を代表することになります（同法47条1項）。その権限は、株式会社の業務に関する一切の裁判上又は裁判外の行為に及びます（同法349条4項）。

　取締役会は、代表取締役以外にも株式会社の業務を執行する取締役（業務執行取締役）を選定することができますが（会社法363条1項2号）、このような取締役は、取締役会から指定された範囲内で株式会社の業務を執行するにとどまります。

(3)　取締役会

　取締役会とは、すべての取締役によって構成され、株式会社の業務執行の決定、各取締役の職務執行の監督および代表取締役の選定・解職等を行う機関です（会社法362条）。

　取締役会は、法令・定款において株主総会の決議事項とされている事項については決定することができませんが、重要な業務執行については必ず取締役会で決定することが必要であり、定款によってもこれを代表取締役に委任することはできません。重要な業務執行の例としては、たとえば以下のようなものがあります（会社法362条4項）。

---

① 重要な財産の処分および譲受け
② 多額の借財
③ 支配人その他の重要な使用人の選任および解任
④ 支店その他の重要な組織の設置、変更および廃止
⑤ 内部統制システムの整備

　この点、日本では多くの株式会社が取締役の大半を業務執行取締役としているため、取締役会がさまざまな業務執行を決定することが合理的であるといえますが（このような機能を有する取締役会をマネジメント・ボードといいます）、他方で、会社の業務執行は執行役員等の経営陣に任せて、取締役会は会社の基本的事項のみを決定し、経営陣の監督を主たる職務とするという形態を採用することも可能です（これをモニタリング・ボードといいます）。

　なお、取締役は1人1個の議決権を有しますが、決議事項に特別の利害関係を有する取締役は議決に加わることはできません（会社法369条2項）。

COLUMN

取締役会議事録について

　Book village社では、これまで取締役会議事録を作成していなかったようですが、実際に、中小企業においては、商業登記や不動産登記の登記手続に取締役会議事録が必要となる場合にしか、取締役会議事録を作成していないという例が少なくありません。

　しかし、会議体の議事録作成は、ガバナンスのイロハの「イ」であると言えます。たとえば、東京証券取引所がマザーズ上場申請予定会社に対して公表している上場準備のチェックリストにも、取締役会議事録の適法な整備が挙げられており、上場審査において重要なチェック項目となっていることが窺えます。

　では、どのような視点で、取締役会議事録を作成すればよいのでしょうか。

　まず、取締役会議事録の作成は、会社法369条3項により義務付けられており、作成方法や具体的な記載内容は、同項及び会社法施行規則101条に定められています。したがって、法令遵守という観点から、上記法令に従って作成することが必要となります。

　次に、取締役会の議事の経過や結果が記録されている取締役会議事録は、取締役会決議の存否や有効性が争われた場合に、その証拠として機能し得るものとなります。したがって、取締役会において決議されるべき事項が決議されているか、特別利害関係を有する取締役が審議、決議から外れ、議長となってないことが、取締役会議事録上明らかになっているか、という点に留意することが必要です。

　更に、取締役や監査役の職務執行について、善管注意義務違反の有無が問題となった場合にも、取締役会議事録がその証拠として機能することが考えられますので、その観点からも記載内容が必要十分なものとなっているか留意を要します。なお、取締役会議事録は、一定の場合に、株主や債権者が、裁判所の許可を得て閲覧・謄写することができます（会社法371条2項～4項）。したがって、取締役会議事録は、外部の第三者の目に触れる可能性があることを意識し、企業秘密が漏洩することのないよう、記載内容や議事録と一体として保管される資料について、情報管理という観点からの配慮も必要となります。

3　監査役

　取締役や取締役会が、会社の業務執行機関であるのに対し、監査役は、その業務が適正に行われているかを監査する機関（監査機関）です。監査とは、職務執行の状況を調査し、必要があればそれを是正することを意味します。このような監査役の役割にかんがみ、独立性を確保する必要があることから、会社またはその子会社の取締役または支配人その他の使用人等との兼任が禁止されています（会社法335条2項）。

　取締役会設置会社は、委員会型の会社であるなどの一定の場合を除き、監査役を置く必要があります（会社法327条2項）。

　上場審査においては、取締役等の配偶者、二親等内の血族および姻族が監査役に就任している場合は、自己監査とみなされ、有効な監査が実施されていない状況と判断されてしまいます。創業して日が浅い会社の場合、創業者の親族が監査役に就任しているケースが多く見受けられますが、上場をめざす場合は、早い段階で親族以外の人を監査役に据える必要があります。

4　会計監査人

　会計監査人は、会社の計算関係書類の適正さを監査する機関です（会社法396条1項）。会計監査の専門知識が必要となるため、公認会計士または監査法人でなければならないとされています（同法337条1項）。会計監査人を設置するか否かは、原則として各会社の任意ですが、大会社や委員会型の会社は会計監査人を設置しなければなりません（同法328条1項2項、327条5項）。

　また、上場会社は、金融商品取引法に基づき有価証券報告書等について監査人による監査を受けなければなりませんので、会計監査人がこれを兼ねることになります。

Ⅲ　機関設計のルール

1　機関設計の選択肢

　機関設計のルールは、会社が公開会社か否か、大会社[4]か否かによって大きく異なります。非公開会社で大会社ではない会社については、特に柔軟な機関設計が認められており、各社の自主的な判断によって機関設計を行うことができますが、公開会社かつ大会社については、株主や債権者等の利害関係者が多

4　大会社とは、最終事業年度に係る貸借対照表に資本金として計上した額が5億円以上である株式会社、または、最終事業年度に係る貸借対照表の負債の部に計上した額の合計が200億円以上である株式会社のことです（会社法2条6号）。

数に上り、業務執行に対する監査・監督が重要であることから、厳格な機関設計ルールが課せられることになります。

選択可能な機関設計のパターン

公開会社である大会社 （A） （上場企業もここに入る） 3通りの機関設計の パターンがあります	公開会社（大会社を除く） （B） 6通りの機関設計の パターンがありえます	非公開会社である大会社 （C） 5通りの機関設計の パターンがありえます	非公開会社（大会社を除く） （D） 11通りの機関設計の パターンがありえます
取締役会＋監査役会＋会計監査人 取締役会＋監査等委員会＋会計監査人 取締役会＋三委員会(注1)＋会計監査人 以上の機関構成を（A）パターンとします。	取締役会＋監査役 取締役会＋監査役会 取締役会＋監査役＋会計監査人 以上の機関構成を（B）パターンとします。 そのほか、（A）パターン3つもすべて選択可能です。	取締役＋監査役＋会計監査人 取締役会＋監査役＋会計監査人 そのほか、（A）パターン3つもすべて選択可能です。	取締役 取締役＋監査役(注2) 取締役＋監査役＋会計監査人 取締役会＋会計参与(注3) そのほか、（B）パターン3つもすべて選択可能です。しかも、監査役会設置会社及び会計監査人設置会社でなければ（すなわち、「取締役会＋監査役」というパターンであれば）、（注2）の限定を付すことも可能です。以上、（B）パターン3つと併せて4通りが加わります。 加えて、（A）パターン3つすべて可能です。（もっとも、小規模な会社で会計監査人を設置する選択は通常行わないでしょう）。

非公開会社＝全株式譲渡制限付会社、公開会社＝全株式譲渡制限付会社以外の会社
（注1）指名委員会、監査委員会、報酬委員会の3つの委員会をいいます。
（注2）定款により、監査役の監査の範囲を会計に関する事項に限定することも可能です。
（注3）会計参与は、これ以外のすべての機関構成の会社において設置可能です。取締役会を設置しながら監査役を設置しない非公開会社については、会計参与の設置が義務付けられます。

　また、上場会社については、会社法上の要求とは別に、取引所の規程上、①取締役会、②監査役会、監査等委員会または指名委員会等、および③会計監査人の各機関を置くことが求められています（有価証券上場規程437条1項）。

2　監査役会設置会社

　監査役会は、3名以上の監査役から構成され、その半数以上が社外監査役である必要があります（会社法335条3項）。すなわち、最低でも2名の社外監

査役が必要ということになります。会社法上の社外監査役の要件は以下のとおりです（同法 2 条 16 号）。

以下のいずれも満たす監査役。
① 　就任する前の10年間、当該会社またはその子会社の取締役、会計参与もしくは執行役または支配人その他の使用人であったことがないこと。
② 　就任する前の10年間のいずれかの時点において、当該会社またはその子会社の監査役であった場合には、当該監査役に就任する前の10年間、当該会社又はその子会社の取締役、会計参与もしくは執行役または支配人その他の使用人であったことがないこと。
③ 　現在、当該会社の親会社等（個人）または親会社等の取締役、監査役もしくは執行役もしくは支配人その他の使用人でないこと。
④ 　現在、兄弟会社（親会社等の子会社等のうち当該会社およびその子会社を除いた会社）の業務執行取締役等でないこと。
⑤ 　当該会社の取締役もしくは支配人その他の重要な使用人または親会社等（個人）の配偶者または二親等内の親族でないこと。

　また、監査役会は、常勤の監査役を最低 1 名選ぶ必要があります（会社法390 条 3 項）。

　監査役は独任制の機関、つまり単独で権限を行使できる機関であることから、監査役会設置会社であっても、各監査役が自らの権限で監査を行うことになります。

3　指名委員会等設置会社[5]

　指名委員会等設置会社は、主にアメリカの上場会社をモデルとした株式会社です。指名委員会等設置会社の取締役は、原則として業務の執行を行うことができず、取締役会が選任する執行役が業務の執行等を行うことになります。

　指名委員会等設置会社においては、指名委員会、監査委員会および報酬委員会という 3 つの委員会が設置されます。各委員会の委員は取締役の中から取締役会によって選定された 3 人以上の委員で構成され、その過半数は社外取締役でなければなりません（会社法400 条 1 項〜 3 項）。社外取締役の要件は、社外監査役と似ていますが、以下のとおりです（同法 2 条 15 号）。

5　2015年 5 月施行の改正会社法によって、「委員会設置会社」から現在の「指名委員会等設置会社」に名称変更されました。

以下のいずれも満たす取締役。
① 　現在および就任する前の10年間、当該会社またはその子会社の業務執行取締役等でないこと。
② 　就任する前の10年間のいずれかの時点において、当該会社またはその子会社の業務執行取締役、会計参与または監査役であった場合には、それらに就任前10年間、当該会社またはその子会社の業務執行取締役等であったことがないこと。
③ 　現在、当該会社の親会社等（個人）または親会社等の取締役、執行役もしくは支配人その他の使用人でないこと。
④ 　現在、兄弟会社の業務執行取締役等でないこと。
⑤ 　当該会社の取締役、執行役もしくは支配人その他の重要な使用人または親会社等（個人）の配偶者または二親等内の親族でないこと。

　各委員会は、それぞれ取締役会から独立した立場で権限を行使することになります。社外取締役を中心とした委員会に、監査・監督の重要な機能を担当させることで、実効的な監査が行われることが期待されています。

4　監査等委員会設置会社

　監査等委員会設置会社は、2014年の会社法改正で監査役会設置会社と指名委員会等設置会社との折衷的な形態として創設されたものです。すなわち、指名委員会等設置会社は、経営陣と取締役を峻別して取締役会は経営陣の監督を主たる職務とするいわゆるモニタリング・モデルを採用したものであって、経営陣＝取締役とすることが一般的なわが国ではなじみがなかったことから、この体制を選択する上場会社は多くありませんでした。また、従前、多くの上場会社は監査役会設置会社でありましたが、最低2名の社外監査役に加え、独立社外取締役を1名設置しようとする場合には、社外役員を少なくとも3名確保する必要があり、人材確保の負担が大きい点が指摘されていました。そこで、新たなガバナンスの枠組みとして用意されたのが監査等委員会設置会社です。
　監査等委員会は、取締役である監査等委員3名以上で構成され、その過半数は社外取締役である必要があります（会社法331条6項）。監査役会設置会社との違いは、監査役（会）が存在せず、（業務を執行しない）監査等委員である取締役が、業務執行をする監査等委員以外の取締役を組織的に監査・監督するという点です。また、監査等委員は、監査・監督に加え、取締役の選任や報酬等に関する意見陳述をする権限もあります（同法342条の2第1項・4項、361条5項・6項）。
　なお、上場準備段階であっても監査等委員会設置会社とする場合には会計監査人の選任が必要となることには留意が必要です（会社法327条5項）。

5　監査役会設置会社か監査等委員会設置会社か

　規模があまり大きくない会社が上場をめざすにあたり、機関設計として現実的な選択肢は、監査役会設置会社または監査等委員会設置会社になります。それぞれにメリットとデメリットがありますので、会社の状況に即して、どちらがより適切なガバナンス体制であるかを検討したうえで選択する必要があります。

監査役会設置会社と監査等委員会設置会社の異動

	監査役会設置会社	監査等委員会設置会社
機関構成	取締役会＋監査役会	取締役会（監査等委員会）
監査機関の構成	監査役会 ・　3人以上の監査役 ・　半数以上が社外監査役	監査等委員会 ・　3人以上の取締役 ・　過半数が社外取締役
監査機関における常勤者の要否	必要	不要
監査機関の任期	4年	2年
監査役の要否／可否	必要	不可
会計監査人の要否	大会社の場合、必要	必要
特徴	・　常勤者による、十分な時間と情報を確保したうえでの監査が望める ・　独任制である	・　モニタリング・モデルによるガバナンスが期待できるため、海外投資家からの評価が高い ・　社外役員の人材確保の負担が少ない

第4章　IPOはガバナンスが命！

6　独立役員

(1)　独立性

　独立役員とは、一般株主と利益相反が生じるおそれのない社外取締役または社外監査役をいいます（有価証券上場規程436条の2第1項）。独立役員は、会社法上の機関ではありませんが、上場規程上、上場会社は独立役員を1名以上確保しなければならないとされていることから（同項）、上場をめざす会社は、上場日までに独立役員を確保する必要があります。

　上場規程上、独立役員の定義は定められていないため、ある役員が一般株主と利益相反が生じるおそれがない役員かどうかは実質的に判断されることになります。ただし、次のa〜d（独立性基準）に該当する者は、独立役員として届け出ることができないことから、独立性を認めないという運用になっています。

a　当該会社を主要な取引先とする者もしくはその業務執行者または当該会社の主要な取引先もしくはその業務執行者

b　当該会社から役員報酬以外に多額の金銭その他の財産を得ているコンサルタント、会計専門家または法律専門家（当該財産を得ている者が法人、組合等の団体である場合は、当該団体に所属する者をいう）

c　最近において次の(a)から(c)までのいずれかに該当していた者

　(a)　aまたはbに掲げる者

　(b)　当該会社の親会社の業務執行者（業務執行者でない取締役を含み、社外監査役を独立役員として指定する場合にあっては、監査役を含む）

　(c)　当該会社の兄弟会社の業務執行者

d　次の(a)から(f)までのいずれかに掲げる者（重要でない者を除く）の近親者

　(a)　aから前cまでに掲げる者

　(b)　当該会社の会計参与（社外監査役を独立役員として指定する場合に限る。当該会計参与が法人である場合は、その職務を行うべき社員を含む。以下同じ）

　(c)　当該会社の子会社の業務執行者（社外監査役を独立役員として指定する場合にあっては、業務執行者でない取締役または会計参与を含む）

　(d)　当該会社の親会社の業務執行者（業務執行者でない取締役を含み、社外監査役を独立役員として指定する場合にあっては、監査役を含む）

　(e)　当該会社の兄弟会社の業務執行者

　(f)　最近において(b)、(c)または当該会社の業務執行者（社外監査役を独立役員として指定する場合にあっては、業務執行者でない取締役）に該当していた者

(2)　独立社外取締役

　以上説明したルールでは、独立役員を1名確保しなければならないというものですので、監査役会設置会社では、社外監査役を独立役員として届け出れば要件を満たすことになります。一方、上場規程は、上場会社は、独立社外取締役を少なくとも1名以上確保するよう努めなければならないとも規定しています（有価証券上場規程445条の4）。これは、あくまで努力義務であって、違反しても制裁はありません。しかし、上場審査では、申請会社が独立社外取締役を確保していない場合は、確保の方針およびその取組状況等が確認されます。

　また、大会社の上場会社が社外取締役を置いていない場合、社外取締役を置くことが相当でない理由を定時株主総会において説明する義務があります（会社法327条の2）。したがって、監査役会設置会社が、上場申請時には、会社の規模の関係から、社外取締役を置かないという判断をした場合でも、後に大会社に成長した暁には、事実上、社外取締役を置く必要が出てくることになります。

　実際、独立社外取締役を選任している会社は、市場第一部では99.3％、マ

ザーズでも 88.3%（2018 年 7 月 13 日現在）にのぼっています（「東証上場会社
コーポレート・ガバナンス白書 2019」82 頁）。したがって、上場を目指す場合
は、人材確保の困難性を踏まえ、早い段階で独立社外取締役の確保のために動
いた方がよいと考えられます。

第４章

ＩＰＯはガバナンスが命！

第 5 章

IPOは監査法人との
コミュニケーションが命！

1 小会議室にて

　小菅と久保が2人、本社の一番狭い小会議室でIPOスケジュールの具体的な段取りについて話し合っていた。

　「それでは、久保さん、IPOの具体的な準備にあたり、まずは監査法人の選定が必要だといっていたけれど、具体的に何から始めればよいか教えてもらえますか?　いや、それよりもIPOにおける監査法人の役割から説明してくれると助かる。」

　小菅は久保の熱心なIPOの説明を何度も聞き、IPOのイメージは湧いてきていたものの、前職の商社においても監査法人との接点はまったくなく、監査法人というものがいったい何者なのか、敵なのか味方なのか、想像もつかず不安な気持ちでいた。

　——今日、久保さんの説明で監査法人の正体がつかめたらラッキーだな。

　小菅は、そんなことを考えながら久保の説明を待った。

　「わかりました。副社長、上場するまでには最低2期間監査法人の監査を受ける必要があることは以前ご説明しました。監査法人は、財務諸表の会計監査と、内部管理体制の整備のための指導・助言の、大きく2つの役割を担っているんです。」

　「なるほど、監査法人は財務諸表の監査だけでなく、上場に向けた社内の仕組み作りを手伝ってくれる人たちなんですね。」

　「ただし、監査法人は内部管理体制を設計することや財務諸表を作成することはできないので、あくまで内部管理体制の整備や財務諸表の作成は我々会社側でやらなければならないんです。」

　「ふむふむ。」

　「次に、監査法人の種類についてですが、監査法人は主に大手監査法人と中小監査法人に大別されます。そのうちIPOの監査を担当している監査法人は大手監査法人が4法人、中小監査法人が6〜10前後ありますが、IPOの実績は大手監査法人が全体の8割を占めています。」

　「IPOの実績からするとやはり大手監査法人に受けてもらった方が安心ということですね。」

　「そうだと思います。ただ、大手監査法人との監査契約はとてもハードルが高くなっています。大手監査法人は2016年頃から監査の業務量が増えたこ

ともあって慢性的な人手不足が起きていて、さらには働き方改革を積極的に推進し、IPOの新規受嘱を抑制する監査法人も出てきています。IPO準備会社が監査法人と監査契約を締結できない、いわゆる『監査難民』が続出してしまっています。」

「監査難民の話は確かに記事でよく目にしますね……。久保さん、何かいい手はありますか。」

「私の知り合いの伝手で大手監査法人のパートナーをお呼びすることはできると思います。」

小菅はその場ですぐ久保にその伝手に連絡するよう指示し、大手のWing監査法人の代表パートナーである沼尻会計士との面談が決まった。

＊＊＊＊＊＊＊

2 Wing監査法人との面談、その後の休憩室での会話

沼尻会計士との面談は、終始なごやかな雰囲気で終了した。

面談では、久保は、沼尻会計士の圧倒的な貫禄と人柄に惹かれた。女性ながら、自分も大手でさらに経験を積んでいれば、あんな内面からにじみ出るような貫録を身につけられただろうかと、大手監査法人を退所したことを少し悔やんだほどだ。

沼尻会計士からは、監査契約の受嘱に前向きな回答があり、久保は、これで決定同然だと、晴れやかな気持ちとなった。一方で、久保は、面談に同席していた小菅が何やら神妙な顔つきをしていたことが少し気がかりでもあった。

小菅と久保は、Wing監査法人の沼尻会計士と、同行のマネージャーの山田会計士との面談を終えたその足で、本社休憩室に向かい、2人でコーヒーを飲んでいた。

久保は、黙ってコーヒーを飲んでいる小菅に話しかける。面談がうまくいったことで、その口調は隠しようもなく明るかった。

「副社長、すごく手応えのあるいい会議でしたね。やはり大手監査法人のグローバルファームの組織的な体制はすばらしいですね。」

　それに対して小菅は重い口を開いた。

　「そうですね。Wing監査法人は組織規模、品質、法人内の管理体制、全てにおいてすばらしいと思いました。また、沼尻先生はIPOの知識が非常にあり経験も豊富であることがよくわかり、今後有用なアドバイスをたくさんしてくださると思いました。ただ……」

　久保は自分と小菅が同じ印象を持ったことをうれしく感じるとともに、小菅の煮え切らない態度に少々苛立ちを感じながら質問した。

　「ただ何ですか？　私も副社長と同じくWing監査法人の先生方にはよい印象を受けましたが。」

　小菅は、いうかどうか悩んでいるようであり、手に持ったコーヒーカップをくるくると回し続けていた。しかし、小菅はしばらくしてからコーヒーカップをテーブルに置くと、決意を固めたように切り出した。

　「ただ、マネージャーの山田先生はWing監査法人のIPO専門の部署ではなく東証一部の大手企業の金商法監査を担当する部署の方なんでしょ？　われわれも上場するためには内部管理体制をその水準に近づけていく必要があることはよく理解できるけど、そういった大手上場企業の水準で監査業務を実施されて、重箱の隅をつつくような指摘ばっかり出るのが不安でね。あと、先生方はうちの事業リスクについて、転職支援市場は参入障壁が低く競争が激しいと認識されているようだけど、うちのビジネスはAIを活用したマッチングビジネスでそもそも事業ドメインが違うでしょ？

　自分なりにいろいろ勉強して、IPOの本質は会社の事業も含めた魅力を高めて言語化していくことだと思っているんだけど、うちのビジネスモデルを理解してくれているのか、また主幹事証券や東証の審査に必要な体制以上のものを求められるんじゃないかと不安でね。

　さらにいうと、沼尻先生はとても真面目で人のよさも素晴らしいと思うけど、うちの社長のキャラクターとはまったく違うから、相性があまり合わないんじゃないかと思って。」

　ふいに商社出身の片鱗をのぞかせた小菅の発言に、久保は一言も返せなかった。

　――最初はあまりIPOに気乗りしていなかった副社長がここまで真剣になっているとは驚いた。先日、月旅行に行きたいなんていっていた人間と同じ人とは思えないな。今なら、2人で食事くらいなら行ってやってもいいかも。

　虚を突かれた久保は、小菅のことを見直し、誘われてもいない小菅とのディ

ナーに思いをはせるのだった。

　監査法人はプロフェッショナルの集合体であり、その業務は個人に依存する。パートナーやマネージャーのIPOの業務経験は選定基準の重要な要素の1つだ。監査法人にはIPOの専門部署以外にさまざまな部署があり、他の部署がIPOを担当することはありうる話なのである。久保の前職でもIPO経験のないマネージャーがIPO準備を担当し、内部管理体制に求める水準と主幹事証券や東証の審査で求められる水準とのギャップからトラブルになった話を耳にしたことがあった。

　財務諸表の会計基準はその市場の種類や会社の規模に関係なく、同一レベルの水準が求められることは当然だが、内部管理体制の水準としては、東証一部の時価総額数兆円規模の企業の事例がどの会社にもあてはまるとは必ずしも限らない。

　また、内部統制監査（J-SOX）は上場後3年間免除されており、内部管理体制の整備の審査はあくまで主幹事証券および証券取引所が実施するのだ。

　そして、IPO準備のための数年間、会社は監査法人の誰と仕事することになるかをよく想像しなければならない。監査法人との相性、そして監査担当者の当社ビジネスに対する適切な理解は、監査法人のIPOの実績と同等か、それ以上に大切なことである。

　久保はIPOを乗り切るために、各プロセスを形式的にこなすことしか考えていなかったことを反省した。副社長のように実務レベルで、今の会社メンバーでIPOを進めることをもっと具体的に想像していかなければ、きっと失敗することになる。

　久保は、小菅がIPOプロジェクトに対し真摯に向き合い影で勉強していることを想像し、心の中で自らを戒めた。

「監査法人についてはもう少し検討しますか？」
「そうだね。少し時間がほしいかな。」
　2人は、そんな会話をして休憩室を後にした。

❸　美魔女・川西秘書に導かれて

＊＊＊＊＊＊＊

　川西麗子。年齢不詳。木口の秘書を担当している。才色兼備で、有能かつ男性なら誰もが振り向く美貌を持つ。美魔女。謎の人脈を築き、会社の創業時に営業機会を何度も作り会社を救っていることは、営業部の誰もが知っている。

＊＊＊＊＊＊＊

　よく晴れた冬のある日。小菅は、誰もいない本社屋上で、先日のWing監査法人との面談や久保のIPOの概要説明を思い出しながら1人考えごとをしていた。
　そこに、どこからともなく川西秘書が現れ、小菅は驚いた。

「副社長、上場の準備は順調に進んでらっしゃいますか？」

　小菅はほのかに香る甘い香水の匂いに意識を持っていかれそうになったが、自制心を働かせて何とか踏みとどまる。

「実は監査法人の選任のことで悩んでいるんです。非常に優秀で素晴らしい先生を久保さんから紹介していただいたんだけど、木口社長とは相性が合わ

ないんじゃないかと思っているんです。」

　すると、川西がまるで手品のような流れる動きで1枚の名刺を差し出した。

　「副社長、Sugar監査法人の湖池先生という方がいらっしゃるんですが1度お話しされてはいかがでしょうか。木口社長とお歳も近い方でいらっしゃいますし、この前監査クライアントが1社上場したお話をされてらっしゃいました。」

　Sugar監査法人という名前は久保さんから聞いた大手監査法人にはなかった名前だが、中小監査法人には枠にとらわれない柔軟な対応力があるというし、歳が近い木口と馬が合うかもしれない。

　「川西さん、是非ご紹介をお願いできますか。」

　小菅は、川西の人脈に驚くとともに、ところで川西さんはどこから現れたんだろうと不思議に思った。屋上への出入り口は1つしかないから、気づかないわけはないんだけど。
　──川西さん、つくづく不思議な人だ。

＊＊＊＊＊＊＊

4　Sugar監査法人との面談、その後の休憩室での会話

　小菅と久保の2人は無言のまま休憩室にいた。先ほどSugar監査法人の代表社員の湖池会計士、マネージャーの川江会計士との面談を終えたところである。
　やがて小菅が重い口を開いた。

　「久保さん、おそらく君も迷っているんじゃないかな。Sugar監査法人のサービスについてのお話、先生方の人柄はすばらしかった。Wing監査法人ももちろんよかったけれど、Sugar監査法人だって負けてはいない。悩ましいな。」

　先日から小菅に対して2人で食事に行くことも辞さない程度には好印象を持つようになった久保は少しほほえみながら答えた。

　「そもそも監査難民なんて揶揄される時代にあんなにすばらしい監査法人と2つとも監査契約の可能性がありそうなこと自体が奇跡に近く、ぜいたくな悩みなんです。
　でも、副社長のお気持ちはよく理解できます。実際、大手には大手の、中小には中小のいいところがあるんだと思います。」

　さらに久保は続ける。

　「私に2日いただけませんか。監査法人の大手と中小のそれぞれのメリットデメリットを整理しなければ判断は難しいと思います。また、事前に調べておきたいこともあります。
　監査法人の選任はIPOプロジェクトの成否に影響がある重要な意思決定です。
　3日後をめどに木口社長、小菅副社長に私が調べた結果を報告させていただき、監査法人選任について協議することではいかがでしょうか。」
　久保は力強く提案する。にこやかなほほえみを浮かべて。
　「ぜひお願いします。」
　小菅はすっかり感心しながらお願いした。
　久保の提案は、まさに小菅が久保にお願いしたいことでもあった。

　──このプロジェクトが少し落ち着いたら慰労も兼ねて久保さんを食事にでも誘ってみようかな。いかんいかんそんなことを考えてたら上場に向けた準備がおろそかになる。

　小菅の思考が、少しばかり業務から脱線した方向へと突き進んでいたことを久保はその時は知る由もなかった。

＊＊＊＊＊＊＊

5　木口社長の決断──**直感が運命を切り拓く**

　「何社か監査法人面談したと聞いているけど、監査法人は決まったの？」
　木口が質問する。
　Sugar 監査法人との面談を終えてから3日後、久保の提案により監査法人選定の会議が開催された。久保は、木口に対して先日の監査法人との面談結果を説明した。
　「木口社長、すみませんがまだ決まっておりません。Wing 監査法人と Sugar 監査法人の2法人と面談いたしました。両方とも監査法人の風土や担当するパートナーやマネージャーの方々のご経験やお人柄はすばらしく、うちとの監査契約を前向きに検討してもらえそうです。」
　「それは良かった。知り合いの経営者から、今は IPO のために監査契約を締結すること自体が難しいって聞いてたから少し心配していたの。現状は、どちらの監査法人も素晴らしいので決めかねているということね。」
　久保は答えた。
　「そうなんです。そこで、まずは監査法人の選定にあたって大手監査法人と中小監査法人のそれぞれのメリットをヒアリングしてきました。」

　前職の監査法人で IPO 部門に所属したことがなかった久保は、ここ2日間で前職の IPO の部署のパートナーと、IPO に成功した会社で CFO をしている先輩と面談し、IPO 業務における監査法人の実態を調査してきていた。

　「まず、大手監査法人はグローバルファームで開発された品質管理フォームや監査ツールがあり、組織的な監査が実施され、品質管理水準は高く、外部からの信頼性も高いです。また、IPO に関するナレッジや経験が豊富で、組織内に蓄積・共有されています。

　一方で、東証一部の大企業と同じ目線で監査をされ、杓子定規な指摘や指導を受けることもまれにあります。

　そして中小監査法人は、IPOの準備段階という会社の状況を理解したうえで、状況に応じた柔軟な対応や指導を受けやすいという傾向にあります。」

　木口が口を開いた。

　「品質の面では大手監査法人が安心だけど、柔軟な対応や指導をしてもらいやすい中小監査法人も十分にメリットはある、ということね。」

　久保はうなずきながら答えた。

　「おっしゃる通りです。問題の多い企業を多く監査していたり、IPOの実績や上場企業の監査契約数があまりに少ない監査法人の場合、証券会社から監査法人の交替を迫られるリスクがありますが、そういった点に留意すれば中小監査法人を検討する余地も十分あると考えてます。」

　久保の説明を聞いた木口はしばらく目を閉じて考えにふける。木口の頭の中では、大手監査法人派と中小監査法人派がせめぎあって大激論を交わしているようだった。久保と小菅はそんな木口の様子をはらはらしながら見つめていた。しばらくして、木口は満足そうな表情を浮かべて口を開いた。

　「決めたわ。久保さん、Sugar監査法人と監査契約を締結するように動いて。どちらもありかと思ったけど、これまで何度も会社を助けてくれた川西さんがあえて湖池会計士を紹介したのが、どうしても気になるの。直感でしかないけど、Sugar監査法人にするわ。」

　── 女性の直感は、しばしば男性の高慢な知識の自負をしのぐ。

　それまで黙って聞いていた小菅は、マハトマ・ガンジーの言葉を思い出していた。

　── 木口が最後は直感に頼るところは昔から変わらないな。でも彼女の直感がこれまで外れたことがないこともまた事実だし、自分だってその結果ここにいる。彼女の直感がそういうなら自分はそれを信じる勇気を持とう。

　小菅が人知れず勇気を胸に刻んだところで、木口の決断を受けた久保が答える。

　「木口社長、まずはショートレビューを受ける必要があります。そのために事前準備がありますから少々お時間をください。」

　Book village号は、Sugar監査法人という新しいクルーを迎え、今日も航

海を続ける。

COLUMN

経営者の直観：経営学と法学の視点 ── 経営判断ルールの紹介

　木口社長は、監査法人の選定に際して、最後は直観で決めた。直観を大切にする経営者は多いとされます。「直感」のみならず、「感覚」「感性」「ビジョン」なども同様かもしれません。しかし、単なる直観では正しい経営判断に至ることは困難です。仮に会社に損失を与えれば、法律上、会社経営者は、損害賠償請求の対象ともなりえます。

　言うまでもなくビジネスでは、常に「意思決定」が重要です。意思決定の理論は、政治学、経済学、経営学、心理学等さまざまな学問分野で膨大な研究が行われており、すべてを十分に理解することはなかなか難しいことも事実です。こと経営学の分野では、規範的意思決定論、行動意思決定論（意思決定バイアスの理論）等の研究から、さまざまな理論の進展が見られます。近年においては、ビジネス環境が不確実になればなるほど、人は直観を使った方が将来の予測精度をあげてすぐれた意思決定ができる、ということも指摘されています（不確実性の高い環境では、直観的な意思決定の方が優れた意思決定をできる）。

　木口社長も、経営学理論の進展にあやかって、そう発言したのかもしれませんね。

　再び法的な文脈に戻しますと、取締役の経営判断およびその業務執行行為により会社に損害が生じた場合、そのすべてに対して善管注意義務違反が問われることは、過度な萎縮をもたらします。そこで、法律家は、善管注意義務を尽くしたといえる「法的に保護される意思決定」を画することに腐心してきました。この点、法律家（裁判所）は、経営判断の「過程」と「内容」の２点を審査する理論を確立しています。１段階目である判断の過程については、「意思決定のためのプロセスの中で、情報を合理的に収集したかどうか」が審査におけるポイントになり、２段階目である判断内容についての裁判所の審査は「意思決定の内容が著しく不合理でないか」がポイントとされます。これが「経営判断ルール」です（となると、「直観」による経営判断は、法的には保護に値しない言語道断なもの、となるのでしょうか）。

　木口社長は、今後、様々な重要な経営判断をしなければなりません。そのときに、上記に紹介した裁判所の審査基準を念頭に置いた経営判断は、IPO後は、代表訴訟の被告となりうる以上、自分自身の身を守ることになることも知る場面も出てくると思われます。

81

　何度も何度も経営の修羅場をくぐり抜け、厳しい意思決定をしてきた「玄人経営者」は、経営判断要素（情報変数）を無意識に選び取ったうえで、経営判断に至ると思われます。まさに、そのような経営者の経営判断は、「直観」と周囲が感じる瞬間かもしれません。

　直観の理論の精緻化が進み、直観の重要性が経営学の領域でも解き明かされつつあるともされており、今後の理論的な進展を期待したいところです。

●解説

Ⅰ　監査法人の種類とその役割

　監査法人とは、公認会計士法に基づいて設立される法人であり、企業の財務報告に対し監査証明業務を組織的に行うことを目的としています。IPOにあたり、監査法人より、上場申請する事業年度の直前期（N-1）および直前々期（N-2）の財務諸表について監査意見を得る必要があり、また、上場後も四半期レビューと期末監査を受けることになるため、監査法人の選定はIPOを目指す企業にとって重要な意思決定事項であるといえます。

　また、監査法人のIPOに対するスタンスはその時代により変化しています。特に近年は、監査法人による監査受嘱の審査が厳しくなったことにより、IPO準備会社が監査契約を締結できない「監査難民」が続出しているといわれており、IPO準備の初期の段階から積極的に監査法人と関係を構築し監査契約の締結の確度を確認しておくことが、IPOプロジェクトを計画的に進めるために重要となります。

1　監査法人の種類

　監査法人は全国に246（2020年3月31日現在）の監査法人があり（公認会計士・監査審査会「令和2年版モニタリングレポート」）、一般的に大手監査法人と中小監査法人に大別されます。そのうちIPOの監査を担当している監査法人は毎年10～15前後あり、IPOの2018年の実績は大手監査法人が78社、中小監査法人が12社（前掲・公認会計士・監査審査会）で、大手監査法人が9割弱を占めています。主な監査法人のIPO実績は以下のとおりです。

監査法人の概要（主要監査法人の規模およびIPO実績）

新規IPO社数ランキング（2019年度）	監査法人	公認会計士数（各法人HPより）	2017年12月期	2018年12月期	2019年12月期
1位	EY新日本有限責任監査法人	3,037名（2020年3月31日）	25社	29社	22社
2位	有限責任監査法人トーマツ	3,237名（2020年2月29日）	28社	21社	21社
3位	有限責任あずさ監査法人	3,182名（2020年1月）	17社	25社	19社
5位	PwCあらた有限責任監査法人	1,068名（2019年6月30日）	1社	3社	5社
大手監査法人計		－	71社	78社	67社
4位	太陽有限責任監査法人	372名（2020年3月31日）	6社	7社	8社
6位	BDO三優監査法人	151名（2020年7月1日）	3社	1社	4社
7位	監査法人A&Aパートナーズ	38名（2020年7月1日）	1社	1社	2社
7位	仰星監査法人	209名（2019年6月）	1社	－	2社
8位	PwC京都監査法人	128名（2020年6月30日）	－	1社	1社
8位	有限責任大有監査法人	24名（－）	－	－	1社
8位	海南監査法人	79名（－）	－	－	1社
－	東陽監査法人	319名（2020年3月31日）	3社	1社	－
－	ひびき監査法人	169名（2019年7月1日）	－	1社	－
－	その他	－	5社	－	－
監査法人計		－	90社	90社	86社

2　監査法人の役割

　監査法人のIPOにおける役割は大きく3つあります。

(1)　ショートレビュー

　ショートレビュー（短期調査）とは、監査法人が上場準備会社に対して、上場に向けての課題抽出を行うための調査のことをいいます。

　IPOに向けた具体的な準備作業を効果的かつ効率的に行えるように、早い時

期に監査法人のショートレビューを受けることが望ましいです。その具体的な内容については II 2 をご参照ください。

(2)　有価証券上場規程により提出する財務諸表（Iの部）の監査

上場企業は、金融商品取引法第193条の2第1項の規定によりいわゆる金融商品取引法監査（金商法監査）が必要ですが、IPOにあたっては、証券取引所の規則により、金融商品取引法第193条の2第1項の規定に準ずる監査（準金商法監査）が直前期（N-1）、直前々期（N-2）の2期分に対し必要となります。

また、監査法人は直接上場申請書類を作成することはできませんが、特に I の部や II の部（または各種説明資料）の記載内容につき監査法人に対してアドバイスを求めることもあります。

(3)　内部統制報告制度対応

2015年5月29日から施行された（改正）金融商品取引法により、新規上場会社は申請期以降内部統制報告書の提出を引き続き求められますが、上場後3年間は公認会計士による監査の免除を選択することが可能となりました。ただし、社会・経済的影響力の大きな新規上場企業（資本金100億円以上、または負債総額1,000億円以上）は監査の免除の対象外となります。

また、内部統制報告制度に基づき会社が作成する内部統制報告書についても上場申請書類には含まれておらず、申請期、もしくは期越え上場[1]の場合は申請期の翌期に必要となります。

一方で、内部統制報告制度への対応状況については、引受審査および上場審査において調査され、上場企業と同様に内部統制報告書を提出できるレベルでの体制整備は必要となります。

そこで、監査法人は主に適切な財務報告における内部管理体制を構築し、運用するためのアドバイスを行うことになります。

4　監査法人選定のポイント

大手監査法人と中小監査法人の特徴から検討すると、ストーリーのとおりそれぞれにメリットがあります。そして、監査法人は組織的に監査を実施するものの、上場準備を進めるうえで経営者や担当者は、監査法人内の担当するパートナーやマネージャーと密にコミュニケーションをとりながら進めていくため、その良し悪しは担当する個人の公認会計士に大きく依存します。したがって、当該会計士の、会社のビジネスモデルへの理解やIPOの経験値、そして会社との相性が、監査法人選定の重要なポイントとなると考えます。

1　期越え上場とは、上場日が上場申請事業年度の翌事業年度となる上場のことをいいます。

(1)　実績

　監査法人の品質管理体制は証券取引所の上場審査においても確認されるため、監査法人がどのような品質管理体制をとっているかは重要となります。しかしながら、外部から監査法人の品質管理体制を確認することは困難であるため、特に中小監査法人を検討する際は、当該監査法人のIPOの実績と、金商法監査の契約先の実績が1つの指標になります。

　過去5年間に会社がめざす市場の上場実績があるかを含めて、選定しようとしている監査法人の実績を慎重に検討することが望ましいと考えられます。

(2)　会社のビジネスモデルへの理解とIPOの経験値

　会計監査上の論点の協議をスムーズに進めていくためには、監査法人が会社の属する業界やビジネスモデルを十分に理解している必要があります。また、その規模感に合った適切な内部管理体制構築のアドバイスを受けるためには、監査法人のIPO経験値が重要になります。さらに、実務上は監査法人の担当するパートナーやマネージャーと個別にIPOプロジェクトを進めていくため、監査法人の担当するパートナーやマネージャー個人がIPO業務の経験を豊富に有しているかも検討する必要があります。

(3)　上場準備会社との相性

　上場準備会社は、IPO準備を進めるに際して少なくとも3年間という期間において、監査法人と密接に関わるため、監査法人のパートナーや、マネージャー、インチャージ（現場主任）との相性についても重要です。

　上場にあたっては決算日後45日以内の決算短信の発表等迅速な決算業務が求められるため、監査チームと、新しい取引や重要な会計論点等の事前の合意、および監査スケジュールの事前交渉等、監査チームと密にコミュニケーションをとる必要があります。

Ⅱ　監査法人との監査契約締結までの流れ

1　事前準備

　会社法監査を受けている企業等でなければ、IPOの準備段階においては税務上の決算処理のみを行っている事が大半です。そのため、監査法人の選定の前に、まずは会計監査の前提となる企業会計基準を適用した決算を実施した場合に、従前の税務上の決算処理とどのような差異が発生し、その影響の程度を確認しておく必要があります。

　たとえば、資産除去債務の計上や引当金の積増し等が求められる場合、追加の費用計上が必要となり、利益に影響を及ぼします。そのため、企業会計基準の適用が与える影響を分析、検証しておくことが重要です。

2　ショートレビュー

　上記のリスクを把握した後、監査法人と接点を持つことになりますが、まずはショートレビューを受け、数日間のヒアリングや資料レビュー等の実地調査を経てIPOに向けた課題の洗い出し、それらに対する対応方針の助言を受けます。

　会計監査を受ける準備が不十分であったり、改善事項への取組みが非効率的であると、想定外の時間が必要となり、上場スケジュールの延期や無駄なコストが発生してしまうリスクが高まります。したがって、ショートレビューをIPO準備のなるべく早い時期に受けることが重要です。

　なお、ショートレビューの一般的な内容は以下のとおりです。

ショート・レビューの概要

大項目	小項目	内容
経営管理体制の整備状況	財務報告に係る内部統制の評価制度	内部統制の有効性の評価方針の策定から経営者による内部統制の有効性の評価に至るまでのスケジュール、方針策定の指導を受けます
	社内諸規程の整備・運用状況	社内諸規程の整備状況の調査を受け、直前期までに必要な整備上の課題及び対応方針の指導を受けます
	コーポレートガバナンス	現状の機関設計の状況、稟議制度の整備状況や役員報酬の決定方針、監査役監査や内部監査の設計に至るまで、コーポレートガバナンスの状況の評価、対応方針の指導を受けます
予算管理統制・事業計画	予算策定方針及び組織体制	予算立案・決定に至る社内手続の整備と予算策定の方針について状況の評価、対応方針の指導を受けます
	予算実績差異分析の体制	予算管理単位の組織体制との整合から内部管理目的の月次決算、予算実績比較分析の体制について状況の評価、対応方針の指導を受けます
内部管理状況	重要な業務プロセスの基幹業務の流れと管理状況	販売・購買・在庫管理などの重要なプロセスについて基幹業務の流れと管理状況の評価、対応方針の指導を受けます
	財務・労務・法務などの管理状況	財務・労務・法務などの管理状況について特に会社固有の審査上の課題事項の洗い出しをし、対応方針の指導を受けます

会計制度の整備状況	期首残高調査	期首残高について主要な勘定科目の調査を受け、一般に公正妥当と認められる企業会計の基準に準拠した財務諸表の作成を検討するに際して必要な課題事項の洗い出しをし、対応方針の指導を受けます
	会計方針	現状採用している会計処理基準の調査を受け、一般に公正妥当と認められる企業会計の基準に準拠した財務諸表の作成のための会計方針の策定の指導を受けます
資本政策	資本政策の立案	IPOまでの資本政策における留意点の指導を受けます
	資本政策上の規制	IPOに当たり、第三者割当増資や新株予約権・新株予約権付社債の発行の規制、資本取引の開示義務など、資本政策に関連して受ける規制の留意点の指導を受けます
関係会社や特別利害関係者の状況	関係会社等の状況	現状の会社及び経営者との人的関係、資本的関係を有する会社の特定、その会社との取引等の関係の調査を受け、上場に向けて必要な整理の指導を受けます
	役員等との取引等に関する検討	会社と役員等または特別利害関係者を特定、会社との取引の有無の調査を受け、上場に向けて取引の解消等必要な整理の指導を受けます

3　監査契約

　監査契約は原則的に、直前々期（N-2）の期首までに締結している必要があります。それは、監査契約の締結が遅れることにより直前々期の期首残高の監査手続が不十分になり、結果として直前々期の監査意見が意見不表明になってしまうリスクが生じるためです。ただし、監査法人によっては、直前々期の期中の監査契約締結を認めている場合もあります。

4　監査報酬の検討

　監査法人は、一般的には監査報酬と監査スケジュールを監査契約締結時に提案します。ただし、ショートレビュー実施前に監査契約に関する提案を行う監査法人もあるため、ショートレビュー前に監査提案を依頼してみるのも一案です。

　監査報酬は監査の作業内容ごとに工数を見積もり計算されます。

　監査報酬はⅠの部等に開示されるため、集めた情報を分析し、監査報酬の交

渉の材料に利用できます。監査報酬は、会社の状況により大きく変動するため
その金額はまちまちですが、情報収集の際に開示書類から確認できます。報酬
水準を決める重要な要素としては、財務数値（売上高、各種利益、総資産等）、
業種、連結会社の有無、子会社数、拠点数、人員数が一例として考えられま
す。

第6章

IPOは人材の確保が命！

1　上場準備室を作ろう

　毎週月曜10時に定例で開催される経営会議の後、久保が、会議室を出ようとする木口に話しかけた。

　「監査法人のショートレビューを受けてIPOに向けての課題の洗い出しができました。上場申請までのスケジュールを考えますと、そろそろプロジェクトチームを立ち上げないといけませんね。」

　「もうそんな時期なのね。でも、上場申請はまだ何年か先だし、今みんな忙しいからなるべく負担をかけたくないのよ。」

　木口は、会議室から出ようとする足を止めて応えた。

　「会社の規模・管理体制の状況などによりますが、一般的には上場申請期の2、3年前までに上場準備を進めるためのプロジェクトチームを組成します。上場準備作業は、内部管理体制の整備・運用や各種規程類の作成・運用、上場申請書類の作成など多岐にわたる業務への対応が求められます。また、改善・整備した体制で基本的には少なくとも半年程度の運用実績が必要となりますので、もうあまり時間がないと認識してください。」

　「そうなの？　そうすると、思っていた以上に課題も多そうだし、うちの場合は3年くらい見ておいた方がいいわね。久保さん、メンバーの構成についてアイディアはある？」

　これまで準備周到であった久保のことであるから、何かアイディアがあるのだろうと思い、木口は尋ねた。

　「特定の部門のみで対応することは現実的ではありませんので、組織横断的なプロジェクトチームを編成する必要があります。これまでの通常業務に加えて、多かれ少なかれすべての社員に上場準備に向けた追加的な負担が生じることになります。そのため、各部門から中心的に活動するメンバーを選抜してプロジェクトチームを組成することによって、上場準備作業に対する各部門の理解を得やすくなるとともに、各部門との役割分担も明確になりますので、全体として社員の負担感も軽減すると思います。」

　「うちもそれなりに社員の数が増えてきたし、各部門から人を出してもらって全社的なプロジェクトとして取り組まないとダメそうね。その方が、自分のこととして、全社一丸となってIPOに向けて取り組もうという意識も強く

なりそうだし。それで、プロジェクトチームを設置するとして、組織上どういった位置づけに置くことが一般的なの？」

　久保は、書籍で勉強したプロジェクトチームのスライドを会議室のモニターに投影した。

スライド1：プロジェクトチームの構成

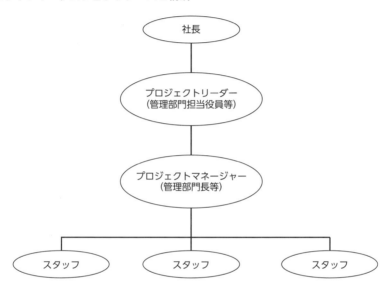

「プロジェクトチームは社長直轄とすることが多いです。そのうえで管理部門の担当役員などがプロジェクトのリーダーとしてIPOに向けた総責任者に就き、その下に上場準備の実務面を取り仕切るプロジェクトマネージャーを置きます。そして、プロジェクトマネージャーの指揮管理のもとに、実務的な作業を担当するスタッフを数名ほど選任します。スタッフは上場プロジェクトの専任者とすることが望ましいですが、業務量次第で兼務とすることも考えられます。なお、プロジェクトチームを発足した時からフルメンバーである必要はありませんので、上場準備の進捗に合わせて増員することで問題ありません。」

「なるほどね。それで、プロジェクトチームはIPOに向けてどういった役割を担うことになるの？」

　「プロジェクトチームは、IPOに向けたスケジュールを作成し、対応すべき課題を洗い出して解決のための作業にブレイクダウンするとともに、優先順位をつけてその進捗を管理します。また、主幹事証券会社や監査法人などの外部関係者との窓口となることや、上場審査対応を中心的に行うことが期待されます。具体的な業務内容としては、上場申請書類の作成、社内管理体制の整備、諸規程類の作成など多岐にわたりますが、主だったところはこのようになります。」

スライド2：プロジェクトチームの業務

> ➤ 上場準備スケジュールの作成・進捗管理
> ➤ 資本政策の立案・実行
> ➤ 事業計画の策定
> ➤ 主幹事証券会社、監査法人等の対応窓口
> ➤ 各種規程類の作成
> ➤ 内部管理体制の整備及び運用状況のモニタリング
> ➤ 会計制度の整備
> ➤ 関係会社・関連当事者取引の整理
> ➤ 上場申請書類の作成
> ➤ 上場審査への対応
> ➤ 上場後の開示体制の整備　など

　木口は、今回も久保が事前準備を完璧に行っていることにいたく感心するのであった。

　「ところで、社長、プロジェクトチームは『上場準備室』として独立した部署とすることもありますし、経営企画室などの部署内に設置することもあります。会社の規模にもよりますが、いかがいたしましょうか？」
　久保の質問に対して木口は少し考えてから口を開いた。
　「この前の監査法人との打ち合わせで湖池先生にもいわれたけど、うちの状況からするとスケジュールどおりにIPOを実行するためには、会社全体が危機感をもって臨まないといけないと思うの。上場準備作業を効率的に進める目的もあるけど、本気度を示すためにも『上場準備室』を置こうと思ってる。」

「わかりました。実は私もその方が望ましいと思っていました。小菅さんに以前おうかがいした時も同じ意見でした。」

「そっと決まれば早速上場準備室のトップを決めましょうか。上場準備室の室長は、IPOの経験があった人の方がいいと思うけど、社内にはいないし、選任が難しいわね。」

「上場準備室の室長にIPOの経験があった方がいいことは間違いありませんが、経験がない方を上場準備室長に据えて、外部のIPOコンサルタントに支援してもらうことも考えられます。主幹事証券会社や監査法人も上場準備について助言・指導をしてくれますが、それぞれの立場がありますので一定の限界があります。その点、IPOコンサルタントであれば当社の側に立って足りないリソースやノウハウの提供を受けることが期待できます。」

「よく知らないのだけど、IPOコンサルタントって具体的にはどういった人たちなの？」

「一言でIPOコンサルタントといいましても得意とする業務内容はさまざまです。証券会社の出身者であれば上場申請書類の作成や主幹事証券・取引所とのやりとりなど上場審査対応のノウハウが豊富ですし、監査法人の出身者であれば財務報告を中心とした内部統制や決算体制の整備などに強みを持ちます。また、IPOを実現した会社のCFOや役員経験者などであればプロジェクトの進捗管理などの実務にも強いといえます。」

「なるほど。得意分野がいろいろあるとすると、IPOコンサルタントに支援をお願いするときには、どういったことに関してサポートをお願いするかきちんと整理しておかないとダメね。IPOコンサルタントに依頼するとした場合に注意すべき点はある？」

「IPOコンサルタントに全面的にアウトソースするような場合にはその業務経験が社内に残りませんので、自社の社員と協働させるなどの工夫が必要となります。そのため、上場後のことを考えますと、新たに外部から上場準備室長を採用するという選択肢もありえます。」

「外部から新規に採用するのとどちらがよさそうか、あとで小菅くんの意見も聞いてみましょう。」

木口は、その日のうちに小菅と打ち合わせを行い、上場準備室を設置することを考えていること、上場準備室長を外部から新規に採用するか、または社内の既存人材を選任したうえでIPOコンサルタントに補佐してもらうか、いずれかの体制を検討していることを伝えた。これに対する小菅の意見は、久

保と同様、外部から新たに上場準備室長を採用する方針がよいのではないか
というものであった。木口も上場後を見据えてなるべく内製化しておいた方
がよいだろうという考えであったため、新規採用の方向で人材紹介会社経由
で複数の候補者と面接を行うこととなった。

＊＊＊＊＊＊＊

2　ナチュラルな経営陣の作り方

　「うーん。なかなかピンとくる候補者っていないものね。」

　ある日の経営会議のあと、木口、小菅、久保は会議室に残ってここ最近の
面接結果を振り返っていた。

　木口のぼやきに小菅が答えた。

　「面接した方はみなさん悪くなかったと思いましたが、こちらの期待する水
準が高すぎるんですかねえ。」

　「いえ、そのようなことはありません。上場準備室長を外部から採用するの
であればIPOの実務経験は必要です。また社内全体に指示を出し、迅速に準
備作業を進めることができる能力が求められますので、当社の業務内容に一
定の理解があるか、もしくは入社後すみやかに理解することができる方が望ま
れます。知識・経験が豊富であるだけでは足りず、それを実際に発揮するた
めには、良好な人間関係を構築できる人柄でなければなりません。また、社
長直轄の全社的なプロジェクトとなりますので、社長とのコミュニケーショ
ンを円滑に行える方である必要もあります。」

　「別に私は誰とでもうまくやっていけると思ってるけど、たまたまピンとこ
なかっただけよ。」

　それを聞いた小菅は、頭がくらくらしてきた。

　──いやー、社長は誰とでもうまくやっていけるキャラじゃないと思うん
だけどなー。自分がいろいろと間に入って調整していることにいいかげん気
づいてくれないかな……。

　すると、木口は、小菅が貧血でも起こしているのかと勘違いしたようで話
しかけてきた。

　「どうしたの？　小菅くん、もしかしてお腹でもすいているの？　私の春雨
スープ、少し分けてあげようか？」

　小菅は、この時ほど木口の奔放さをうとましく思ったことはなかった。

　一時的にIPOコンサルタントに依頼することも含めて再度検討することとして3人は散会した。

　しばらくして会議室の片づけをしていた川西が小菅に話しかけてきた。
「副社長、上場準備室長の採用活動はうまくいってないのですか？」
「あっ、川西さん。さっきの話、聞こえてました？　しっかりした経歴で、よさそうな人は面接に来てくれているけれど、社長はもちろん、久保さんともいい関係を作れるかなとか考えるといまひとつ決め手に欠けるというか……。」
　困った顔をする小菅に川西は、ブラウスの袖から手品のように1枚の名刺を取り出し、滑らかな動きで差し出した。
　小菅がその名刺を受け取ると、そこには「望月みき」という名前が書かれていた。
「望月さんは公認会計士で大手監査法人にお勤めだった女性ですが、ベンチャー企業に転職されて上場準備の責任者をなさっていたそうです。その会社が無事に上場したことから今はお辞めになっているのですが、よろしければお会いになられてはいかがでしょうか。」
　小菅は、川西の準備のよさと豊富な人脈にあらためて驚きつつも、話を聞

く限り望月の能力・経験は申し分なさそうだと思い、すぐさま望月に連絡を
とった。

　望月はそろそろ次の転職先を探そうとしていた矢先であったようで、当社
の上場準備室の室長というポジションに興味を示したことから、小菅は早速
面接の予定を入れて話を聞いてみることにした。

　小菅は望月のはっきりとした物言いをする人柄も含めて、当社の幹部候補
にふさわしく、木口、久保ともうまくやっていけるだろうと直感したことか
ら、後日、両名との面接を経て、望月を上場準備室長として採用するに至っ
た。これによって、望月を上場準備室長、望月が社内の各部門に顔が広い若
手をメンバーにすることを希望したことを受けて選抜された営業部の太田を
専任のスタッフとする2名体制で上場準備室は発足することとなった。
　小菅は、男性が自分1人の体制となったことにいささか面食らった感もあ
りそのことを木口に話すと、木口は「今の時代、男性ばかりの経営陣じゃ、
ちょっとアンナチュラルじゃない？」といって、いたずらっ子のように笑う
のだった。小菅は、その笑顔はとても自然なものだと思った。

●解説

Ⅰ　上場準備に向けた体制整備

　上場により株式は投資家に開放されることになりますので、パブリックカンパニーとしてのコーポレートガバナンスが有効に機能し、適時適切にディスクロージャーを行える開示体制を構築すること等が求められます。しかしながら、株式上場を目指し始める段階の企業は、業績拡大のために営業活動に注力する一方で社内管理体制は不十分であることが少なくありません。

　また、株式を上場させるということは、少数株主を含めたすべての株主の利益を最大化するための経営を行うことが求められることを意味します。そのため、オーナーやその親族といった関連当事者との取引の妥当性を検証し、取引条件の変更や代替先へ契約を切り替えるなど取引解消にも取り組まなければなりません。上場申請書類の作成等それまで経験したことがない性質・分量の事務作業も発生します。

　このように上場準備段階ではさまざまな業務に取り組まなければならず、その作業量も相当なものになることから、上場申請までのスケジュールをふまえて、上場準備作業を担うプロジェクトチームを組成して、全社的な協力を得ながら進めていくことが必要となります。

　また、上場準備作業は、従前の業務に加えて追加的な負担を伴うものであるとともに、専門的な知識・経験が求められることも多くありますので、上場準備を円滑に遂行するためには、主幹事証券会社や監査法人をはじめとした外部の関係者の協力を得ながら進めていくことが求められます。

Ⅱ　プロジェクトチームの組成

1　プロジェクトチームの構成

　上場準備を円滑に進めるためには、部門横断的なプロジェクトチームを立ち上げることが必要となり、「上場準備室」等の専門部署を設けることが有効であるといえます。全社的なプロジェクトチームを編成することによって、株式上場に向けた司令塔として、部門間の垣根を超えた課題抽出・解決を効果的かつ効率的に行うことが可能になるとともに、全役職員が株式上場という共通の目的のもとに一丸となって取り組む意識が醸成されることが期待できます。

　このように、上場準備作業は全社的な取組みが必要となりますので、プロジェクトチームは社長直轄の組織として組成されることが一般的であり、CFOや管理部門を所管する役員等が上場準備責任者（上場準備室長等）として置か

第6章　IPOは人材の確保が命！

れます。

　上場準備室長等の総責任者のもとに、上場準備作業・審査対応の実務をとり仕切り、主幹事証券会社や監査法人の対応窓口となる事務局長等のプロジェクトのマネージャーを置くことによって、上場スケジュールの進捗管理や社内外の調整が容易になります。事務局長等は、上場準備の実務を部門横断的にとりまとめる立場になりますので、経営企画室や財務経理部等のトップ（部長・室長）が選ばれることが多いといえます。もっとも、人材確保に制約のあるベンチャー企業では、上場準備室長等が事務局長等の役割を兼ねることも少なくありません。

　そして、事務局長等の指示・監督のもとで各種規程類の整備や上場申請書類の作成等の事務作業を担当する実務担当者が置かれることになります。実務担当者は、上場準備に専従することが望ましいといえますが、人的資源の制約等から兼任者で構成されることも少なくありません。

2　上場準備責任者等のポジションごとの役割

　プロジェクトチームを構成するメンバーの役割は、会社の規模・人員・組織体制等に応じて設定すべきですが、一例として以下のような役割分担が考えられます。

上場準備責任者等の役割
① 上場準備作業全般の指揮
② プロジェクトチームのチーム編成
③ 主幹事証券会社、監査法人などの選定プロセスのとりまとめ
④ プロジェクトの進捗会議の定期的な開催
⑤ 重要な決定事項や解決すべき課題の取締役会等への上程・報告

事務局長等の役割
① 上場準備作業の実務全般の指揮
② プロジェクトの進捗会議のとりまとめ
③ 取締役会等への上程・報告のサポート
④ 各部門の担当者への提出資料の指示、部門間の調整および進捗管理
⑤ 上場申請書類の作成のとりまとめ
⑥ 主幹事証券会社、監査法人等の窓口対応

実務担当者の役割
① 上場準備作業の実務の遂行
② 各部門の担当者への連絡、協議、指導等のサポート
③ 上場申請書類の作成
④ 各部門との共同作業による各種規程、マニュアル類の整備・運用

Ⅲ　外部関係者の役割と選任の際の留意点

　上場準備においては、限られた時間の中でさまざまな課題を解決することが求められ、膨大な資料を収集・作成する必要がありますので、社内の人的・物的リソースだけでは十分に対応できないという状況がしばしば発生します。そのため、主幹事証券会社や監査法人を中心として、多くの外部関係者とも適宜連携しながら準備作業を進めていくこととなりますので、上場準備に関与することが想定される外部関係者のそれぞれの役割を認識するとともに、その選任の際の留意点を理解することが重要となります。

　なお、主幹事証券会社と監査法人については、それぞれ**第5章**、**第7章**においてその詳細を解説しています。

主な外部関係者の役割

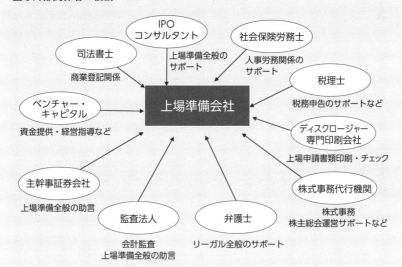

1　主幹事証券会社

　株式上場に際して株式公開業務を行う証券会社を幹事証券会社といい、複数の幹事証券会社の中で最も多い割合で株式を引き受け、また、証券取引所に提出される推薦書を作成する前提として審査を実施するなど、株式上場に向けて中心的な役割を担う幹事証券会社を「主幹事証券会社」といいます。

　主幹事証券会社は、上場準備全般に関する指導のみならず、上場後もさまざまなアドバイスを提供する立場となりますので、その選定は特に慎重に行う必要があります。

第6章

ＩＰＯは人材の確保が命！

2　監査法人

　株式上場のためには、原則として上場申請直前々期（N-2）・直前期（N-1）の2期間について金融商品取引法に準ずる監査証明を受ける必要がありますので、監査法人を必ず選任しなければなりません。監査法人は、財務諸表の監査だけではなく、その専門的知識・経験を活かして、内部統制報告制度を含めた社内管理体制の整備等上場準備作業全般に関する指導・助言を行います。

　さらに、監査法人は、株式上場後においても監査人として有価証券報告書・四半期報告書等の監査・レビューを行うこととなりますので、その選定は株式公開後も見据えて行う必要があります。

3　ベンチャー・キャピタル

　ベンチャー・キャピタル（VC）は、ファンドを通じて高い成長性が見込まれる企業（ベンチャー企業）に対して出資し、通常、出資先が株式公開した段階で保有する株式を売却して投資成果を得ることを目的とする会社です。投資を実行する企業の成長ステージは各VCの方針によって異なり、起業して間もないシードステージ・アーリーステージに出資するVCもあれば、その後のミドルステージやリスクが相対的に少ない上場直前のレイトステージに限定して出資を行うVCもあります。

　また、VCの出資方針の違いにより、出資先に対して資金提供のみを行い経営には積極的に関与しないハンズオフ型のVCと出資先に役員や幹部候補を派遣するなど経営全般を支援するハンズオン型のVCに分けることができます。

　VCからの出資は金融機関等からの借入金と異なり返済する必要はありませんので、長期的な視野から調達資金を活用することができますが、株式上場後の安定株主となるわけではありませんので、株式上場後の株式分布も見据えて資金の受入れを検討することになります。また、VCはファンドの償還期限よりも前に投資成果を確保しなければならないため、株式上場のタイミングについてベンチャー企業と必ずしも認識が一致しないことには留意が必要です。

　VCから出資を受け入れる場合、ベンチャー企業との間で投資契約書を取り交わすことが求められます。投資契約書は、VCが出資先の経営を支援するための条項を含みますが、基本的にVCが不測の損害を被らないようにするために締結されるものであり、経営に制約を加える条項や一定の事由が発生した場合にはオーナーや出資先に株式の買取りを求める条項等が定められることが多くありますので、ベンチャー企業は、慎重に契約書の内容を検討して、両者が納得できる投資契約書となるよう努める必要があります。

4　株式事務代行機関

　株式事務代行機関は、株式関係事務の円滑化のために設置を求められる機関であり、株主名簿管理人として株主名簿の作成や配当処理等の株式に関する各種の権利処理を行います。

　上場企業の場合、株式市場における売買を通じて不特定多数の株主が常に異動するため、社内で株式事務のすべてを担当することが困難となることから、証券取引所では、株式事務の適切な運営を図るために証券取引所が株式事務代行機関として承認する信託銀行または証券代行会社に株式事務を委託することを義務づけています。株式事務代行機関である信託銀行等は、株主名簿管理人として株式事務のほか、株主総会関係書類の記載内容や株主総会運営についての助言等も行っていますので、上場後に期待するサービス内容も勘案して選定する必要があります。

5　ディスクロージャー専門印刷会社

　ディスクロージャー専門印刷会社は、上場準備に際しては、金融商品取引法や証券取引所規則等により作成が求められる上場申請書類や株主総会招集通知等の印刷業務のほか、その作成指導やチェック作業を担当します。また、上場後も有価証券報告書等の開示書類の印刷だけではなく、その作成上のアドバイスやIR体制への助言も行います。そのため、上場後のサポート態勢も見据えてディスクロージャー専門印刷会社を選ぶ必要があります。

6　IPOコンサルタント

　IPOコンサルタントには明確な定義はなく、上場準備に向けたサービスを提供する監査法人出身の公認会計士、証券会社やVCの出身者、ベンチャー企業のCFO経験者等がこれに該当します。このようにさまざまなバックグラウンドのIPOコンサルタントがいますので、上場準備支援の内容も一様ではありません。たとえば、公認会計士のIPOコンサルタントは、一般的に決算開示体制や内部統制の整備・運用の支援等に強みを有しています。他方で、証券会社出身のIPOコンサルタントであれば、上場申請書類の作成や証券取引所からの質問への回答等の上場審査対応を得意としているところが多いと思われます。

　このようにIPOコンサルタントが提供するサービスの内容は各社で異なりますので、自社に不足するノウハウ・リソースを分析し、どのような支援が必要なのかを明らかにしたうえで、そのニーズに合致するIPOコンサルタントに依頼することが重要となります。

第6章

IPOは人材の確保が命！

7　弁護士

　弁護士は、いわゆる顧問弁護士として日常的なリーガルサービスを提供するほか、上場審査で問題となりうる法的なリスクに対応するため、労務管理等のコンプライアンス体制のチェックや事業遂行上重要な契約のレビュー等を行います。また、上場準備会社の事業に係る許認可関係について主幹事証券会社や証券取引所から質問があった際に、法的な見解を示す意見書を提供することもあります。

　なお、上場準備段階において、会社から独立した立場からのリーガル・オピニオンを入手するよう証券会社等から要請を受ける場合があり、そのような場合には、顧問弁護士とは別の弁護士が選任されることが一般的です。この際、IPOの十分な経験を有した弁護士でないと、証券会社等の要請に十分に適合したオピニオンにならず、その後の審査プロセスに悪影響を及ぼすこともあるため、その選任には十分に留意が必要です。

　上場後には、一般投資家や機関投資家が参加することで重要性が飛躍的に高まる株主総会支援（各種書類作成の支援、リハーサル対応、総会当日の臨席等）やM&A取引における各種助言の提供等を依頼することになりますので、長期的な信頼関係を構築することが期待できる企業法務の分野に長けた弁護士と顧問契約を締結しておくことが望まれます。

8　司法書士

　上場準備段階では、新株発行やストック・オプションの付与等の資本政策の実行、役員の変更、社内規程・体制の整備に伴う定款変更等登記事項の変更が頻繁に行われることになりますので、商業登記に特に長けた司法書士にすみやかに依頼できるようにしておくことが望ましいといえます。

9　税理士

　上場準備会社は、上場企業が採用する会計基準ではなく、法人税法を中心とした税務基準によって会計処理を行っていることが多く、顧問税理士が申告作業だけではなく、記帳や決算業務の一部ないし全部を受託していることがあります。しかしながら、上場企業と同様に企業会計に従った決算書類を作成できる体制を構築することが必要となりますので、顧問税理士とコミュニケーションを図りながら、上場を見据えた経理処理体制の確立に向けたサポートを受けることが期待されます。

　なお、上場を見据えて企業会計基準等を適用するにあたり、税務上の取扱いも複雑になることから、顧問税理士が企業会計基準等に対して十分な知識を有

しているかどうかについても留意が必要です。

10　社会保険労務士

　上場審査では、未払残業代や労働時間の管理不備など労務コンプライアンスが重点的にチェックされますので、日常的なサポートに加えて、労務に関するリスクの把握と未然防止のために労働分野の専門家として社会保険労務士や弁護士によるデュー・デリジェンスの実施等が必要となることがあります。

第6章

ＩＰＯは人材の確保が命！

IPOは主幹事の選択が命！

1 第1回上場準備会議

　そろそろ桜の季節が終わる頃、Book villageの本社会議室では第1回上場準備会議が開催されていた。
　「さっそくですが、現在の上場準備の状況を教えてください。」
　切り出したのは望月だ。

　「現在、資本政策の検討は完了し、従業員に対する新たな条件でのストック・オプションの付与も行っています。会社の機関設計の整備も終えており、木口社長のお父様も監査役から退いていただきました。また、監査法人のショートレビューも受けて、Sugar監査法人との監査契約を締結しました。今は監査法人のショートレビューによる指摘事項のつぶし込みをしているところです。」
　小菅が答えた。

　「ありがとうございます。そろそろ主幹事証券会社を決める必要がありそうですね。みなさまは主幹事証券会社についてご存じでしょうか。」
　会議室にいるメンバーは、目を見合わせた。上場するには主幹事証券会社というものが必要であるということは知っていたが、その具体的な役割まで知る者はいなかった。久保は上場準備会社の監査経験はあったので、主幹事証券会社とコミュニケーションをとったことはあったが、その役割を細部まで理解しているわけではなかった。その空気を察してか、望月が口を開いた。

　「せっかくなので、このタイミングで主幹事証券会社について説明をしておきたいと思います。スライドをご覧ください。」

スライド 1：主幹事証券会社とは何か

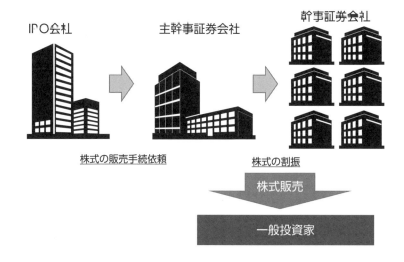

「スライドのように、会社の上場にあたっては株式の売出しを行う複数の証券会社と契約しますが、その中でも、会社の上場前から上場後までIPOのスケジュールを管理し、IPOが完了するまでの間、証券会社の中で中心的な役割を担う会社を主幹事証券会社といいます。主幹事証券は、上場前、上場時、上場後の各フェーズにおいてさまざまな役割を果たします。上場前には当社が証券取引所の上場適格性を具備できるようにするためのアドバイザー業務、上場時には証券取引所の上場審査を乗り切るためのサポート業務や、当社の株式の引受けおよび販売価格の決定、上場後には資本提携や社債発行などにおけるアドバイザー業務などを行います。このように、主幹事証券会社が担う役割は非常に重要であり、二人三脚で上場をめざすパートナーです。そのため、主幹事証券会社の選択、ひいては、当社と主幹事証券会社の担当者との相性は当社の上場可否を左右するといっても過言ではありません。」

望月はここまで説明したところで、ひと呼吸置いた。

「主幹事証券会社は、主要な証券会社の話を聞いて、比較しながら決めた方がいいと思います。他の会社の主幹事証券としては適任であっても、当社の主幹事証券としては不適切であるということも十分にありえますので。」

＊＊＊＊＊＊＊

2　スカイ証券との面談

　木口、小菅、久保、望月はしんと静まった会議室にいた。小菅は目の前にあるお茶を1度は手にとったものの、少し逡巡した後、結局口を付けずに元の位置に戻した。部屋には来客用のソファとデスク、そして高価そうな調度品がいくつか置いてある。しばらくすると、会議室のドアがガチャと開いた。

　「いやあ、お待たせして申し訳ございません。」
　部屋に勢いよく入ってきた男はそう言った。身長は180センチぐらいだろうか、光沢のあるスーツに高級そうな腕時計をしていて、いかにも証券マンという風貌のその男が対面のソファに腰を下ろした。

　「はじめまして。スカイ証券、課長の空岡と申します。宜しくお願い致します。」

＊＊＊＊＊＊＊

　木口、小菅、久保、望月は、望月の伝手でスカイ証券を訪問しており、今日が最初の面談であった。スカイ証券は大手証券会社で、当然のことながら上場案件も多く手がけている。空岡は、望月が監査法人にいた際に担当して

いた上場準備会社の上場時に主幹事証券の窓口となっていた人物である。エリート意識が鼻につくが仕事はできる、というのが望月の推薦の弁だった。

「望月さん、転職されたんですね。いやあ、驚いた。あのまま会社にいると思ったけどなあ。でも、また上場しそうなベンチャーでひと旗あげるのもいいですよね。ねえ、社長。」

「そうですね。弊社も上場を目指すということで、会計に詳しく、上場経験のある人材を採用する必要がありまして、望月に入社してもらい、今は上場準備室長を担当してもらっています。」

木口は、少しなれなれしい男だなと思いつつも、会社の概要やIPOの目的について説明を進めた。

「弊社のビジネスについては、望月から説明があったかもしれませんが、改めて、簡単にご説明します。弊社はAIによる転職マッチングサービスを提供している企業でして、前期の売上高は10億円超、利益は2億円程度の水準です。上場を考えたのは、AI人事評価システムの開発資金やM&Aの資金の調達、知名度による人材獲得によってさらなる成長を目指すためです。」

木口の話に続き、今度は小菅および久保が、Book village社の会社のビジョンや、会社のコアコンピタンス、そして役職員を含む組織の状況などについて説明し、小一時間が経過したところで空岡が口を開いた。

「いいですね！　やっちゃいましょう。弊社はIPO経験も豊富ですし、何より大手なので、証券取引所の信用力も高いです。大船に乗ったつもりでいてください。ただね、うーん、御社の今の状況からすると、時価総額は120億円ぐらいかなあ？　とりあえず、利益増やすためにもうちょい頑張ってみましょうか？　あと、もし見えている案件があるなら、上場申請前にどんどんやっちゃって、実績に取り込んでしまいましょう。上場する時には、成長戦略を機関投資家にどう説明するかがキモなんですよ。だからこそ、足元の実績がよければ、成長戦略の説明をつけやすいんです。あ、もちろん会計的な操作は絶対にだめですよ。」

軽い調子の空岡に、小菅は少し心配になった。業績の話は確かにそのとおりであり利益をあげることも大事なことではある。しかしながら、資本政策の協議の際に久保に一喝されてから、小菅は、創業者利益を含めて利益に関することは引出しの中にそっとしまったままにしている。むしろ、今の小菅の意識は、上場に向けての体制が弱いというBook village社の課題に向かっ

ていた。

　「空岡課長、弊社は上場に向けて、体制の整備が課題だと思っています。上場準備室こそ組織化しましたが、内部管理体制も改善が必要な点が無数にあります。現場の意識だってまだまだ上場企業のレベルには達していません。上場に向けたこれらの課題解決にスカイ証券様の方でサポートいただけるのでしょうか。」

　小菅の言葉に、久保もうなずいた。しかし、これに対して空岡は軽い調子でこう言った。

　「大丈夫です。大丈夫です。大丈夫です。お任せください。IPO経験に関していえば、弊社の右に出る会社はそうはいません。心配しないでついてきてください。とにかく、必ず上場してみんなで儲けましょう！」

＊＊＊＊＊＊＊

　面談が終わって外に出ると、もう外は薄暗くなっていた。
　「いつもどおりの空岡さんでした。あんな感じで終始軽いんですけど、うちに合いそうですか？」
　望月が口を開いた。

　「どう思います？」
　小菅は、自分の意見はいわず、木口と久保に尋ねた。

　「勢いがありそうだし、大手だから証券取引所には顔が利きそうだよね。空岡課長自身もIPOの経験は豊富そうだし、そこはいいと思ったな。ただ、小菅くんもいったとおり、うちの弱みは内部の管理体制だよね？　そこはあまり気にしなくてもいいっていうことなのかな。久保さんはどう思った？」
　「私も別に悪い印象は受けなかったですね。今日は弊社の課題に対して特に詳細な説明はなかったですが、会社にノウハウがあるがゆえでしょうし、内部管理体制は監査法人のアドバイスを受けながら徐々に改善していけばいいと思います。」
　2人はあまり気にしていないようだったが、小菅は喉から小骨がとれないような気持ちだった。
　「いずれにせよ、他の証券会社の話も聞いてみましょうか。」

小菅は誰に話しかけるでもなく、そうつぶやいた。

＊＊＊＊＊＊＊

3 和田証券との面談

　翌日、小菅は自分のデスクで最近上場した会社の主幹事証券会社を調べていた。証券会社が山ほどあるとはいっても、主幹事証券を担当することが多い証券会社はせいぜい5社程度。5社すべてに話を聞いてもいいが、良い証券会社であっても、Book village社と証券会社の担当者との相性が悪ければ意味がない。小菅がうんうん唸っているところに川西が通りかかった。

　「副社長、何かお悩みですか？」
　「川西さん。うん。今うちの会社の上場にあたって、主幹事をやってくれる証券会社を探しているんだ。昨日スカイ証券に行ってきて、社長と久保さんはスカイ証券でもいいんじゃないかと思っているみたいなんだけど、なんか大雑把というか、ちゃんとうちの会社向けのアドバイスをくれるか心配なんだよね。」
　川西は小菅の話を静かに聞いていたが、手提げから小さな箱を取り出して小菅のデスクに置いた。
　「煮詰まった時は甘いものですよ、副社長。」
　そういって、川西は颯爽と去っていった。

　川西の後姿を眺めながら、小菅は箱に手を伸ばした。すると、チョコレートの入った箱のふたの裏側に名刺が1枚貼りつけてあるのに気がついた。和田証券、海部課長の名前と連絡先が印字された名刺の横に、きれいな字で「きめ細やかなサービスならここはいかがですか」とのメッセージが添えられていた。
　「美しく、怖い人だ……。」
　小菅はそうつぶやきながら、和田証券の海部課長に連絡をとるのだった。

＊＊＊＊＊＊＊

　その翌日、木口、小菅、久保、望月は自社の会議室にて和田証券の海部課長と面談していた。

　「今日はお時間いただきまして、ありがとうございます。和田証券の海部です。以後お見知りおきを。」

　「いえ、急な連絡にもかかわらず、早々に弊社にお越しいただきまして、大変感謝しています。」

　小菅はあいさつが終わるや否や、さっそくスカイ証券との面談の際に話したことと同じ内容の説明を海部に行った。

　「なるほど、御社のようなオーナー企業の場合、上場企業への移行は非常にハードルが高いです。人材をそろえれば解決するという問題でもなく、時には外部の手を借りながら、社内体制を整備する必要があります。特に内部統制については、規則を作ったりするのは実は難しくないのですが、現場にその規則を守らせて運用するには相当の時間がかかります。まずは上場するに足る規則を文書化して整備し、不足部分については外部コンサルタントの手を借りてもよいのですぐに整備しましょう。それは弊社側もサポートします。また、整備した内部統制については、早めに運用に回しましょう。手続が増えるので、最初は現場からの苦情が出ますが、上場準備室を中心に、現場との対話をして、きちんと向き合っていけば、必ず上場に足る内部統制の運用が可能になります。」

ふう、と海部は息を吐き、こういった。

「また、御社では取締役会は開催していますか？」

「社外取締役の方を選任したんですけれども、なかなか予定が合わなくて出席できていないんです。取締役会は一応開催してますけど、ちょっと情報交換をして食事をするぐらいですね。役員の数も多くないですし、日常的にコミュニケーションをとっていますからね。」

木口の回答に対し、海部課長はこういった。

「そこも大きな改善点の１つです。取締役会は、重要な業務執行にかかる意思決定を合議制で行い、役員が互いの業務執行状況を監督することで、誰かの独断専行を防止するという機能を有していますので、おろそかにしてはいけません。あくまで一般論ですが、オーナー経営者に権力が集中し内部統制を無視した結果、それが不正の温床になることがあります。ベンチャー企業では、代表がビジネスを構築したいわば神のような存在であることも多く、独断専行がまかり通ることがあるんです。仮に経営者不正が発生して、それが悪質で会社として治癒できないということになると、最悪の場合、上場廃止というケースもあります。繰り返しになりますが、あくまで一般論です。木口社長がそうだといっているわけではありません。ただ、経営者による不正が起こると従業員、そしてその家族にまで大きな影響を及ぼす可能性があり、誰も幸せになりませんので、そういった独断専行を事前に止めるようなシステムの運用が必要なんです。そのため、取締役会の実質的な運用が非常に大事になってきます。」

その後もBook village社の役員と海部課長のディスカッションは続いた。ディスカッションが終わった頃には、小菅は胸のつかえがとれたような気がしていた。

＊＊＊＊＊＊＊

4 スカイ証券 VS. 和田証券

１週間後の会議室、木口、小菅、久保、望月は主幹事証券会社を決定すべく、ミーティングを開催していた。スカイ証券および和田証券との面談の後、4名は主幹事証券会社の実績が多い別の証券会社3社とも面談をも持ったものの、無難な印象しかなく、実質的にはスカイ証券か和田証券の2択となっ

ていた。

「社長、私はスカイ証券を推します。」

まず、久保が口を開いた。

「やはり、IPO経験が豊富な大手証券会社で、担当者の『できる』という言葉には説得力がありました。また、投資家に向けての成長戦略の説明、エクイティストーリーのアドバイスについて、やはり大手は安心感があります。アドバイザー契約を締結した後には、きちんと上場に向けた課題調査も実施してくれるはずです。」

「小菅くんはどう？」

木口の問いに、小菅ははっきりと答えた。

「私は和田証券がよいと考えています。スカイ証券ほどではないにせよ和田証券も大手の証券会社ですし、担当者がうちのレベルに合わせて相談に乗ってくれるというのが大きなメリットだと思います。上場と言えば、資金調達が自由にできるようになるとか、創業者の利益が確定するなど、一般的にお金の話ばかりが出てきがちですが、上場企業になることの意味や、上場企業になるためには面倒でも管理面を強化していかなければならないということについて、きちんと説明してもらえたことがよかったと思いましたね。」

「小菅くん、成長したね。前は創業者利益で世界一周！　月旅行！　とか言ってたじゃない。それで、望月さんはどう？」

「そうですね……自分で空岡さんを紹介しておいてなんですが、弊社には海部さんの方が合っているような感じがしました。証券会社の選択も大事ですが、結局は担当者との相性なので、コンタクトをとる方がどう思うかを重視してもよいかと思います。」

「みんなの意見はよくわかったわ。ありがとう。今思い返してみると、確かにスカイ証券の空岡さんはお金の話ばっかりしていたような気がするわね。ただの金儲けって美学がないし、上場することが目的ではないものね。上場することで実行できる資金調達によって、会社のさらなる成長を目指す、これが一番の目的だし、さらなる成長のためには、会社の中にきちんとブレーキ機能もつけておかないと。やっぱり管理面のサポートをきめ細かくやってくれそうな和田証券の海部さんにお願いしましょう。」

＊＊＊＊＊＊＊

　ミーティング中、久保は、それ以上口を出すことはしなかった。実は、久保は、監査法人時代の同僚に、彼らの担当する上場準備企業が、主幹事証券会社を決める際にどこを最も重視したかをヒアリングしていた。そこでみんなが口をそろえていうのは、上場の形式基準、実質基準を満たすように会社を導くことも主幹事証券会社の重要な役割だけれど、それ以上に、会社の成長を機関投資家に伝えるためのエクイティストーリーをどれだけ納得感のあるものにできるかが主幹事証券の最も重要な役割であるということであった。

　スカイ証券と和田証券を比較した時に、まず会社の業績をどう見せるかに言及してきたのはスカイ証券であり、だからこそ久保はスカイ証券を推したわけである。

　しかし、管理面がおろそかになってしまっては元も子もないのであり、木口の言うことも、もっともであった。

　スカイ証券との契約に至らなかった点について、残念な気持ちはあるものの、久保は気持ちを新たにし、「それでは、和田証券との契約手続を早速進めましょうか。」と高らかに宣言した。

●解説

I　主幹事証券会社とは

　会社が株式上場を行う際に、上場申請会社の株式の引受け、販売などの支援を行う証券会社を幹事証券会社といい、複数の幹事証券会社が上場申請会社に関与することになります。その中で、IPO全体のスケジュール管理や、公開価格の決定などの中心的な役割を担う証券会社が主幹事証券会社です。

1　主幹事証券会社の時系列での役割

　主幹事証券会社は、対象会社の上場前後に様々な役割を担います。その役割は、時系列でみて大きく上場準備段階、上場申請段階、上場後に分けられます。

各段階における主幹事証券会社の役割

上場準備段階 [N-2, N-1, N]	上場申請段階 [N]	上場後 [N～]
・上場申請書類の作成サポート ・J-SOXの構築サポート ・ガバナンスに対するアドバイス ・事業計画の策定サポート ・資本政策の立案サポート ・エクイティストーリーの構築	・引受審査 ・上場審査のサポート ・証券取引所ヒアリングのリハーサル ・上場申請書類に対する質問へ回答する際のアドバイス ・機関投資家に対するロードショー ・IPOファイナンス期間の各フェーズにおける株式の公募または売出し価格の決定	・各種金融取引に対するアドバイス

(1)　上場準備段階

　上場準備企業は、上場申請前に上場申請書類の作成およびその作成体制の整備、内部管理体制の整備、事業計画の策定を含む資本政策の立案等、会社の体制作りを行う必要があります。主幹事証券会社は、上場準備企業とアドバイザー契約を締結し、下記のサポートを行うのが一般的です。

主幹事証券会社の主なサポート項目・役割
① 上場申請書類の作成サポート
② 内部管理体制の構築サポート
③ ガバナンスに対するアドバイス
④ 事業計画の策定サポート
⑤ 資本政策の立案サポート
⑥ エクイティストーリーの構築

---

(2)　上場申請段階

ア　引受審査時

　(1)の体制作りをふまえて、上場準備企業は、株式を上場する証券取引所の上場審査を受けることになりますが、証券会社はその会社の募集発行または売出しを行う株式を全て買い取り（買取り引受け）、それを売ることになります。

　一方、証券会社としては、会社の株式をすべて取得して売却し、売れ残った場合には残株式を証券会社が引き受けることになるため、上場企業にふさわしくない会社の株式は当然引き受けることはできません。そのため、証券取引所の上場審査に先立って、証券会社は、その会社の公募する、または売り出す株

式を引き受けてよいかを判断するための審査（引受審査）を実施します。この引受審査も主幹事証券会社の引受審査部が行う事になります。引受審査は，通常半年程度の期間を要します。

> **主幹事証券会社の主なサポート項目・役割**
> ・　株式の引受審査

イ　上場審査時

　上場準備会社は、証券取引所の上場審査基準に基づいて、上場会社としての適格性を備えていることを確かめる証券取引所の審査を受ける必要があります（上場審査）。

　上場審査は、主幹事証券会社による引受審査と比較すると、2か月程度と短期間で行われますが、上場準備会社は、上場申請書類に対する大量の質問事項に対して回答する必要があります。

　また、上場申請にあたっては、証券取引所の審査官からの口頭によるヒアリングがあり、上場準備会社は説得力のある口頭説明を行う必要があります。

　主幹事証券会社は、上記の質問事項に対する回答作成や、証券取引所審査官によるヒアリングのリハーサル等、さまざまな局面において上場準備会社をサポートします。

> **主幹事証券会社の主なサポート項目・役割**
> ①　証券取引所ヒアリングのリハーサル
> ②　上場申請書類に対する質問へ回答する際のアドバイス

ウ　上場承認後（IPOファイナンス期間等）

　証券取引所により上場が承認されると、新規上場会社は、いよいよ株式の募集発行による資金調達（IPOファイナンス）または売出しを行います。その際、主幹事証券会社と協議のうえで、想定発行価格または想定売出し価格を記載した目論見書を提出します。

　その後、新規上場会社および主幹事証券会社は、機関投資家を個別訪問して会社説明を行い、主幹事証券会社は株式の需給動向を判断します（ロードショー）。通常ロードショーは30社〜40社程度に対して行われます。その結果を受け、新規上場会社および主幹事証券会社は、ブックビルディング期間の株式の価格レンジを決定します。

　ブックビルディングとは、株式の仮の価格を投資家に対して提示し、何株をいくらで買いたいかという投資家のニーズを把握し、需要予測を積み上げることによって株式の発行価格または売出し価格を決定する方法であり、通常1週

第7章　IPOは主幹事の選択が命！

117

間程度の期間を経て行われます。そして、その期間の需要予測の集計を経て、新規上場会社および主幹事証券会社は、IPOファイナンスにおける株式の公開価格を決定します。

主幹事証券会社の主なサポート項目・役割
① 機関投資家に対するロードショー
② IPOファイナンス期間等の各フェーズにおける株式の公募または売出し価格の決定

---

(3)　上場後

証券取引所への株式上場が完了したとしても、主幹事証券会社との関係が終わるわけではありません。主幹事証券会社は、会社がエクイティ・ファイナンスのような直接金融取引だけではなく、社債発行や借入れ、またM&A等の事業再編等を実行する場合にも、アドバイザーとして機能します。

主幹事証券会社の主なサポート項目・役割
・　各種金融取引に対するアドバイス

COLUMN

グローバルオファリングと資本政策

　わが国の企業が、大規模な資金調達（または既存株主が保有株式の大規模な売却）を行う場合に、国内市場と同時に海外市場でも株式の募集・売出し等を行う手法を「グローバルオファリング」(GO) といいます。

　海外投資家を呼び込む観点からは、非勧誘かつ北米を除く機関投資家からの約定という形であれば、「国内募集」の形でも可能です。また、北米を除くアジアやヨーロッパなどの世界に株式を勧誘しオファリングをめざすのであれば、「旧臨報方式」を取るケースがあります（たとえば、近年ではラクスル等）。プライスリーダーシップのある北米投資家の取込みをめざすのであれば、オファリングストラクチャーとしては、「Regulation SおよびRule144A」方式で行うことになります。これらをGOと呼ぶとすれば、近年では、スシローグローバルHD社、メルカリ社、ソフトバンク社、アルテリア・ネットワークス社等において実施されています。

　GOのメリットとしては、海外市場からも資金調達が可能となり、株主構成の多様化が図れる点、さらには海外の投資家に対して知名度がアップすることにより、その後もグローバルでの資金調達手法の多様化が図れる点等をあげることができます。その一方でデメリットとしては、海外法規制等をクリアにするために相当額の追加コストが必要となる点、海外対応等が継続して必要となる点等が指摘できます。また、英文目論見書の監査証明が必要であり、それを3期間分取得することがプラクティスとされていることから、3期前の遡及監査が可能か監査法人に確認のうえ、出来ない場合はIFRS適用による対応を検討することとなる点もあげられます（IFRSを適用した場合、初めてIFRS財務諸表を開示する際は2期分の財務諸表開示で足ります）。

　AIの発達、IT技術の進化、フィンテック等の発展に伴い、日本企業がグローバル市場へ進出する機会もますます広がっていくことが期待されています。上場承認後、国内、北米、欧州、アジア等におけるロードショーが実施され、約1か月に及ぶ強行軍となることも多くあります。

　企業価値（valuation）について、より長期的な視点に立脚し高い価値を考える投資家との出会いがあり、一方で、厳しい質問も飛び交うこともあるでしょう。経営者にとっては、世界を見据えて上場後の株主構成をデザインする視点も生まれるでしょう。

　上場を目前に控える頃に実施されるディールロードショーは、GOまで達成できるに至る企業を率いた経営者の醍醐味の1つかもしれません。

2　主幹事証券会社の選び方

　主幹事証券会社を選択する際には、IPOの実績、アドバイザー費用や株式の引受け手数料等のコスト、募集発行等する株式の販売力、上場時の企業価値評価や投資家への成長戦略（エクイティストーリー）の説明にかかる支援の体制等、さまざまな点から自社にあった証券会社を選択する必要があります。そのため、正解というものはありません。

　一般論としては、大手証券会社の方がIPO実績は多く、経験豊富な担当者が多いため安心できると言われますが、上場準備会社の経営者及び証券会社のカウンターパートとなる者が証券会社の担当者と相性が悪いと、スムーズに手続きが進められなくなりますので、複数の証券会社と接触して、相性のよい証券会社を選定するとよいでしょう。

3　各証券会社の主幹事実績

　2018年、2019年の引受け実績を確認すると、主幹事となった証券会社は10社程度ですが、そのうち、野村証券、大和証券、SMBC日興証券、みずほ証券、SBI証券の5社がおよそ9割を占めています。ほとんどの場合、主幹事証券会社は1社ですが、上場する会社の規模によっては複数となる場合があり、ソフトバンク社の上場の際には、上記の5社に三菱UFJモルガン・スタンレー証券を加えた6社が主幹事証券会社となっています。

第8章

IPOは事業計画が命！

1　事業計画を作成しよう

　土曜日の昼下がりの本社会議室に木口が入ってきた。その手には、近くの
コーヒーショップの紙袋を携えている。
　「休みの日に集まってもらって悪かったわね。なかなかみんなの予定が合わ
なくて。これ、コーヒーだからよかったら飲んでね。」

　木口は、ホットコーヒーを紙袋から出しながら、小菅、久保、望月、そし
て営業部長の赤井に話しかける。先日行われた和田証券との定例の進捗会議
では、合理的な事業計画が作成されていないという課題が浮き彫りになって
いた。そこで、4人は、前職で事業計画を策定した経験のある小菅が、ほか
の3人にレクチャーを行うという目的で集まっていた。
　「早速始めましょうか。ところで思い出したんだけど、うちの会社って事業
計画を作成したことなかったっけ？　昔、小菅くんといっしょに作ったと思
うんだけど。」
　木口は、小菅の方を見ながら話し出した。
　「確かに3年前に銀行から融資を受けることを検討した時に作っています。
ただ、その時は売上高の成長率を一定と仮定したり、会社の実際の状況との
整合性を詰めて検討していませんでしたし、その後に見直しもしていません

ので、現時点の業績とはかけ離れています。だから改めて作成する必要があります。」

小菅の返答に久保が補足する。

「事業計画の内容はその作成目的次第ですが、上場審査で求められる事業計画は、前提となる経営環境をふまえて策定される3年から5年程度の利益計画に加えて、それを支える経営理念や目標を達成するための経営戦略を含むものになります。事業計画は、経営戦略を経営陣と従業員が共有するツールともなりますので、その策定には経営陣がしっかりコミットしなくてはいけません。」

「そのとおりね。私たちが思い描くビジョンが反映されたものでなければ意味がないわね。それに、人材紹介の業界は、人材マッチングへのAIの活用や転職サイトを経由しないクローリング型求人の台頭とか新しい動きがどんどん出てきているし、事業環境の分析は特に重要になりそうね。」

小菅は、わが意を得たりという顔で、少し興奮気味に説明を始めた。どうやら商社時代の経験をふまえた話を披露できるということで、小菅のテンションも上がっているようだった。

「まさに、本日ご説明しようと考えていたのは事業環境を分析するための方法です。具体的には、事業計画の策定のために用いられることが多い『SWOT分析』とそれに関連するいくつかの環境分析の手法についてお話したいと思っていました。」

これまで静かに3人のやりとりを聞いていた赤井が乗り遅れまいと質問する。

「SWOT分析っていう言葉は聞いたことがあるのですが、どのような分析方法なのでしょうか。」

赤井はこれまで上場準備会議のメンバーではなかったが、営業活動を統括する地位にあることから、小菅が声をかけて議論に加わってもらったという経緯であった。

小菅は赤井の質問に和田証券に作成してもらった**スライド1**の該当ページを示しながら答えた。

スライド1：SWOT分析の概要

　「SWOT分析 と は、「Strengths Weaknesses Opportunities Threats」のそれぞれの頭文字を組み合わせた名前の分析方法です。すなわち企業内部の環境要因である自社の強み（Strengths）・弱み（Weaknesses）と企業外部の環境要因である事業拡大の機会（Opportunities）、その事業を遂行するうえでの脅威（Threats）という4つの要素を分析して、現在の会社・事業の置かれた事業環境を把握するとともに、事業戦略の方向性を検討するための手法です。前者の内部環境の分析では、自社の『強み』と『弱み』を整理します。また、後者の外部環境分析は、会社全体又は事業別を単位として、マクロとミクロのそれぞれの環境要因の変化から市場における機会と脅威を把握することになります。」

　「海部課長は、上場をめざすならSWOT分析の活用が必須というようなことを話していたけど、どういうことだったの？」

　小菅に代わって久保が答えた。

　「上場審査に耐えられる事業計画を策定するためにSWOT分析が重要となるということです。つまり、事業計画が企業の事業環境を反映した合理的なものでなければ、その目標達成はおぼつかず、投資家に不測の損失が発生しかねません。上場審査では、そのような事態を可能な限り避けるべく、上場申請企業が策定した事業計画が、展開するビジネスモデルの強み・弱みや業界環境など事業展開するうえで考慮すべき要素と齟齬がないかという観点からチェックされます。その意味でも事業計画を策定するに際してSWOT分析を行うことは非常に大事になります。」

2 SWOT分析のすすめ

「なるほど。じゃあ、さっそくみんなでうちを取り巻くSWOT分析の4つの要素について議論していきましょう。まず、内部環境についてだけど、この自社の『強み』とか『弱み』はどういうものをあげていくべきなの？」

「内部環境を分析する主だったツールはいくつかありますが、今日はバリューチェーン分析で検討してみましょう。バリューチェーン分析は、顧客に価値を提供するための一連の活動をバリューチェーンと定義します。そして、バリューチェーンを企業内部の各機能の流れとつながりを意識して洗い出し、価値創出の源泉となる競合他社と比べた自社の強みと弱みを把握するためのアプローチ方法となります。イメージしやすいよう、わが社のバリューチェーンを私なりに整理してみましたので、これに基づいてご説明したいと思います。」

小菅が手元からパワーポイントの資料を周りに配りながらいった。

スライド2：Bookvillage社のバリューチェーン

「バリューチェーン分析では、バリューチェーンを『主活動』と『支援活動』の2つに分けて整理します。「主活動」は製品・サービスが顧客に到達するまでの流れと直接関係する活動をいい、主活動を支える活動を「支援活動」といいます。この分析では、まず自社が属する業界の一般的なビジネスモデルにおけるバリューチェーンを把握することから始めます。次に、自社のバリューチェーンを分析し、業界のバリューチェーンと比較することで同業他

社の活動との異同を確認します。同業他社と同じ活動については他社と比較してより少ないコストで同等以上の価値を創出しているか、また、異なる活動についてはコスト以上の価値の創出に貢献しているか否かを検討することになります。バリューチェーン分析は、自社の強みを見出してさらに強化するとともに、他社と比較して劣っている点の改善を図るための戦略立案ツールですが、現在の状況に関する検討結果がその時点の自社の『強み』と『弱み』といえます。」

「これまで営業部とか経理部とか部門単位でコスト管理していたけど、もっともメッシュの細かい『活動』に焦点を当てた方が目標設定を具体化できそうね。うちの価値の源泉となる活動をどうやって整理したらいいかは社内でもいろいろな見方がありそうだから、さっそく週明けの進捗会議に各部門長にも参加してもらって意見を出してもらおう。じゃあ、小菅くん、次は外部環境の分析方法を説明してもらっていい？」

「はい、説明させていただきます。企業外部の環境要因を把握するための視点としては、業界内の個々の企業の行動とは無関係に生ずるマクロ環境と、業界内の個々の企業の行動によって変化し得るミクロ環境のそれぞれを分析することが重要です。まず、マクロの観点からアプローチするPEST分析という手法をご説明します。」

小菅は和田証券が作成した説明資料をめくりながら説明を続ける。

「PEST分析は、Politics（政治的環境要因）、Economic（経済的環境要因）、Society（社会的環境要因）、Technology（技術的環境要因）というビジネスを取り巻く4つのマクロ環境を、現在または将来において自社が属する業界にいかなる影響を与えるものかを分析して戦略を策定するための手法です。それぞれの環境要因について具体的にどういった要素が含まれるかまとめていますのでご覧ください。」

スライド3：PEST分析の概要

Politics (政治的環境要因)

➤ 政治動向
- ・法律
- ・政策
- ・税制
- ・政権交代

Economic (経済的環境要因)

➤ 経済動向
- ・景気変動
- ・賃金水準
- ・物価、株価
- ・為替、金利

Society (社会的環境要因)

➤ 社会動向
- ・人口動態
- ・流行
- ・世論
- ・習慣

Technology (技術的環境要因)

➤ 技術動向
- ・技術革新
- ・インフラ
- ・IT
- ・特許

　「こうやって整理して考えたことはなかったけど、世の中の流れを捉えるためにはすごくいいじゃない。人材紹介の業界は労働人口のすう勢とか景気動向の影響を特に受けやすいし、労働関係の法律改正も常にウォッチしないといけないといった認識はあるけど、重要なリスクファクターを漏らしていないか、ちゃんと検討しないとダメだね。やっぱり議論のためにたたき台があった方がいいから、まずは小菅くんと赤井くんで検討してもらっていい？」

　「お任せください！！　副社長と対応させていただきます！！」

　間髪入れずに赤井が威勢よく答えた。

　「頼もしいわね。さて、次はもう1つの外部環境の分析手法について話してもらえる？」

　「了解です。企業の外部環境をミクロ的にとらえるアプローチとしてファイブフォース分析があります。この方法は、もともと『業界』の競争環境を判断するためのものですが、これを個別企業に置き直すことで、業界の構造変化を理解し、自社のビジネスへの影響の度合いを把握することができます。お手元の資料にありますとおり、ファイブフォース分析で、企業を取り巻く5つの競争要因、つまり、①既存の競合企業同士の競争、②買手（顧客）の交渉力、③売手（サプライヤー）の交渉力、④代替品の脅威、⑤新規参入の脅威によって業界・事業の収益性を理解し、自社の業界内での立ち位置を把握することができます。」

スライド4：ファイブフォース分析の概要

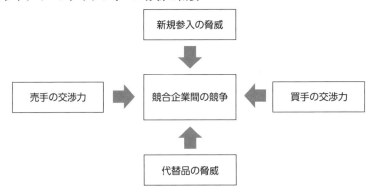

　「このアプローチの重要性は直感的にわかるわね。たとえば、インターネットの求人広告サイトのビジネスモデルは求職者の登録が多いと求人を掲載する企業数が増えて、企業数が増えると求職者が増えるっていうスパイラルがあるから先行者がやっぱり有利だし、サイトの構築・運営費用も安くないから『新規参入者の脅威』は小さいといえるわよね。一方で人材紹介は初期費用がほとんどかからないし、原則として成功報酬で、ブランド力がなくても企業から発注を受けること自体のハードルは高くないから、新規参入は比較的容易よね。この観点から新規参入を検討しているAI技術を駆使したデータ活用事業をみると、技術的制約からまだ提供する事業者が少ないにもかかわらず、顧客は人事部がある会社全般だから裾野は広く、うちのノウハウと顧客基盤を活かして事業活動を開始できればかなりの収益が見込めるんじゃないかな。事業の立上げを任せている赤井くんにはこれまで以上に期待しているわ。」

　赤井は放っておくと勢いよく話し出しそうな雰囲気であったが、木口は、それを制しつつ、自らとうとうとファイブフォース分析のアプローチから発言してみせる。気づけば会議室の窓の外はもう暗くなり始めていた。

　──うちの社長は、ビジネスセンスについては圧倒的なんだよなぁ……。

　木口以外の3人は同様の感想を抱いていた。それをよそに木口はさらに続ける。

　「SWOT分析、バリューチェーン分析、PEST分析、ファイブフォース分析……と、今日は小菅くんからいろいろな分析手法を教えてもらったけど、それぞれで相当な情報量になるだろうから消化不良になっちゃわない？」

小菅が答える。

「そのとおりです。SWOT分析の1つの要素に該当する環境要因を漏れなく把握することは大事ですが、実際に4つの要素にプロットする情報量が多すぎると、重視すべき情報がぼやけてしまい、却って意思決定を誤らせることがあります。そのため、これはSWOT分析に限ったことではありませんが、抽出した多くの情報を取捨選択していくことが必要となります。具体的には、事業に対する影響の程度と想定した事象の発生可能性から情報をフィルタリングすることが考えられます。つまり、事業へのインパクトが小さいのであれば考慮する必要性は乏しく、より大きな影響を及ぼす情報に基づいて判断すべきです。また、影響度が大きいとしても将来的に発生する可能性が低いものについては、それが発生することを前提に戦略に織り込むことは合理的ではない場合が多いといえます。したがって、事業への影響度が相応にあり、かつ、すでに顕在化しているまたは発生する可能性が相応にあると見込まれるものに絞り込むことになります。もっとも、事業へのインパクトが大きな事象を無視することはできませんので、その発生可能性を常に注視しなくてはなりません。」

「そうね。事業の影響度と発生可能性で取捨選択するっていうのは合理的ね。でも実際にやってみるとなかなか難しそう。たとえば、うちの事業に量子コンピュータの普及ってすごい影響力がありそうだけど、今からそういった世界が訪れる前提で事業計画を立てるべきかというと悩ましいわよね。場合によってはその道の専門家に意見を聞いてみるのもいいかもしれない。それで、SWOT分析の4つの要素に情報を整理できたとして、どうやって事業戦略の判断に活用するんだっけ？」

「先ほどのSWOT分析の図表の次の頁をご覧ください。4つの要素に情報を整理できましたら、内部環境と外部環境の2つのアプローチを組み合わせて事業の方向性を検討することになります。これをクロスSWOT分析といいます。『機会』と『強み』が一致する点があれば強みを生かすことでいかに機会を取り込むことができるかといった観点から事業戦略を検討します。そのような状況にないのであれば、『強み』と『機会』のいずれを中心に据えて事業展開を図るべきかを考えなくはなりません。」

小菅の説明に久保が軽くつけ加えた。

「新規事業については従前のビジネスと異なるところが多いでしょうから、既存事業と新規事業は区別したうえで、そして新規事業については既存事業を前提としたうえでSWOT分析を行うことがよさそうですね。」

スライド5：クロスSWOT分析の図

		内部環境	
		強み (Strengths)	弱み (Weaknesses)
外部環境	機会 (Opportunities)	強みを活かして機会を取り込めるか	弱みで機会を逃すことはないか
	脅威 (Threats)	強みで脅威を克服できるか	弱みで脅威が現実となる影響を最小化できるか

　「そのとおりね。小菅くん、今日はどうもありがとう。おかげで事業計画を策定するプロセスが見えてきた気がするわ。」

　「私も徹夜して準備した甲斐がありました。ただ、中期利益計画の作成に、年度予算・月次予算の編成と我々が勉強しないといけないことはまだまだあるようですので、次回は久保CFOに講師をお願いしてはどうでしょう。」

　「そうね、久保さん、お願いね！　お腹もすいたし、みんな、ご飯を食べに行こう！　焼肉でもどう？」

　「いいですね！　行きましょう！」

　木口以外の4人は、今日の議論ですでにお腹いっぱいになっていた気でいたが、そうはいっても仕事終わりの焼肉は別腹なのであった。

●解説

I　事業計画の策定

1　事業計画の意義

　未上場企業では、年度ごとに予算を作成するものの、複数年度に亘る利益計画を含む事業計画は策定していない場合が少なからず見受けられます。しかしながら、事業計画は、自社の経営理念から導かれる成長戦略を具体化したものであり、経営陣と従業員との間で目標を共有するツールともなりますので、上場の有無にかかわらず策定することが望ましいといえます。

　上場会社は、投資家に対して、中長期的な経営戦略や成長戦略を示して将来的にめざす会社の姿を示すことが求められますので、対外的に説明するためにも事業計画を作成する必要があります。そのため、上場申請する市場如何を問わず、上場審査では企業が策定する事業計画が合理的なプロセスを経たものであるか確認されることになります。

2　上場審査における事業計画

(1)　事業計画の位置づけ

　上場申請する市場によって内容は異なるものの、いずれであっても事業計画は上場申請書類の重要な一部を構成します。そして、上場審査においては、上場申請企業が作成した事業計画が、そのビジネスモデル、事業環境、リスク要因等を踏まえて、適切に策定していると認められるか否かが判断されます。また、たとえば、東証の本則市場（市場第一部・市場第二部）では、当該事業計画をふまえて、上場後一定の期間において安定的に利益が計上できる合理的な見込みがあるかどうかが、マザーズにおいては、当該事業計画を遂行するために必要な事業基盤を整備していることまたは整備する合理的な見込みがあるか否かが確認されることになります。

(2)　事業計画の範囲・期間

　上場企業は、連結決算による開示が中心となるため、上場審査においても企業グループ全体を対象とした連結ベースの事業計画の策定が必要となります。また、上場企業の開示資料では、経営者が経営上の意思決定および業績評価のために区分した事業の構成単位であるセグメント単位の情報を明らかにする必要があるため、上場申請企業においてもセグメント単位で事業計画を策定することが求められます。

　また、上場申請書類として求められる事業計画の対象期間は、市場ごとに異

なっており、たとえば、東証の本則市場では2年間、マザーズでは3年から5年程度とされています。事業計画の見直しのタイミングについては、対象期間の終了まで見直さない固定方式ではなく、環境の変化等直近の情報を織り込んで毎年見直しを行うローリング方式を採用することが望ましいとされています。

(3)　事業計画の合理性

　上場審査では、事業計画が適切に策定されているかが問われます。具体的には、上場申請企業の事業計画が、経営理念や経営ビジョン、自社のビジネスモデルの特徴（強み・弱み）、事業展開に際して考慮すべきさまざまな要素（業界環境や競合他社の状況、対象市場の規模や成長度合い、製品や商品・サービスの需要動向、原材料市場等の動向、主要な取引先の状況、法的規制の状況等）を齟齬なく反映させているか否かを中心に確認されることになります。また、この際には、利益計画、販売計画、仕入・生産計画、設備投資計画、人員計画、資金計画などの各計画が整合しているかどうかについても確認がなされることになります。

　そのため、上場審査を見据えた場合、事業計画は、SWOT分析等によって、自社を取り巻く外部環境と内部環境を分析した結果をふまえた事業戦略・経営戦略に裏づけされたものでなければなりません。また、事業計画の前提となる業界環境等の情報については、内部の分析結果だけではなく、外部のレポート等を用いることで、説得力のある事業計画を作成することができます。事業計画の客観性を担保するために、公認会計士等の専門家にレビューを受けることも効果的です。

Ⅱ　予算管理の実施

1　予算管理の必要性

　予算管理とは、予算編成と予算統制から成ります。

　事業計画を構成する中期利益計画が毎年更新される場合、中期利益計画の第1年度が単年度の予算となります。つまり、ローリング方式を採用することによって、中期利益計画から有機的に予算編成につなげることが可能となります。

　事業計画の合理性を高めることによって予算編成の精度を向上させることができますが、そのためには、予算編成の結果を実績と対比することで、検証するプロセスを適切に運用することが重要となります。つまり、予算と実績の乖離の有無を定期的に確認し、乖離が生じた場合には、その原因を分析するとともに必要な対策を講じるなど、予算を絶えず見直す体制を構築して経験・ノウハウ等を蓄積し、それを活かすことによって次年度以降の予算編成の精度をあげることが必要となります。

2　上場審査における予算管理

　上場審査においては、合理的なプロセスを経て業績予想を策定する体制となっているか、業績予想に変更を迫られる状況が生じた場合には適時、適切に開示することができる状況にあるかなど、予算管理体制の状況が慎重に審査されることになります。そのため、取引所審査の実質基準として、経営に重大な影響を与える事実等の会社情報を管理し、投資家に対して適時、適切に開示することができる状況にあることが必要とされています。

　具体的には、たとえば、本則市場における上場審査では、上場申請企業グループの業績動向等を的確に把握するための予算および実績の管理方法について、上場申請企業における予算と実績の差異に関する分析およびその手続が適切に行われ、適時開示に支障が生じないような体制となっているか、上場申請企業グループにおける経営判断の有効な材料となっているか、それがその後の事業活動や予算編成に反映されているかどうかが確認されることになります。また、上場申請企業における予算の策定が組織的にかつ合理的に行われているかどうかについても確認されます。その確認に際しては、まず、各種の予算が上場申請企業グループの事業実態に応じて、適切な期間、単位（年次、半期、四半期、月次等の別、事業の種類別セグメント、事業部門または取扱製品・商品ごとなど）で作成されているかどうかがポイントとなります。

3　予算統制の実施

　予算統制は、予算編成を経た年度予算の実行を管理するプロセスとなります。具体的には、策定した予算と実績を比較してその達成状況を確認し、その差異が大きなものについて原因を分析するとともに、対策を検討し、必要に応じて予算自体の見直しを行うというPDCAサイクルを回す仕組みをいいます。

　この点、上場審査においては、少なくとも月次単位での予算・実績の検証が求められており、そのための体制として、月次決算を遅くとも翌月10営業日程度で実施することが必要とされています。そして、予算と実績の差異分析の結果、年度予算の達成が困難であると判断された場合には、年度予算の見直しを行うとともに、あわせて事業計画についても見直しの必要性を検討することとなります。

第8章

IPOは事業計画が命！

第9章

IPOは管理体制の構築が命！

1 激昂する望月 ── 動き始める管理体制の構築

「副社長！　やはり内部管理体制を構築するためには、外部の専門家の意見も取り入れるのがベストかと！」

週も後半に差しかかった木曜日の午後、小菅は、望月から会議室に呼び出されていた。

小菅が午後1時すぎに会議室へと向かうと、望月と上場準備室の社員である太田がすでに部屋で待ちかまえていた。太田は、いつもは上司の厳しい指示にもガッツで答える元気印だが、今日は表情を固くしている。元来表情硬めの望月からは険悪なムードが漂ってくる。

これはただごとではないと察知した小菅が慌てて席につくやいなや望月が切り出した。

「副社長！　何度も申し上げているとおり、当社は、現場が開発や営業に追われ、IPOに向けた管理体制の構築が全く追いついていないと言わざるをえません！　私自身は、監査法人にいた経験がありますので多少のことはわかりますが、やはりしっかりとした管理体制を構築するためには、外部の専門家の意見を取り入れることが必要になります。早急にご検討ください！」

望月はそれだけ言い放つと、さっそうと立ち上がり、ハイヒールの音を高らかに響かせながら、会議室を後にした。

続いて太田が申し訳なさそうに小菅に目配せしながら、望月の後を追って部屋を出て行った。

振り返るに、この数週間、小菅は、望月から外部の専門家のサポートを受けるようにせっつかれていた。しかし、小菅は、忙しさにかまけて「そのうち検討するよ。」などと適当なことを言ってその場をしのいできていたため、ついに望月の我慢ゲージが臨界点を突破したのだった。

「困ったことになったなぁ……専門家の知り合いなんて全然思い当たらないしどうしたらいいんだ。」

小菅がため息をつく。

「あーもう飲みにでも行ってしまいたい気分だ！」

小菅が独り言をつぶやくと、タイミングをあわせたかのように、川西が香水の匂いを身にまとって部屋に入ってきた。

「副社長、金曜の夜は空いていますか？」

小菅は、川西に独り言を聞かれていたのかと焦ると同時に、川西からの誘

いめいた言葉に慌てるあまり、

「いや、誘いはうれしいけど、副社長と秘書がプライベートで1対1で会うのは、コンプラ上よくないし……。」

などとゴニョゴニョ言い始めた。

すると、川西は、小菅の言葉をさえぎる。

「いえ、外部の専門家に心当たりがありますので、アポイントをとって差し上げようかと思ったのですが、ご迷惑だったでしょうか。それでは失礼します。」

「ゴホンゴホン。いやそういうことならまったく迷惑ではないよ。是非アポイントをとってもらえるかな？」

小菅は、自分が勘違いしていたことに赤面しながらそう言った。

＊＊＊＊＊＊＊

2 レッスル弁護士事務所にて

金曜の夜、小菅は、久保、望月、上場準備室の太田とともに、東京駅丸の内南口にあるレッスル弁護士事務所を訪れていた。レッスル弁護士事務所では、川西から紹介を受けた大崎弁護士、小山会計士との打ち合わせが予定されていた。

東京駅を眼下に見下ろす会議室に通されるやいなや、2人の専門家が入室する。

1人は、きびきびと歩く眼鏡の男性弁護士、大崎。毅然とした雰囲気と相反する身長の低さがどことなく愛嬌を感じさせ、周りに安心感を与える。

もう1人は、颯爽とした男性公認会計士、小山。ミステリアスなほほえみを常に絶やさない。

「はじめまして。IPO支援業務を行っている弁護士の大崎です。」

「同じくはじめまして。IPO支援業務を行っている公認会計士の小山です。大崎とはお互い資格を取る前の学生時代からの仲です。IPOでいうとN−2期からの知り合いですね。」

「小山先生、頭の中IPOでいっぱいみたいですけど、わかりにくいですよー。」

大崎弁護士が冷静に小山会計士のボケを回収する。

しかし、小山会計士がさらに加速してまくしたてる。

137

　「我々、IPO関係ではよくいっしょに仕事をしていまして、２人で支援した会社は上場後も順調に業績を伸ばしています。伸びないのは、大崎の身長ぐらいです。」

　「小山先生、お客さんの前で悪口出てますよー。」

　と大崎弁護士がまたしても冷静に小山会計士のボケを回収すると、小山会計士は、

　「大変失礼いたしました。今後はIPOに気をつけます。」

　「TPOと申しております。」

　と大崎弁護士がボケの回収に奔走。

　どうやら小山会計士が早口にたたみかけるボケ、大崎弁護士が軽やかに拾うツッコミという関係が完成されているようであった。

＊＊＊＊＊＊＊

　「先程は、冒頭失礼いたしました。小山先生と一緒だとつい会話がボケとツッコミになってしまって……。それでは本題に入らせていただきます。」

　大崎弁護士が場を仕切り直す。

　「本日は、スライドを用意していますので、これに沿って説明しましょう。最初に、内部管理体制の趣旨について、その後に内部管理体制の具体例として、社内規程、内部監査について説明します。最後に、内部管理体制そのものではありませんが、これと関連する項目として関連当事者取引、反社会的

勢力の排除についても少し説明します。」

「よろしくお願いします！」

太田が響かせた今日一番の元気な声は、先日の緊迫ムードはどこへやら、青空すら連想させる。小菅は、ほっと胸をなでおろすのであった。

スライド1：内部管理体制について

```
本 日 取 り 上 げ る テ ー マ

  1   内部管理体制の趣旨について

  2   社内規程について（内部管理体制①）

  3   内部監査について（内部管理体制②）

  4   関連当事者取引・反社会的勢力の排除について
```

大崎弁護士は続ける。

「まず内部管理体制の趣旨についてお話しします。IPO前の会社では、それぞれの役職の責任の範囲が不明確だったり、仕事が人にひもづいていたりと、属人的な経営で成長を遂げてきていることが多いのです。しかし、IPO後、会社規模はさらに拡大し、株主をはじめ社会に対する説明も意識していかないといけませんから、属人的な経営から組織的な経営へとシフトしていくことが必要になります。ここで登場するのが内部管理体制というわけです。」

「なかなか難しそうですね……。」

お世辞にもお勉強ができるとはいえない太田は、先ほどまでの元気は行方不明となり、早くも根をあげそうだ。

「決して難しく考える必要はありません。上場企業は、株主から役員、役員から部署長、部署長から部の従業員というように、『任せる⇔任せられる』関係で成り立っていますよね。内部管理体制は、ちゃんと任せられるようにするための『仕組み』のことと考えてください。」

「なるほど！　それなら私にもわかりました！」

太田が勢いを取り戻した。

──　立ち直るのが早いな……。それが太田のよいところでもあるのだけど……。

望月は内心苦笑する。

小山会計士が、説明を引き継ぐ。

「スライドをご覧ください。私は、組織的な経営のポイントとしては、8項目あると考えています。」

スライド2：内部管理体制構築の8項目

内 部 管 理 体 制 構 築 の 8 項 目

① 三線ディフェンスと業務分掌の整備
② 職位、職務分掌の明確化
③ 管理部門の人員充実
④ 社内諸規程の作成
⑤ 利益計画の作成および予算統制の実施
⑥ 会計管理制度の整備
⑦ 管理体制の整備
　（販売管理、購買管理、資金管理、在庫管理、固定
　資産管理等）
⑧ 内部監査の実施

「1番目、2番目の職務分掌のところは、チェックを受ける人とチェックを行う人をしっかりと分けることがポイントです。たとえば、人材不足でCFOと経理部長を兼任している場合、経理部員のお手伝いとして起票を行い、自己承認してしまうことがあります。しかし、これでは職務分掌がきちんとなされているとはいえませんので、自己承認したものについては再度チェックし直す必要も出てきます。結果的に上場のスケジュールが遅延することもありえますので要注意ですね。」

小山会計士がミステリアスなほほえみを浮かべながらさらりと怖いことを言うと、小菅、望月、太田は、いっせいにCFOである久保をじっと凝視する。視線にたまりかねた久保が一言。

「念のため申し上げますが、私は、CFOではありますが経理部長は兼任していませんのでご安心を。」

たちまち久保を凝視していた3人の視線は散開する。久保は、3人の反応には納得がいかないが、上場に向けて見落としていた「落とし穴」があるかもしれないという意味で内部管理体制の話はあなどれない、できる限り今日の話を吸収していこうと人知れず静かに誓うのだった。

小山会計士が続ける。

「3番目は、管理部門の人員の充実です。上場をめざす会社の場合、営業、製造、研究開発の部門の人員が充実している一方で、経理や総務などの管理部門の人員は不足していることが多いですね。4番目は、実際に管理体制の仕組みが明文化していなければ組織を動かすことはできませんので、社内の諸規程の作成を進めていくことが必要です。5番目から7番目の利益計画の作成および予算統制の実施、会計管理制度や内部体制の整備も内部管理体制の話としてとらえることができますし、最終的には8番目の内部監査の実施によって制度の運用を担保することになります。」

ここで小菅が質問をする。

「3番目の管理部門の充実に関してですが、確かに当社も管理部門の人員が足りているとはいえませんね……。ただでさえ多い業務が上場の準備作業でさらにふくらんでいる状況ですので、管理業務の一部を外出しすることは許されないんでしょうか。」

「効率的に上場準備を進めるために管理業務の一部にアウトソーシングを活用することは問題ないと思います。ただ一時的にアウトソースでしのぐとしても、いざ上場した際には、自走できる、自ら管理できるように、ノウハウをしっかり吸収して備えることが重要です。肝心なのは上場した後の運営ですのでそこは意識していただければと思います。」

「わかりました。」

小菅は、誠実な回答を聞いて、2人の専門家に対して信頼を寄せ始めていた。

＊＊＊＊＊＊＊

「内部管理体制の話として、弁護士サイドからまず申し上げたいのは、先ほどのスライドにもありましたが社内諸規程の作成と運用の重要性です。」

大崎弁護士が、説明を進める。

── 規程の運用の重要性か、確か和田証券の海部課長もそんなようなことを言ってたっけ。

小菅が和田証券との面談を詳しく思い出すひまもなく、大崎弁護士が説明を続ける。

「属人的に行われていた業務手順や判断を規程の形に落とし込み、『見える化』を図ることは組織的な経営へとシフトする第一歩です。誰が業務や判断を行っても同じ結果が得られるよう標準的な仕組みを作るということですね。失礼ですが、御社の社内規程はどうなっていますか。」

「おはずかしい話ですが、社内規程の整備はほとんど進んでいません。」

太田が、4人を代表して答える。

「それはいけませんね。社内規程のない上場企業は、『餃子のない宇都宮』と同じくらいありえないといってよいかと思います。」

太田は、「ツッコミ」に終始していた大崎弁護士が「ボケ」もできることに驚くとともに、栃木出身の身としては事の重大性を認識し、衝撃を受けていた。

小菅が質問する。

「私の大学時代の友人が社長をしている会社があり、そこから社内規程一式をもらって流用することも考えているのですが、まずいでしょうか。」

「その会社は、どういった会社ですか。」

「不動産業を営んでいます。」

「なるほど。そうすると転職マッチングサービスを提供している御社とはだいぶ毛色が異なる会社ですねぇ……。社内規程というのは、その会社の固有の業務に基づいて作成されていますので、そのまま流用することは難しいかもしれません。私は、見てのとおり眼鏡でして眼鏡の収集が趣味なんですが、目が悪い人がいるからといって私の眼鏡をそのまま貸すわけにいきませんよね。視力も違いますし、その人が遠視なのか近視なのかにもよりますから。それと同じく、規程は、会社の業種、規模、組織構成などを考慮したうえで、その会社に適合した形で作成されてはじめて有効に機能するのです。こういった観点から規程を整備いただくのがよろしいかと思います。」

「なるほど、わかりました。」

小菅は規程の整備について安易に考えすぎていたことを反省する。

「あー、規程、規程ってあんまり細かいことまで決まっちゃうと、面倒な気もするなー。」

特大の大声で独り言を放った太田だったが、望月が憤怒の形相でにらんできたため、自分の内なる声が外部に露呈していたことに気づいて赤面する。

そこに、にこにこと笑みを浮かべた小山会計士から、すかさずフォローが入った。

「よいところに気づかれましたね。確かに、あまり細かいところまで規程に記載してしまうと、組織や業務内容が変わったときに変更手続が煩雑になってしまいます。規程の変更は取締役会で決議することが多いですからね。規程にするまでもないマニュアル的な内容は、規程とは別に『規程細則』や『取

扱要領』という形で文書化し、稟議等を経て部署レベルで変更できるように
しておくこともおすすめですよ。」

　形勢が逆転し誇らしげに胸をはる太田と、何もなかったかのように太田か
ら目をそらす望月。そのコントラストがなんだかちょっぴりおかしい。

　大崎が続ける。

　「規程は、相互に矛盾のない整合性のとれた内容になっていなければなりま
せん。それから、各種の法律等を遵守した内容になっている必要もあります
ね。具体的には、民法、会社法、独占禁止法、労働基準法、税法、金融商品
取引法あたりに抵触しないかが問題になります。あとは、各種の法律などの
改正に対応して随時アップデートしていくことも求められます。」

　「規程周りだけでも大変そうですね。規程についてレビューして頂くことは
可能なんでしょうか。」

　不安を感じた小菅が質問する。

　「もちろんです。規程周りは特に我々弁護士が力になれるところですので全
力で支援させていただきます。」

　「ありがとうございます！」

　小菅は、ほっと胸をなでおろす。

　そこに、小山が再びミステリアスな微笑みを浮かべながらカットイン。

　「規程を整備することも大事ですが、その後の運用も重要です。最近の上場
審査でも、社内規程上は管理本部長の審査を経て決裁することになっていた
事項について、実際には管理本部長が出席しない会議で意思決定を行ってい
たとか、取締役会決議事項を経営会議で決裁していたとか、意思決定手続に
おいて規程との乖離がみられた事例が問題となっています。内部管理体制の
不備が原因で上場承認に至らないケースも増えていますので、気をつけてく
ださいね。」

　シリアスな内容であるほどに小山会計士の笑顔が輝くのは気のせいだろう
か。

＊＊＊＊＊＊＊

　「次に、内部監査についてお話しします。」

　小山会計士が、説明を開始した。

　「先程、社内規程の作成のみならず、実際の運用が重要と申し上げましたが、
内部監査とはまさに実際の業務や会計処理が社内規程等のルールどおりに適

切に行われているか、社長の命を受けた担当者が社長に代わって検証することをいいます。上場前であれば、社長が会社の業務全体を見渡して各業務のチェックができていたかもしれません。しかし、上場後拡大する会社の全業務を社長1人でチェックすることは難しいですよね。そこで、特定の部門の影響を受けない独立した部署を設置してチェックを行わせるわけです。こういった部署は、内部監査室と呼ばれます。」

　ここで久保が本日初の質問。

　「当社は、それほど規模も大きくないですが、内部監査室を独立した部署として設ける必要があるのでしょうか。」

　「小規模の会社の場合は、必ずしも独立した部署を設ける必要はないというのが結論ではあります。2018年の上半期の例でいえば、東証一部と東証二部で上場した7社は、全社、内部監査部・監査室といった独立した部署を設置していました。しかし、マザーズやJASDAQに上場した会社については、29社中16社は独立した部署を設置していた反面、残りの13社は独立した部署を設けておらず、他部署の人員が内部監査人を兼任していました。」

　「なるほど、それを聞いて安心しました。」

　「次に三様監査について説明します。スライドをご覧ください。」

スライド3：三様監査の構造

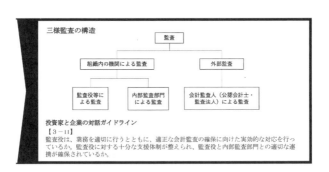

　「スライドのとおり、監査役監査、内部監査、会計監査人監査をあわせて三様監査と呼んでいます。それぞれ監査人の位置づけや根拠が法律にあるのかといった点は異なりますが、広い意味ではいずれも会社が不正を起こさずコンプライアンスを遵守して業務執行を行うことを検証するために行われるも

のといってよいでしょう。3つの監査は、人的リソース、独立性など、一定の制約があるものの、それぞれが補完し合うことで不正の防止をよりいっそう図ることができます。」

「私、将棋も趣味なんですが、それぞれの駒は異なる強さをもっていますのでお互い補い合って勝利に向かって進軍していくんですね。三様監査もこれと同じような側面があります。たとえば、内部監査は、経営者直轄の部門という位置づけですので、経営者不正の発見には限界があり、その点は監査役監査や会計監査人監査によって補われる関係にあるといえます。」

小山会計士の説明を大崎弁護士がすかさず補足する。2人は、漫才だけにとどまらず、仕事の面でもお互いを補完し合うゴールデンコンビなのだろう。

＊＊＊＊＊＊＊

「最後に、内部管理体制そのものではないですが、これと関連する話として、関連当事者取引と反社会的勢力の排除について少しお話しします。」

大崎弁護士が本日最後のトピックについて説明を始める。

「上場審査では、企業経営の健全性の観点から新規上場申請者ならびに子会社および関連会社が『関連当事者その他の特定の者』との間で、取引行為その他経営活動を通じて不当に利益を供与または享受していないかが確認されます。簡単に言えば、会社に近しい存在との間の取引は、事業上の必要性がなかったり、取引条件が妥当でなかったりして、会社ひいては株主に対して不利益を与えかねないので、きちんと検証しましょうということですね。」

「『関連当事者その他特定の者』と言われましても、なかなかイメージが湧きませんね。」

小菅が正直な感想を述べる。

「そうですね。たとえば、会社の役員の近親者は、関連当事者に含まれますが、ここでいう近親者は、二親等内の親族を意味します。スライドにするとこんな感じです。」

スライド4：二親等内の親族の範囲

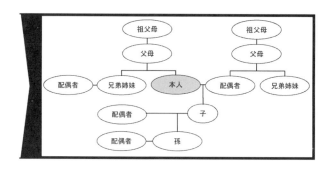

「うわ、けっこう広いですね……。」

「そうなんです。しかもこれは『関連当事者その他特定の者』のほんの一部を図示したものにすぎません。『関連当事者その他特定の者』と取引がある場合には、事業上の必要性、取引条件の妥当性を検証し、それらが認められない場合には、取引を解消しておく必要があります。」

小山会計士が続ける。

「また、反社会的勢力の排除についても上場審査上は厳しく見られるところです。過去に1度だけ取引してしまったという場合であっても、関係を解消したことを客観的な証拠を積み重ねて証明することを求められることがあります。もっとも、たとえば20年前の取引についてどこまで追いかけるのかは難しいですね。いずれにしてもパブリックカンパニーとしてふさわしいかが上場審査では細かくみられるということを覚えておいてください。」

最後に、大崎弁護士が本日の総括をはじめた。

「今日は、内部管理体制についてメインでお話しさせていただきました。ときどき依頼者の方から『これを守れば大丈夫という内部管理の方法を教えてくれ。』といわれることがあります。しかし、会社の実態によって適した内部管理体制は異なりますから、唯一無二の正解はありません。みなさんの会社に合った内部管理体制を皆さんの手で作り上げることは大変であると同時に非常にクリエイティブなことだと思います。それからこれは、内部管理体制以外も含めてですが、IPOを通じてそれまでとは異なる景色が見えてくると言われます。私は、趣味でダイビングをするのですが、潜る場所によってまったく異なる景色が見えてきます。IPOもこれと似たようなところがあり

ますね。ことIPOにおいて実際にダイビングに挑戦されるのは、皆さんの会社であり、皆さんご自身であるわけですが、私たち士業は、皆さんの水先案内人でありたいと思っています。何かお困りのことがあればいつでも遠慮なくご連絡ください。」

　Book village社の4人は、感銘を受けるとともに、大崎弁護士の趣味は一体いくつあるのだろうかという疑問が湧き上がってくるのだった。その答えは、隣でミステリアスな微笑をたたえる小山会計士だけが知っている。

＊＊＊＊＊＊＊

3　木口社長はちょっと子どもっぽいところがある

　週明けの会議室。小菅は、木口に対して大崎弁護士、小山会計士との打ち合わせの内容を報告していた。

　小菅が、関連当事者取引の解消の必要性、役員の二親等内の親族が関連当事者にあたることを説明した際、木口は、ふと頭の片隅にひっかかりを覚えた。

　小菅の説明の間中その「ひっかかり」は消えず、木口は必死に思考を巡らせる。すると、ようやくその「ひっかかり」は具体的なイメージとして結実した。

　「そうだ！　本社のスペースを相方の母親に書籍置き場として使わせているわ！　これってまずいのかな……。」

　── 小菅は、そういえば会社の一室の棚に業務に関係しなそうな生け花や日本舞踊の雑誌が並んでいるのを見かけたことがあり、いったい誰のものかと疑問に思っていたことを思い出した。

　木口のいうところの「相方」とは、事実婚のパートナーのことである。木口がビジネスの進め方において自由奔放なスタイルであることは社員一同認識しているが、プライベートにおいてもそのスタイルを貫いていることはそれほど知られてはいない。「好きだから一緒にいる。入籍する必要はない。」それが木口が30歳頃、今の「相方」である男性と知り合って導き出した結論だった。

　木口のパートナーの母親である堂島は、自らの厳しさを隠そうともしない人物であり、あふれんばかりの威厳に支えられている。そのたたずまいたるや、女性版の海原雄山といってもよいくらいである。1度木口が事実婚の挨

拶に相方とうかがった際、「必ず仕事とプライベートを両立させて、幸せな家庭を築きたいと思います！」と高らかに宣言したところ、「何をいっているの、この人は！　世の中に『必ず』などありえません。言い切れないことを宣言するのは無責任というものですよ！！！」と雷を落とされたことがあった。その後、なんとか消極的ながらも事実婚の関係を認めてもらった後も、「息子のパートナーとしてふさわしい女性になってもらわねば困ります。家庭に入らずに経営者として仕事をするのであれば、最高の経営をするように！」という理由で、Book village 社のスタートアップに際して金銭的な支援をしてくれたこともあり、木口は、堂島に対して頭が上がらない。そんな堂島は無類の本好きであり、たくさんの書籍を所蔵する自宅は、さながら図書館のようであった。それでも置き場が足りないということで、木口は、先の支援のお礼の意味も込めて、堂島に対して、Book village 社の本社の一室を書籍置き場として無償で使用させていたのであった。

　「それはもしかしたら関連当事者取引にあたりえますね。事業上の必要性は認められないでしょうし。解消を検討する必要があります。」

　── 会社創業時に支援してくれたお礼ってことでスペースを使ってもらってるのに、いざ上場するから出て行ってくださいとは言いづらいな。

　木口は少し沈黙したのち、こう言い放った。

　「スペースもほんのちょっとだし、会社の業務に支障も生じてないし、そんなの問題ないでしょ。」

　木口は、不意に立ち上がり会議室を出て行ってしまった。唖然とする小菅を残して。

　頭を抱える小菅の脳裏に、「何かお困りのことがあればいつでも遠慮なくご連絡ください。」という大崎弁護士の言葉が鮮やかに再生される。小菅が大崎弁護士の電話番号をプッシュするまでたいして時間はかからなかった。

＊＊＊＊＊＊＊

4　コナン発動── 社会の公器たる企業の経営者になるという自覚

　数日後。Book village 社の会議室には、木口、小菅、そして大崎弁護士がそろっていた。

　「大崎先生、今日は、わざわざ会社に来ていただいてすみません。」

　「副社長には前回事務所にお越しいただきましたし、これくらい全く問題あ

りませんよ。」

　小菅が、あの日、大崎弁護士に連絡して事情を話したところ、大崎弁護士は、「会社に直接うかがい木口社長と話をさせていただくわけにはいきませんか。」ということであった。小菅は、「わざわざ来ていただくなんて。」と伝えたが、大崎弁護士は、「いえ、お話を前提とする限り、今回は私からうかがう方がベターかと思います。それでは当日お会いしましょう。」と言い残して電話を切ってしまったのだった。

　「先生、はじめまして。社長の木口です。関連だか杏仁だか、当事者だか同志社だか知りませんが、私は、チンプンカンプンなんです。」

　木口は混乱しているようだ。

　「はじめまして弁護士の大崎です。副社長から少しお話は聞いていますがあらためて書籍置き場のお話をお聞かせ願えますでしょうか。」

　木口は、大崎弁護士に対して、会社の一室を書籍置き場として事実婚のパートナーの母に使わせていることについて経緯も含めて話した。

　「なるほど。そういうことでしたか。確かにお話をうかがう限り大したスペースでもないようですし、実際業務に支障も生じていないということで社長の言い分もわかります。私も事務所に仕事に無関係の趣味のゴルフ道具を置きっぱなしにして、秘書から事件記録だけでもいっぱいなのによけいなスペースをとらないでくださいよ！　なんていびられる始末ですよ。ハッハッハ。」

　豪快に笑い飛ばした大崎弁護士につられてそれまで気乗りしない表情を浮かべていた木口も笑い出す。

　──話がわかる弁護士だ。小菅くんが少し過剰に反応しただけで大した話じゃなさそうね。

　「先生、私も最近ゴルフをはじめて、先日コースデビューしたのですが、スコアがひどくてですねぇ……。」

　「木口社長。」

　大崎弁護士がおだやかながらも底知れない声で呼びかける。同時に、それまでニコニコしていた大崎弁護士の眼光の鋭さが不意にギアチェンジした。いや、正確には謎を解いているときの名探偵コナンばりに眼鏡自体が発光しているようであった。

　「顧問弁護士でもない身で恐縮ですが、私の考えを今から申し上げます。IPOを成功させるのに魔法はいりません。しかし、社会の公器たる企業の経営者になるという自覚が必要です。これまでは創業者として、どこか会社が自分のものだという感覚がおありだったかもしれません。しかし、多くの一般株主を有する上場企業となる以上は、もはや会社はあなただけのものではないのです。上場審査では株主の利益を保護する観点から申請会社が事業を公正かつ忠実に遂行しているかが厳格にチェックされます。未上場の企業ならともかく、上場企業という公益的な存在を背負って立つべき方が甘い判断をしてはならないと思います。公正に事業を行っているか疑義のある会社、株主の利益を損なうおそれのある取引を解消しパブリックカンパニーとしての決意を示した会社では、どちらが信頼に足る会社だと思われますか？」

　一気に語り終えると、大崎弁護士の眼鏡は発光をやめ、幽体離脱していたいつもの愛嬌ある表情が戻る。

　「少し出すぎたまねをしたかもしれません。しかし、社会は、経営者のことをよく見ています。経営者の『この程度なら許されるだろう』という気持ちが上場失敗を招いた例をいくつも見てきました。木口社長にはそのようなことになってほしくはないですから、あえて少し厳しいことを申し上げたつもりです。」

　木口は、あっけにとられて少しの間、大崎弁護士の眼鏡を見つめ、物思いにふけっていた。

「おはずかしい話なんですが、相方の母には創業時に支援してもらった手前、解消の話は切り出しづらくて。当時、女性がベンチャー企業でハードに働くことについては、批判もありました。相方の母は、日本舞踊の教室なんかを運営したりしていて、女性がビジネスをする大変さを実感しているのだと思います。だから、口では厳しいことは言っていましたが、金銭的な援助もしてもらいましたし、応援してくれているのだなと内心思って感謝しているんです。でも、そのことを重視するあまり、つい上場会社に生まれ変わる会社の代表として間違った方向へといきかけていたかもしれません。相方の母には解消の方向で話をしてみます。やはり経営者が襟を正さないと、後に続く社員はいないってことですね。」

木口は、それまでのキリっとした顔を崩し、いたずらっ子のような少しあどけない表情で笑う。

── 木口は子供っぽいところがある反面、こういう肝心なときには社長としての堂々たる姿を見せつけてくれる。だからなんだかんだいいつつもこの人についていきたくなるんだ。

小菅は、Book village 社の創業時に情熱的に会社のビジョンを語る木口が舞い戻ってきたようで嬉しかった。

＊＊＊＊＊＊＊

5 木口 VS. 堂島──神楽坂の決戦

翌日。木口は、相方の母である堂島を説得するために神楽坂に来ていた。堂島の自宅は、神楽坂の大通りから迷路のような細い路地に入り、石畳の道を進んだ先にある日本邸宅である。木口は、この日は唯一持っている着物に身を包んでいた。これが本当の意味での一張羅というやつだ。

── あの厳格な相方の母親がどんな反応をするかはわからないけれど、私は自分の決意を示して誠心誠意お願いをするだけね。それ以外のことは後で考えることにしよう。

堂島が、玄関に現れる。

「突然いらっしゃったけど、用件はなんですか。」

木口は、堂島のすごみのある声に少しだけ圧倒されるも、Book village 社のスペースを堂島に使わせていることが関連当事者取引にあたる可能性があること、事業上の必要性のない取引は解消しなければならないことについて

順を追って説明する。

「創業時に支援してもらっておきながら、ぶしつけなお願いになってしまうことは申し訳ないと思っています。でも、今の自分にとって上場はどうしても成し遂げたい夢なんです！　上場するためには、それに見合う経営者にならなければなりません。今日は、義理の娘じゃなく、未来の上場企業の経営者としてここに来ました。どうかお願いします！！」

木口は、きれいな姿勢で深々と頭を下げる。かの「カノッサの屈辱」の際、ローマ王ハインリヒ4世は、雪が降る中、3日間教皇に赦しを願ったというが、木口は、今の自分にならそれができると本気で思った。

しばらくの間は沈黙が場を支配した。

その後、

「馬鹿者！！」

堂島の雷が発動。もしここにちゃぶ台があれば、確実にひっくり返っているはずだ。会社経営者としてさまざまな修羅場をくぐり抜けてきた木口も身を縮こませる。やはりだめだったか……。すると堂島から意外な言葉が続く。

「私がその程度のことで怒るとでも思っていたのですか！　この私もなめられたものですね。はじめてあいさつに来たときは世間知らずのお嬢さんでしたけれど、ようやくあなたも経営者のはしくれとしてものを申すようになったというわけね。大馬鹿者が馬鹿者になったからといって大して変わりませんが、あなたも少しは成長したようね。」

意外な言葉に驚きを隠しきれない木口と目を合わせずに堂島は続ける。

「明日使いの者を遣わします。明後日には書籍はきれいに片づいていますよ。」

歓喜の表情を浮かべる木口。

「経営者としては上場してからが本当の勝負所でしょ。日本で、女性が上場企業の社長としてやっていくには大変です。令和の時代は、女性の活躍がもっと期待される時代ですから、みんなのロールモデルとなれるように精進なさい。社会は決して甘くありませんよ。」

堂島は階段を上がり自室へと戻ろうとしたが、不意に振り返る。

「言い忘れましたが、同じ女性経営者としては、馬鹿者には馬鹿者なりに期待しています。」

そう言い放つと、堂島の姿は見えなくなった。

木口は、怒涛の展開に少し疲れて上がり框にへたり込んだ。しかし、それは決して嫌な疲れではなく、爽やかな疲れだった。

　── あの厳格な相方の母親が私が成長したと言ってくれたことにびっくりした……そのことは素直に嬉しい。でも、小菅くんや大崎弁護士といった周りの人間に気づかせてもらって頭を下げることができた私はまだまだね。ただこの長い道のりを最後まで走り切ったときには、どんな自分に変わっているのか、期待すら感じる。

　木口は、まだわからないことだらけだが、ともかく今は自分を信じてくれる仲間たちとともにこの道のりをひたすら突っ走りたいという情熱が自分の奥深くでたぎっているのを感じていた。

●解説

Ⅰ　規程類の整備

　上場に向けた内部管理体制の整備にあたって、まずは、規程類を作成し、当該規程類に従った業務運用を行う必要があります。規程類の整備方法については、一般的には以下の流れにより行われます。以下では、各ステップにおける留意点等について説明します。

規程類整備の流れ

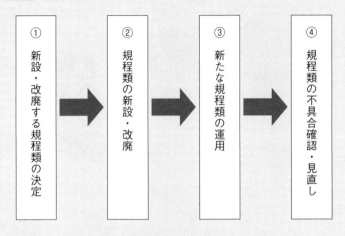

① 新設・改廃する規程類の決定 → ② 規程類の新設・改廃 → ③ 新たな規程類の運用 → ④ 規程類の不具合確認・見直し

1　新設・改廃する規程類の決定

　上場にあたっては、社内規程が整備され、当該規程に従って運用がされていることが求められます。

　社内規程については主に、①基本規程、②組織関係規程、③業務関連規程、④経理関係規程、⑤人事関係規程、⑥総務関係規程および⑦コンプライアンス規程の7種類に分類することができ、各分類に該当する一般的な規程については下記の表に記載のとおりです。

　もっとも、上場にあたっては、下表に記載のすべての規程の整備が必要とされているわけではなく、会社の規模や業種によって必要とされる規程が整備され、当該規程に基づいて運用が行われていれば足ります。したがって、各会社では次頁の表に記載の規程を参考に、何をルール化する必要があるのかを検討したうえで、具体的に新設または改廃（以下「新設等」といいます）する規程を決定する必要があります。

規程の種類	具体的な規程
基本規程	定款、取締役会規程、監査役会規程、株式取扱規程
組織関係規程	組織規程、職務分掌規程、職務権限規程、稟議規程、関係会社管理規程
業務関連規程	購買管理規程、生産管理規程、販売管理規程、外注管理規程、与信管理規程、内部監査規程
経理関係規程	経理規程、原価計算規程、予算管理規程、棚卸資産管理規程
人事関係規程	就業規則、人事管理規程、人事考課規程、給与規程、出向規程、旅費交通費規程、役員退職慰労金規程、従業員退職金規程、慶弔見舞金規程、育児介護休業規程、社内貸付金規程
総務関係規程	固定資産管理規程、印章管理規程、規程管理規程、文書管理規程、車両管理規程
コンプライアンス規程	コンプライアンス管理規程、リスク管理規程、内部通報規程、個人情報管理規程、インサイダー取引防止規程

2　規程類の新設等

　新設等を行う規程類が決定した場合には、具体的な規程の内容について検討し、新設等の手続をとっていくことになります。

　役員および従業員は、当該新設等された規程類を遵守して業務を行っていくことになるため、規程類の新設等を行うにあたっては、規程類で規定される内容が会社の業務実態と適合しており、実際に運用可能であるものかという視点を持つことが肝要です。

　もっとも、現在の会社の業務実態に一致した規程類の新設等を行うことに固執する必要はありません。そもそも、現在の会社の業務実態が内部統制の観点から問題がある場合や業務の効率性の観点から業務手順を変更した方が望ましい場合には、規程類の新設等にあわせて業務方法自体を変更するよう対応が必要となります。

3　新たな規程類の運用、見直し

　規程類を新設等した場合には、当該規程類に基づいて運用を行っていくことになります。上場審査では、規程に定められたとおりの業務の運用が実施されているかが確認されますので、一定期間ごとに規程類の遵守状況や問題点の有無等をチェックし、何か不具合が生じている場合にはすみやかに見直しをする

ことが必要となります。

　規程類については、運用と見直しを繰り返すことにより完成度が高いものになっていくため、規程類の運用期間については一般論としては長い期間確保することが望ましいといえます。上場審査との関係では、一般的に1年以上の運用実績が求められることもあるため、少なくとも直前々期（N-2）に入るタイミングまでには上記1および2の作業を完了させて、運用をスタートさせることが望ましいといえます。

Ⅱ　内部監査体制

1　内部監査の概要

　内部監査とは、内部監査人が、企業の経営活動の効率性および内部牽制機能を確保するにあたって必要となる内部管理体制の運営状況や社内規程の遵守状況等について検証する仕組みをいいます。

　そのため、内部監査は、従業員の日常的な業務の遂行が法令や社内規程等に従ったものであるか否かを検証する業務監査および内部統制システムの運用状況を検証する内部統制監査に重点が置かれることになります。

　内部監査は一般に社長直属の部署または担当者が実施しますが、その組織上の位置づけから経営トップの不祥事等の発見・是正は難しいことから、取締役会や監査役・監査役会にも監査結果を報告する体制が望ましいとされています。

2　独立性の確保

　内部監査はいわゆる3線ディフェンスの第3線に該当しますので、その監査対象からの独立性が求められます。3線ディフェンスとは、第1線のディフェンス（業務執行によってリスクテイクを行う事業部門自らによるリスク管理）、第2線のディフェンス（第1線のリスクテイクに対するモニタリングを通じた管理部門によるリスク管理）および第3線のディフェンス（第1線、第2線から独立した立場の部門が第1線、第2線のリスク管理が経営陣の期待に沿ったものとなっていることを保証）を内部統制システムとして導入・運用することをいいます。内部監査が第3線として有効に機能するためには、内部監査が客観的に行われる必要がありますので、監査対象である第1線（事業部門）および第2線（管理部門）からの独立性が実質的に確保されていなければなりません。

3　三様監査

　監査役等監査、会計監査人監査および内部監査部門による内部監査を総称して「三様監査」といいます。3つの監査はそれぞれ達成すべき目的が異なりま

すので監査対象も同じではありませんが、監査過程および監査結果が相互に関連しますので、三様監査全体の実効性を高めるために、三者が密にコミュニケーションを図って連携することが求められます。

　具体的には、内部監査部門は、監査役等との間で、監査の有効性および効率性向上に向けて、監査計画、監査方法、監査実施状況等の情報共有を行い、それぞれの監査への活用を図ることが望まれます。

　また、会計監査人との間では、内部監査部門は、業務プロセスの監査等において、両者の役割分担を明確にして監査の効率化を図るなど、内部統制監査を中心に連携を行うことになると考えられます。

4　関係会社に対する内部監査

　内部監査の対象は、上場申請企業だけではなく、その関係会社も含まれます。関係会社に対しても毎年内部監査を実施することが望ましいといえますが、関係会社が多数存在するなどそのすべてを対象とすることが困難な場合などには、関係会社の重要性やリスクの程度に応じて、複数年で計画的にローテーションを組んで実施することも考えられます。

5　上場審査上の留意点

(1)　一定の運用期間の確保

　上場審査においては、上場申請企業グループの内部監査体制が、適切に整備・運用されているか確認されます。その際には、上場後と同程度の水準の内部監査を1年程度実施したという運用実績が求められますので、早期に内部監査体制を整備する必要があります。

(2)　内部監査の体制

　内部監査は、経営者自身が会社財産の保全や適法かつ効率的な業務運営を担保するために行われるものであるため、内部監査部門として独立した部門が実施することが望ましいとされています。

　もっとも、会社の規模や業種・業態、成長ステージ等によっては独立した部門による内部監査が効率的ではないときもありうるため、そのような場合には、独立した内部監査部門を設けずに、管理部門・営業部門などから内部監査人として適切と考えられる者を兼任者として任命して内部監査を行うこととなります。

　また、内部監査業務をアウトソーシングすることも考えられますが、この場合には委託先に内部監査業務を任せっきりにせず、経営者等が主体的に関与していることが求められます。

⑶　内部監査人の独立性

　上場審査では、内部監査が公正かつ独立の立場から実施可能な体制が構築されているか否かについて確認がなされます。具体的には、内部監査部等、内部監査の専門の組織を有する場合には、当該組織が特定の事業部門に属していないかが確認されます。また、専門の組織を有さずに内部監査を担当する人員を定める場合には、当該担当者の属する部門に対する内部監査が自己監査とならないよう手当てされているかが確認されます。

⑷　PDCAを意識した内部監査

　上場審査では、内部監査が一連のプロセスを経て適切に実行されているか否かが確認されます。すなわち、内部監査が、監査計画の立案・内部監査の実施・監査結果の報告及び指摘事項の改善というサイクルで運用されていることが求められます。

Ⅲ　関連当事者等との取引

1　関連当事者等の把握

　まず会社にとっての関連当事者その他特定の者（以下「関連当事者等」といいます）を把握することが対応の出発点となります（なお、ここでいう「会社」とは、連結財務諸表上は連結財務諸表作成会社および連結子会社をいい、個別財務諸表上は財務諸表作成会社をいいます）。

　関連当事者とは以下の法人または個人をいい、その範囲は広範にわたります。

関連当事者の範囲

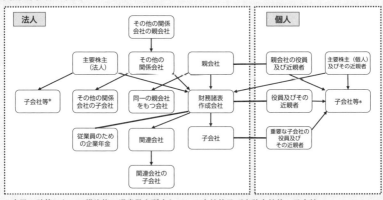

＊自己の計算において議決権の過半数を所有している会社等及び当該会社等の子会社

　なお、関連当事者となる法人には、会社だけでなく、組合その他これらに準ずる事業体が含まれます。その場合、業務執行組合員が組合の財務および営業または事業の方針を決定しているときには、「議決権」は「業務執行を決定する権限」と読み替えることになります。

(1)　主要株主

　「主要株主」とは、保有態様を勘案した上で、自己または他人の名義をもって総株主の議決権の10%以上を保有している株主を意味します。

(2)　役員

　「役員」は、取締役、会計参与、監査役もしくは執行役またはこれらに準ずる者を意味します。ここでいう「準ずる者」とは、相談役、顧問等、会社内における地位や職務等からみて実質的に会社の経営に強い影響を及ぼしていると認められる者を意味します。役員を退任している創業者であっても、実質的に会社の経営に強い影響を及ぼしていれば、上記「準ずる者」として「役員」該当性が認められる場合があります。会社法上の「役員」よりも広い概念である点は留意が必要です。

(3)　近親者

　「近親者」とは、二親等内の親族を意味します。なお、近親者が議決権の過半数を自己の計算において所有している会社およびその子会社も関連当事者の範囲に含まれます。

(4)　重要な子会社の役員

　「重要な子会社の役員」における「重要な」は「子会社」ではなく、「役員」にかかります。すなわち、子会社の役員であって、会社グループの事業運営に強い影響力を持つ者がいた場合、その者のことが「重要な子会社の役員」にあたるというわけです。

(5)　その他特定の者

　「その他特定の者」とは、「関連当事者」には含まれないものの、企業グループと人的、資本的な関連を強く有すると考えられる者を意味し、いわゆるバスケット条項的な考え方が採用されています。

2　関連当事者等との取引を解消するかの検討

　関連当事者等を把握した場合、次に行うべきは、関連当事者等との取引を解消するかの検討です。①取引の合理性（事業上の必要性）および②取引条件の妥当性の2つが認められない場合には、投資家に対して説明のつかない取引であるといわざるをえず、取引の解消を検討すべきです。

① 取引の合理性（事業上の必要性）が認められないケース
　(i) 申請会社の事業計画・営業戦略等に合致しない不動産（例えば、小売業における継続的赤字店舗）を関連当事者等から賃借しているケース
　(ii) 関連当事者等から営業（仕入）取引を行っているものの、当該関連当事者等を取引に介在させる合理性（事業上の必要性）が認められないケース
　(iii) 関連当事者等と会社との間で多額の金銭貸借を行っているケース

② 取引条件の妥当性が認められないケース
　(i) 申請会社のビル等の空きスペースを関連当事者等の個人事業に無償貸与していたケース
　(ii) 会社資産を関連当事者等に売却をする際、時価と簿価に相当の差異が生じていた（時価が簿価を大幅に上回っていた）にもかかわらず、明らかに割安な簿価で売却したケース
　(iii) 取引の開始や更新時等において、相見積りの実施（営業取引の場合）や類似不動産の賃借条件の調査（不動産賃借取引の場合）等、取引条件の妥当性についての確認を十分に行っていないケース
　(iv) 保険の名義を会社から経営者に書き換え譲渡する際に、譲渡価額が単に譲渡時点の解約返戻金額とされており、十分な検討がなされていないケース

Ⅳ　IPOを目指す企業の経営者の心がまえ

　関連当事者等との取引解消の視点として重要なのは、「公の会社になっていく」という視点です。最近の上場審査でも、①勤務実態のない社長の親族に対して毎月給与または業務委託費を支給していた、②社長が親族の企業に利益を誘導していた、③会長が使用する交際費に、適切なチェックが働いていなかったなど、プライベートとパブリックを混同してしまったがために上場に至らなかったケースが多く見られます。私企業の状態であれば、会社の財布＝オーナーの財布で通ったかもしれませんが、上場企業になると、オーナーの得＝一般株主の損という利益相反関係が生じます。株主に平等に分配されるべき利益がオーナーだけの利益になってしまっていないか、またはそのように疑われることをしていないか、経営者自身が襟を正す姿勢が重要です。

IPOは各部署の説得が命！

1　上場準備室にて

　ある朝、太田が出勤すると、望月が何かの書類とにらめっこしていた。端正な顔立ちゆえ、眉間のしわさえも美しく、太田は同性ながらしばし見惚れてしまった。

　「おはようございます。望月先輩、どうされたんですか？」

　「あら、おはよう。」

　望月は、書類から目を上げ、少し驚いた様子で朝のあいさつを返す。太田が出勤してきたのに気づかないくらい集中していたらしい。

　「Sugar監査法人からのショートレビューの結果を改めて見直していたのよ。分かっていたことだけど、やっぱり業務管理体制、会計制度、人事・労務管理体制の不備に関する指摘が多くてね。それに伴って、社内規程の整備状況も悪いの。内部管理体制の整備とか一部の規程整備については既に完了しているけど、その他についてどうやって進めていこうか考えていたところなのよ。」

　「ショートレビューって、会社の現状をふまえて上場に向けて解決すべき問題点を抽出して、改善策とかを提案してくれるものでしたよね。具体的にどんな問題点について指摘されていたんですか？」

　望月は、太田にショートレビュー報告書のコピーを一部手渡しながら続けた。

　「当社みたいな転職マッチングサービスを主力業務とする会社では、商品の売買よりも、広告宣伝費が一番大きくお金が出ていく費目になるけれど、たとえば、いくらまでであれば、誰の権限で決裁できるのか、決裁にあたってどういった資料を添付する必要があるのか、そもそも何が広告宣伝費となるのかといった社内ルールが整っていないのよね。」

　「確かにそういったルールがないと、取扱いがまちまちになりますね。というか、今までルールがなくて良くまわってましたね。」

　「実際には、ルールはあるもののそれが文書化されていないだけという場合もあるわね。でも、文書化されていないと、担当者が代わったときの引継ぎに時間がかかったり、太田さんが言ったように取扱いがまちまちになったりして、効率が悪いうえに、組織的な業務運営を行うことはできないわよね。それに、これまではたまたま運よく大きな事故になっていないだけということもあるかも。」

太田は、これといった不安もなくBook village社に勤めてきたが、実は会社にはリスクがひそんでいる可能性があることを知り、無知は怖いなと改めて思った。

「業務管理体制の整備って具体的にどうやって進めるんですか。」

望月は別の紙を太田に手渡した。

「大きく４つあるけれど、まずは現状分析をするためにフローチャートを作る、そして業務改善のためのチームも作る、そのうえで、業務管理方法の問題点を洗い出して改善点を考える、最後に改善したあるべき業務の流れをまとめたフローチャートを作って社員にそれに沿って業務を行ってもらう、こんな感じかな。」

「これって、もちろん私たちだけでやるわけじゃないですよね？各部署にも協力してもらわないとできないですよね。」

「もちろんそうよ。業務改善のためのチーム……まぁうちの場合はそんなに規模が大きくないから、チームを作るまではいかないけど、部署ごとに１～２名、担当者を置く予定よ。太田ちゃん、戦支度しといてね。」

「い、いくさ？　戦うんですか！？」

「ふふ。今にわかるわ。とにかくその心づもりで！」

2 営業部とのバトル

あれから、望月と太田は各部署の協力を得つつ、現状の業務のフローチャートを作成した。特に営業部の管理体制がずさんであったことから、望月はまず営業部から取りかかることにした。

営業部では、部長の赤井が業務改善担当者に指名された。社長命令ゆえ、逆らえなかった赤井はしぶしぶ上場準備室からの依頼に応じていた。

本日の上場準備室との会議も忙しい中設定され、赤井は始まる前から少々いら立っていた。

会議室へ向かって歩きながら、赤井は、自ら業務改善担当者に指名した青島に向かって愚痴った。

「何もこの忙しいときに会議入れる必要ないよな、まったく……。」

「まぁまぁ、赤井さん。穏便にいきましょう。」

　2人が会議室に入ると、既に望月と太田が座っていた。

「お疲れさまです。本日はお忙しいところありがとうございます。」

望月があいさつした。

「早速ですが、先日ご協力いただいてまとめたフローチャートなんですが、見たところだいぶ管理が甘いと思われます。こちらの方で問題点を抽出し、また改善点をいくつか考えてきたのでワークするものか、見ていただきたいと思います。また、赤井部長が普段業務をされていて、問題とお考えの点がありましたら、ご指摘ください。」

　赤井は黙って望月から出された資料に目を通した。

「これ、どれも工数が増えてますけど、もともと営業って忙しいんですよ。こんなフローでは仕事が回りません。はっきりいって無理です。」

「いや、頭ごなしに否定なさらず、具体的にどこがどう無理なのか説明していただけますか。現状の管理体制のままでは問題がありすぎて、IPOできないんです。」

　これに対して、会社の成長のために営業活動に勤しんでいる赤井は、不満を隠しきれずに、望月に回答した。

「IPOするには、まず売上が重要ですよね。そのために私たち営業部は毎日遅くまで働いています。そのおかげでこの会社が急成長したんです。そして、今までの体制で問題なくやってきました。何が問題なんですか。これ以上、私たち営業の手間を増やさないでもらいたい。これまでも、いろいろと

依頼されて通常業務に支障をきたしているんです。数字に追われずのんびりやっているあなたたちとは違うんですよ。」

険悪なムードに、青島も太田も固唾を飲んだ。

軽く深呼吸した後、望月は答えた。

「業務管理体制の整備は、上場審査において、会社が上場企業として相応しいか否かにかかわる大事な項目なんです。事業が継続性・収益性があるか、健全な経営が行われているか、内部管理体制が有効に機能しているかなどの審査項目のすべてにかかわります。

たまたまこれまではトラブルもなく業績を伸ばしてこられましたが、ビジネスリスクに対して十分にリスクコントロールできる体制が整っているとお考えですか。

また、業務改善することによって、業務を効率化して利益を最大化することも期待できるんです。悪いことばかりではありません。

工数が増えることによって負担が増える面もあるのは理解していますが改善は必要です。この会社にとって何が最善のフローか話し合いを重ねたうえで、現場の皆さんに負担が少ない形で、改善していきたいと考えています。そのためにもぜひ協力してください。」

望月は冷静に、しかし、饒舌に語った。

赤井と望月は互いを見つめたまま、どちらも目線を外さなかった。会議室には沈黙が流れた。太田は赤井と望月の顔を交互に見ながら、どちらかが口を開くのをじっと待った。

「わかりました。」

ようやく赤井が口を開いた。

「業務改善がIPOのために必要であることはわかりました。いただいた資料は拝見して、こちらでも検討しますので、実質的な話し合いは次回ということでよいですか。」

「わかりました。」

営業部との会議からの帰り道、太田は望月に言った。

「戦ってこういうことだったんですね。」

「そう。業務フローの改善って現場にしてみれば面倒以外の何物でもないか

165

ら、協力してもらうのに説得が必要なことが多いのよ。赤井さんは売上命の
人だから、今日1回では済まないとは思うわ。まだ始まったばかりよ。がん
ばりましょう。」

3　ラーメン屋でのプチバトル

　太田は疲弊していた。業務管理体制の整備は想像以上に作業量が多く体力
がいるものだった。それに加え、各部署との交渉（戦）のおかげで神経もす
り減っていた。ある日の夜、空腹に耐え兼ね、業務を切り上げて帰宅しよう
と会社を出たところ、営業部の黄瀬に声をかけられた。
　「太田さん、今帰りですか？」
　黄瀬は中途入社した1つ下の後輩だった。おとなしい子だったが歳が近い
せいか、なぜか太田になついていた。
　「あ、黄瀬くん。お疲れ。もう限界で。お腹もすいたし、帰ろうかと思っ
て。」
　「じゃあ、いっしょに軽くご飯食べません？」
　「いいね。いつものところにしよっか。」

　2人は会社近くの家系ラーメン屋のカウンターに座って、生ビールで喉を
潤した。

「最近そんなに忙しいんですか？」

「うん。上場準備ってやっぱり大変ね。上場準備室に配属になったときはIPOってカッコよくて、華やかなイメージがあったんだけど、結構、地味な作業が多いの。あ、でも望月先輩は頼りになるしカッコいいし、すごく勉強させてもらってる。」

「そうなんすね。あー、そういえば、この間、きちんとタイムカード打刻しましょうってアナウンスあったじゃないですか？　あれもIPO絡みですか？」

「うん、そうだよ。」

「あれ、正直面倒なんですよね。周りもほとんどまじめにやってないし。」

「え、なんで！？」

「はい、おまち〜。」

ちょうどラーメンが運ばれてきた。

「伸びちゃう前に食いません？」

太田も空腹には勝てず、先にラーメンを食べることにした。

太田は、最後の麺をすすり、スープを一口飲んだところで、先に食べ終わっていた黄瀬に再度質問した。

「で、なんで、タイムカード打刻しないの？」

「だって、うちって基本給に残業代40時間分含まれているじゃないですか？だから、タイムカード打刻しても、残業代が増えることもないし、単に面倒が増えたぐらいにしか思ってませんよ。」

「ダメ、会社はきちんと従業員の勤怠時間を把握しないとならないの。そのためのタイムカードなの。適当にやられちゃ困る。上場審査でも労務管理は厳しく審査されるんだよ。」

「そういわれても、いまいち強制力がないというか。それに上場、IPOっていわれても何かピンと来ないんですよね。」

「黄瀬くんってストックオプションもらってるでしょ？」

「あー、なんかありましたね。」

「会社の業績があがればストックオプションを行使できて、会社の株がもらえるよね。今は、会社の株をもらってもお金に換えられないけど、上場していれば、お金に変えられるんだよ。」

「なるほど。」

「それに、黄瀬君が頑張って、上場時の会社の価値をあげるほど、黄瀬君が

得られるお金も増えることになるから、頑張ろうよ！」

　「まぁそういうふうにいわれると少しはやる気、出るかもしれないですね。」

　太田は、黄瀬と別れた後、上場をするためには社員全員が一丸となって目標に向かっていく必要がある、まだまだやるべきことは沢山あると、再認識しながら帰路についた。不思議なことに、会社を出たときの疲れは嘘のように軽くなっていた。

4　上場準備室にて

　翌日、太田は出社するなり、望月に昨晩の黄瀬との会話について報告した。

　「想定の範囲内のことね。特に若手には上場の意義とか理解していない人が多いと思うわ。そのうち、社長から全従業員向けに話してもらう機会を設けなきゃと思っていたところよ。」

　太田は、望月先輩は何でもわかっているんだな、と尊敬の念を改めて抱いた。

　「あ、太田ちゃん、労務関係のこの間の全従業員向けアンケートの結果が返ってきてるわ。目を通して意見集約しておいてくれる？」

　「望月先輩、けっこういろんな意見がありますね。産休育休制度をもっと充実させてもらいたいというものから、リモートワークの導入の希望もあります。」

　「確かに、いろいろあるわね。最近は働き方も色々変わってきているからね。実際に導入するとなったら規程の整備も大変だわ。」

　「いつもお願いしている社労士さんにお願いすることになるんですかね。」

　「いや、最近は働き方改革で労働法の改正がなされているし、単に規程を作るだけじゃないから、今回は大崎先生とか弁護士にもアドバイス求めた方がよいかもしれないわね。ほかにも専門家にお願いしなきゃいけないことは出てくるかもね。」

　「なるほど、そうですね。専門家ということは小山先生とか外部の会計士にもお願いをするんですよね？」

　「そうね、会計制度の整備とかについても、外部の会計士に相談することはあるとは思うけど、うちには久保さんも私もいるから、私の方で久保さんと相談しつつ進めることも多いかもしれないわね。」

「この会社は望月先輩が入ってくださって、ラッキーですね！　それにしても、まだまだ上場までの道のりは長いですね。やることが多くて本当に上場できるのか不安になってきましたぁ……。」

「1つひとつ目の前のことをこなしていけば大丈夫。あきらめないで食らいついていく姿勢が重要よ！」

●解説

Ⅰ　業務管理体制の整備

　業務管理体制が整備されていることは、上場企業としてふさわしい会社の大前提の条件といえ、上場準備においてとても重要なポイントになります。また、以下に説明するとおり、業務管理体制の整備においては、通常の業務を行っている担当者へのヒアリングを実施し、場合によっては現場の担当者に対して作業を依頼するなどのプロセスを踏むため、時間と労力を費やす必要がある項目でもあります。

1　整備の流れ

(1)　現状の業務の文書化

　業務管理体制の整備とは、業務上の不正やミスが発生しやすい工程がないかなど、現状の問題点を洗い出し、それを改善する作業です。そのため、まず、業務の流れを可視化する作業から始めます。具体的には、通常の業務を行っている各部門の担当者へのヒアリングを実施し、その結果をもとに現状の業務記述書、フローチャート及びRCM（これら3点の書類は総称して「内部統制3点セット」とよく呼ばれます）を作成します。

　業務記述書とは、各業務のプロセスについて、いつ、誰が、どこで、何を用いて、何をするかを業務の流れに沿って記述することで、会社の業務手順を可視化する書類です。

　フローチャートとは、上記業務記述書で整理された業務手順を図で記載した書類です。図で業務の流れが示されるため、一目で業務手順が理解できます。

　RCMとは、リスク・コントロール・マトリックスの略称であり、「業務手順の中で財務報告に係るリスクを特定したうえで、当該リスクに対応する統制（コントロール）を一覧にした書類のことです。リスクが内部統制によりどのようにコントロールされるのかが明確になります。

　ヒアリングにおいては、業務の順番に沿って質問をすることが望ましいです。また、業務管理方法の見直しのポイントとなる下記の表の5W1Hを意識

して質問すると、その後の業務フローの改善の作業がより効率的かつ有効なものとなります。

業務管理方法見直しのポイント

When	どのタイミングで管理するのが適切か
Where	どの部署で管理するのが適切か
What	管理をするツールが適切か
Why	なぜ管理する必要があるのか（リスクは何か）
Whom	誰に権限を与えるのが適切か
How	どのような管理方法が有効かつ効率的か

(2)　業務管理方法の見直し

　業務フローを把握したら、次は、現状を分析し、より良い業務管理方法となるよう見直す作業に入ります。この見直しのプロセスにおいては、各部署の業務に精通した担当者と共に作業することが望ましいため、会社の規模によっては、プロジェクトチームを立ち上げることもあります。

　見直しにあたっては、上記(1)の見直しのポイントとなる5W1Hを意識することが大事になります。たとえば、1つ目の「When」は、業務の実施前に管理すべきか（事前統制）、実施後に管理すべきか（事後統制）の検討になります。一般的には、重要性の高い業務やリスクの高い業務については、業務の実施前に上長の承認を要することとする等、事前統制とすることが望ましいといえます。一方、多くの業務について事前統制を実施すると、業務が停滞してしまうといった弊害もあります。各業務の内容に応じて、どのタイミングで管理するのが適切かを検討して、業務フローを見直していくことが重要です。

(3)　業務の改善、運用

　最後に、業務管理方法の見直し作業の結果を元に、新しい、改善された業務記述書、フローチャートおよびRCMを作成します。

　そして、この改善された業務フローに基づいて、各部署に業務を運用してもらうことになります。改善後の業務フローでは、従前は作成する必要のなかった書類を作成しなければならない、従前は各担当者の判断で進められた業務が上長の承認を得なければならないなど、担当者の手間が増えることもあります。そのため、各部署より後ろ向きな反応があることもあり、管理部門による説得が大切になります。そして、管理部門だけが矢面に立たされないよう、経営者からも各部署に上場の意義や上場準備の重要性を説明することが必要で、特に社長からのトップメッセージがきわめて重要と考えられます。

　なお、業務管理方法の見直しは1回限りの作業ではありません。改善した業

務フローを運用してみたところ、実務上、機能しないということもあります。また、会社が成長するにつれ、新たな業務が発生することもあります。そのため、業務管理方法は定期的な見直しが必要になります。

2　主要業務の管理のポイント

　以下では、販売管理、購買管理、在庫管理の3つの主要業務における管理上のポイントを説明します。

(1)　販売管理

　販売管理は、受注、販売、債権管理、与信の4つの主要業務に分けることができます。各業務の重要な管理上のポイントは下記の表のとおりです。

販売管理のポイント

受注業務	①　取引先の取引可否を審査する ②　受注内容を事前に承認する ③　受注内容および納期を関連部署と共有する
販売業務	①　受注内容に基づいて関連部署に指示をする ②　証憑と整合する金額、適切な時期に売上処理する
債権管理業務	①　すべての受注について請求書が発行される体制を整える ②　売掛金残高を適切に把握する体制を整える ③　未入金や遅延を把握し、回収策を講じる
与信業務	①　新規顧客について与信枠を設定する ②　既存顧客について与信枠を定期的に見直す ③　与信超過の有無について適時に把握する体制を整える

(2)　購買管理

　購買管理は、発注、購買、支払いの3つの主要業務に分けることができます。各業務の重要な管理上のポイントは下記の表のとおりです。

購買管理のポイント

発注業務	①　稟議書により発注を承認する ②　注文書により発注する ③　発注単価を常に見直す
購買業務	①　発注書、現品および納品書を照合する ②　証憑と整合する金額、適切な時期に仕入処理する
支払業務	①　納品記録と請求書を照合する ②　支払先ごとに支払条件を書面で合意しておく

(3)　在庫管理

在庫管理は、継続記録、現物管理の2つの主要業務に分けることができます。各業務の重要な管理上のポイントは下記の表のとおりです。

在庫管理のポイント

継続記録	①　管理単位を決定する ②　受入れから払出しまで継続的に記録する
現物管理	①　棚卸実施計画および棚卸要領を作成し、棚卸を実施する ②　在庫の配置を決定する ③　廃棄制度を整える

Ⅱ　人事・労務管理制度

人事・労務管理も、上場審査における重要な審査項目になります。労働に係る法令を遵守していない会社は、継続性や健全性が不安定であり、上場会社としてふさわしくないと考えられるからです。そのため、上場準備の過程において、人事・労務管理制度を整えることはとても重要といえます。人事・労務管理制度については**第12章**において詳しく解説します。

Ⅲ　会計制度の整備等

1　会計制度の整備

未上場会社では、法人税法等の規定を中心とした税務会計に基づいた会計処理が行われているケースが散見されますが、株式上場を目指す場合には、一般に公正妥当と認められる会計基準に準拠した会計処理を行う必要があります。また、上場会社においては一定期間内に決算を完結させ、開示書類を作成することも求められます。そのため、会社の実態を適切に表す開示書類を早期に作成できる体制を整備することが必要となります。

(1)　企業会計基準に従った会計処理

未上場会社では、税務会計に基づく決算が行われているケースが散見されます。税務会計が課税の公平性を目的とした課税所得計算の方法として定められているのに対し、一般に公正妥当と認められる会計基準は適切な期間損益計算等を目的として定められているため、両者では会計処理が異なる場合があります。株式を上場するということは、投資家からの投資の対象となるということであり、株主や投資家など外部の利害関係者に対して企業の経営成績と財政状態を適切に報告する責任が生じることとなります。課税の公平性を目的とした

税務会計に従った会計処理では企業の財務内容の実態を必ずしも適切に反映しているとはいえず、株式上場のためには、以下に例示するような一般に公正妥当と認められる会計基準に従って会計処理を行い、開示書類を作成する必要があります（一般的には、税務会計は国および地方公共団体が税金を少しでも多く徴収するため、費用を見積もり計上することに否定的ですが、企業会計原則は、将来のリスクを極力財務諸表に取り込むために費用を見積計上することを是とする傾向にあります。そのため、上場企業においては、企業会計原則どおりに費用を見積もり計上し、税務上認められないものについては申告時に調整することが一般的です）。

---

① 企業会計原則
② 原価計算基準
③ 企業会計基準委員会から公表される会計基準および適用指針
④ 日本公認会計士協会の委員会報告、実務指針およびＱ＆Ａ
⑤ 財務諸表等規則、連結財務諸表規則、四半期財務諸表等規則
⑥ 会社法、会社計算規則等

---

(2)　開示書類の作成

　会社の決算においては、まずその会社の個別財務諸表を作成する必要があります。個別財務諸表は、期中仕訳を集計した結果としての決算整理前残高試算表に決算整理仕訳（棚卸資産の調整、引当金の計上等）を行うことで決算整理後残高試算表を作成し、これについて、複数の勘定科目を1つの集約した勘定科目に集計したり、基準で求められている開示科目に合致させるための組替を行ったりすることにより作成されます。

　また、子会社を有する会社においては、原則として連結財務諸表の作成が求められます。連結財務諸表の作成にあたっては、まず各子会社の決算数値を入手した上で、連結精算表を作成します。連結精算表は親会社を含む各社の決算数値を合算し、連結修正仕訳（投資と資本の相殺消去、内部取引の相殺消去等）を行うことにより作成します。その後、完成した連結精算表を基に科目の組替を行うことで、連結財務諸表が作成されます。

　なお、実務上は遅くとも決算日後45日以内での決算短信の提出が求められるため、事前に綿密なスケジュール策定を行うことが重要となります。

2　経理規程・マニュアル等の整備

　経理規程とは、決算を一般に公正妥当と認められる会計基準に準拠して行うために経理処理上の基本的なルールを定めたものであり、非常に重要な規程となります。

　また、経理業務は、専門知識が必要な場合が多く、他の部門の業務に比べて専門性が求められるため、経理担当者による決算作業の誤りを防止すること等を目的として、具体的な経理処理や決算の手順等を定めた各種マニュアルを整備することが必要となります。

(1)　経理規程の整備

　経理規程とは、会計・経理処理の基本事項を定めたものであり、決算において作成する書類やそれらに関連した承認体制等が規定されます。会社経理業務にとって重要かつ最上位の規定となるため、経理規程の改訂は、通常取締役会の承認により行われます。

(2)　経理マニュアルの整備

　経理マニュアルとは、経理業務に関してより詳細な手順を定めたもので、業務の標準化を目的として作成されるものです。そのため、実務上の必要に応じて機動的に対応できるように、一般的に管理部門責任者の判断によって策定・改廃が行われます。

　会社の決算を適切に行うため、たとえば以下のような規程・マニュアルを作成・整備することが考えられます。

　各種マニュアルの作成・整備にあたっては、担当者や責任者、基礎資料の作成方法や作業のスケジュール等について具体的に記載することが望ましいと考えられます。

経理規程と関連マニュアル

項目	関連規程・マニュアル
勘定および会計帳簿	勘定科目マニュアル
金銭出納	金銭出納マニュアル 小口現金マニュアル
資金	資金事務処理規程
棚卸資産	棚卸資産管理規程 実地棚卸実施マニュアル
固定資産	固定資産管理規程
販売・購買	販売管理規程、販売管理マニュアル 購買管理規程、購買管理マニュアル 与信管理規程、与信管理マニュアル 外注管理規程、外注管理マニュアル
原価計算	原価計算規程、原価計算マニュアル
決算	年度決算マニュアル 連結決算マニュアル
予算管理	予算管理規程、予算管理マニュアル

決算スケジュール

	4月				5月				6月			
	1週	2週	3週	4週	1週	2週	3週	4週	1週	2週	3週	4週
単体決算確定		●										
子会社からの連結PKG取得		●										
連結精算表作成完了			●									
決算短信 監査法人チェック			●									
計算書類 監査法人チェック				●								
決算発表				●								
会社法・監査報告日					●							
計算書類承認（取締役会）						●						
J-SOX監査							●					
有価証券報告書チェック									●			
金商法・監査報告日											●	
株主総会											●	
有価証券報告書提出											●	

第10章　ＩＰＯは各部署の説得が命！

IPOは資金の使い方が命！

1　給湯室における会話——班目徹について

　Book village社オフィスの給湯室。来客終わりの会議室から湯呑を引き上げ片づけをしているOLが3人。

　「また班目課長、仕事中なのにネットサーフィンしてましたよ。」
　「あの人、真昼間からYouTubeでアイドルの水着動画見てたこともあったのよー。」
　「サイテー。仕事していないだけじゃなくて、職場で何してるのかしら。」
　「ひまなのよ、きっと。書類見てるふりくらいしか、やることないんじゃない？　経理部の人たちも、役員も、誰も班目さんに話しかけないし。」
　「近くに行くと匂いがキツいからじゃない？　お風呂入ってないんじゃないかしら？　いるだけで害だから、会社から本当にいなくなってほしいんだけど。」
　「そういえばさ、こないだ内部通報制度ってできたじゃん？　セクハラとかあったら匿名でいいから連絡してってやつ。このままの状態が続くようならもう通報案件よね。最近『スメハラ』ってよく問題にされるらしいし、それにあの人絶対仕事していないから、調べたらほかにもいろいろ問題出てくると思うわ。」
　「それ名案！　さすが！　天才じゃん。」
　「でしょー。ところで、今日のランチどこにしよっか♪」

＊＊＊＊＊＊＊

　班目徹。45歳。Book village社経理部課長。独身。趣味はアイドルの追っかけでIWT50の池田ちゃんが推しメン。センターではないがひたむきにがんばる彼女を応援したくて、ついついグッズに手が伸びてしまう。地方の国立大学を卒業後、東証一部上場の大手メーカーに入社。元々は営業畑であったが、営業成績があがらず出世レースに敗北。40歳で地方支店の経理部門に事実上の左遷となった。
　経理マネージャーとして3年ほど支店で勤務したが、経理実務は門外漢で、パートタイマー2名が支店経理を回しているような状況であった。そのため、支店に居場所がなく、転職することを決意。43歳の時にBook village社に転職。採用面接では、学生時代に就活用に取得した簿記2級と、大手企業の

経理マネージャーであったという経歴が評価され、採用された。

　しかし、当然ながら、Book village社でも特段経理としてできることはなく、日々回ってくる書類にハンコを押すのが仕事というありさまであった。

　それでも、課長としての仕事かどうかはさておき、ほんの少しは斑目にもできることはあった。若い経理部員に経理ソフトの使い方や、営業部員に経費精算の処理を教えることである。ただ、それもCFOとして久保が入社するまでの話であった。久保が来てからは、みな、久保に相談に行くようになってしまった。会社の中で話す人もおらず、徐々に、会社の中で浮いた存在になりつつあることにストレスを感じながら、心のアイドルの池田ちゃんでそのストレスを癒してすごす日々であった。

2　事件は経理部で起きているんだ！

　上場準備会議。

　「今日は悪い報告から入ります。非常に残念ながら、経理部の内部体制がガタガタということが判明しました。」
　久保が説明用資料を配りながら口を開いた。
　「ご案内のとおり、先日、監査法人のショートレビューを受けて、規程などの整備を実施し、運用フェーズに入りました。しかしながら、経理部の業務フローが規程どおりにはまったく運用されていない疑惑が生じた次第です。」
　久保が資料を1枚めくりながら続ける。
　「というのも、先日内部通報窓口に、内部通報が1件ありました。その内容は、斑目課長が仕事を全くしておらず、業務中にYouTubeばかり見ており、ハンコも空チェックで押しているというものでした。
　そこで経理部の業務状況チェックとして、斑目課長の担当である仕訳承認プロセスの確認と、彼の部下である経理部員にヒアリングを実施しました。その結果、決算仕訳入力時に必要な帳票が全く作成されていないことが判明しました。さらに、本来は斑目課長が承認のみを実施すべきところ、部下からの相談にその場で答えられなかったため『後でおれがやっておく』と回答し、その後自身で仕訳を起票し、それを自己承認していることも判明しました。さらに、斑目課長の仕訳の承認作業が空チェックになっており、仕訳に間違いが散見される状況であることも判明しました。」
　「なんと……。」

　小菅は開いた口がふさがらなかった。

　久保さんも認識しているだろうが、起票を行った人間が自己承認してはいけないというのは、先日、小山会計士から注意されていた話じゃないか。まさか、うちの会社で実際に自己承認が起こっているとは……。

　「先日の社内方針のとおり、日常的経理業務は斑目課長に任せ、私は上場準備と新規事業を拡大していくための資金調達に集中するということでしたので、あまり深く経理部業務には立ち入らないようにしておりました。しかしながら、このような事態になったのは、ひとえにCFOである私の責任です。申し訳ございません。」

　久保がIPOプロジェクトのメンバーの前で深々と頭を下げた。

　頭を下げたままの久保を横目に、小菅が頭を抱えながら質問をした。

　「しかし久保さん、この状況、どうやったら解決できる？　斑目課長に問題があるということかな。」

　久保は頭を戻しながら返答した。

　「はい、経理部員へのヒアリングによると、斑目課長は部下とは日常的なコミュニケーションがなく、また仕訳などの承認作業は、基本的に空チェックで、何も検証していないとのことです。しかも、斑目課長が自ら仕訳を起票するという内部統制を無視した行為に加えて、起票した仕訳に間違いが多数存在することが確認されています。これらは、斑目課長に問題があったと言わざるをえません。

　なお、私も今回はじめて知ったのですが、斑目課長は実際には経理の経験がなく、課長として必要な知識をほとんど有していないことも判明しました。採用の際に問題があったと言われても仕方ありません。」

　「なんと……うーん、斑目課長は将来的には何とかするとして、当面どうしたらよい？　もうN-1期に入っていて、このありさまでは上場に大きな懸念が生じるのではないですか？」

　「はい、そのとおりです。至急手を打たなければと思いますが、昨今は人材不足で採用難ですし、妙案が浮かびません。」

　小菅と久保のやりとりに一瞬間が生じ、そのタイミングで、望月が手をあげた。

　「斑目課長をどうするのかはいずれ検討するとして、すぐに経理の体制強化のための応急処置が必要だと思います。外部の会計士に経理業務の補助と体

制構築をお願いするのがよいのではないでしょうか。久保さんの知り合いに、IPO支援や経理体制の構築を専門にやられている会計士さんがいたりしませんか。」

　久保はすぐには思いあたらなかったが、頭の中を1周したところで1人の男の顔が頭に浮かんだ。どうしようもなく苦手なタイプだが、あの人なら、短期間でもこの状況をなんとかしてくれるかもしれない……。

　「わかりました。1人心あたりがいます。」

　久保は、心の中ではおそるおそる、しかしそのことをおくびにも出さずにそう言った。

3　インテリヤクザ・浅原会計士の洗礼

　「おーー、久保ちゃん、久しぶりやな！」

　久保に1人の男性が声をかける。ポマードでがっちり固められたオールバック、真っ黒に日焼けした肌、身長こそ低いが鍛え抜かれた筋肉がスーツの上からもはっきりわかる体形、数十万円は下らないであろう完璧な仕立てのスーツ。どんなに混雑した通りでも彼の歩く道がいつも空いているのは決して偶然ではない。委縮した周囲の人間は自発的に彼に道を譲るのであった。

　「浅原先輩、お久しぶりです。先輩が監査法人を辞めて以来ですかね。」

　浅原は久保の監査法人時代の先輩会計士で、久保より4年ほど早く監査法人を退職し、その後に独立。毎年必ず1社以上を上場させており、敏腕IPOコンサルタントとして名をはせていた。

「久保ちゃーん、固いあいさつはなしや。まあ中入り。」

　見た目と違い柔らかな口調の浅原に招かれて応接室に案内される。そこは令和という時代から取り残された不思議な空間であった。金色の時計、よくわからないが由緒はありそうな掛け軸、神棚、ペルシャ絨毯、黒の革張りのソファー、昔の火曜サスペンスなら凶器として登場しそうなガラスの灰皿。少なくともこの応接室で堅気の仕事が行われている気配は全く感じられなかった。

「んで、どうしたん？」

　ソファーに深く腰かけ、煙草をふかしている浅原が水を向けてきた。

「実は、私の転職先の会社がIPO準備中なのですが、N-1の段階にもなって、経理の体制に大きな穴があることが判明してしまいまして。」

「なんやて？　久保ちゃんがいてそんな状態やなんて、久保ちゃん何してたん？」

「はい……。お恥ずかしい限りなのですが、私は資金調達を中心にやっていて、経理部の日常業務は部下に任せていたのですが、部下が思っていた以上に経理の知識・経験がなく、体制整備が進んでいないどころか、仕訳もミスだらけということが判明してしまいまして……。」

　久保がバツが悪そうに言葉を濁しながら説明していると、

「久保ちゃん、あほか！！」

　浅原が声を荒げる。

「IPOはそんな甘いもんやないで。必要な人材を必要な部署にちゃんと配置せんと、まったく進まん。N-1どころか、あと4、5年はかかるんちゃうか？」

「そうかもしれませんが、なんとか予定どおり進められないかと思案中でして。」

　久保は、これまでの経緯や現在の状況を事細かに説明した。ひととおり話し終えた久保は、のどがからからで思わずグラスに入った水に手をのばす。

「そこで、浅原先輩のところに来ました。先輩のチームで、当社経理部の立て直しをお願いできないでしょうか。」

「なるほど、そうゆうこっちゃな。」

吸っていた煙草を灰皿でつぶしながら浅原は続ける。

「幸運なことに、先月１社上場終わったところで、ちょうどひまになったんや。せやから、おれ自身で手伝えるで。ただ、久保ちゃんの相談やから安くはするけど、支払いの方は大丈夫なんか？」

久保は、風のうわさで浅原先輩に頼むとかなりの金額を請求されると聞いていたのでおそるおそる尋ねる。

「先輩、率直に、いくら位になりますでしょうか？」

浅原はもう１本煙草に火をつけ、一服してから口を開いた。

「そやな、経理体制が何もない状況やとすると、まずは課長に代わる人材を１人、常駐で置く必要があるな。あと、過去の仕訳の再チェックと証憑類の整備をする人、経理プロセスの規程の見直しを指導する人がスポットでもう１人、最低２名は必要やろ。割引価格で１人月300万円、２人やから月600万円やな。」

「月600万円！？」

久保の発した声はほとんど悲鳴に達していた。

600万円は、Book village 社の経理スタッフの給与1.5年分に相当する金額だ。それが１か月でかかるなんて、すっかりベンチャー企業の財布の感覚になじんでいた久保は悪い夢でも見ているようだった。

「先輩のチームの優秀さは当然存じ上げていますが、600万円はさすがに高すぎないでしょうか。当社のようなベンチャーにはなかなか……。社内の承認がおりるかどうか……。」

「何言うてんねん！」

また浅原が声を大きくあげた。

「ええか、久保ちゃん、IPOは金がかかるんや。これくらいのコストをケチるようなら、経営者のマインドが上場レベルに追いついてないんや。問題が起きたときに、いかに迅速に対処するか、そのときに下手に金をケチらないで判断できるか。それが出来へんなら、久保ちゃんのところはまだ上場は早いってことや。」

浅原は煙草をふかして煙で円を描きながら続ける。

「久保ちゃん、今まで、自分では経理までやることできへんかったんやろ？　ってことは、今後もできへん。ベンチャーはやることが次から次へと降ってくる。今できていないことを新たに自分１人でやるのは不可能や。

役員連中に、本当に上場したいのかどうか、突きつけてやればええんや。はじめの２か月は２名、その後１名でもう１か月、合計で３か月1,500万円や。

これが飲めへんのなら、上場は諦めろ。」

　久保の目を真っすぐ見ながら、浅原は続ける。

　「久保ちゃん、社内を説得するのもCFOの務めや。会社の中に、会計士のような専門家と日常的に会話している役員がほかにおるか？　ベンチャーの役員は専門家に慣れてへん。報酬の相場観もわかっとらん。それらに対して、適切な専門家の使い方を教えて、社内でフル活用させるのもCFOの大事な仕事の１つやで。」

　矢継ぎ早に浅原がまくしたてる中、久保は下を向いたまま動けなかった。うめくようにして短い言葉を絞り出すのが精いっぱいだった。

　「……わかりました。１度社内で相談して、またご連絡します。」

　――監査法人時代はこの人と話すと何も言い返せなくなるから苦手だった。最近は、あの時よりは自分が成長できたと感じていたけど、それも間違いだったのかな……。何１つ自分は進んでいないのかもしれない……。

　久保は、降りしきる憂鬱の雨に打たれながら浅原の事務所を後にした。

④　久保の決断――直感が運命を切り拓く Part 2

　翌日の上場準備会議。

　「久保さん、例の知り合いの会計士の件はどうだった？」

　小菅がいつもどおりの淡々としたトーンで口を開く。

　「リソース的には対応いただくことはできそうです。会ってきたのはIPO業界で有名なTK会計事務所所長の浅原会計士で、彼は毎年どこかしらの会社の上場を成し遂げている専門家です。彼にお願いすれば間違いはないと思います。」

　望月も口をはさむ。

　「私も浅原会計士の名前は前職時代に聞いたことがあります。辣腕で、どんなにダメダメな会社も３か月で変えてしまうとか。直接お会いしたことはありませんが、うわさで聞く限りは、最高の傭兵部隊になってくれるのではないかと思います。」

　「久保さん、いいじゃないですか。では、ぜひ契約を進めてください。」

　小菅が久保をせかすが、久保は浮かない表情である。

　「実は、１つ大きな問題があります。」

　「なんでしょう？」

　「コストです。浅原会計士からは、現状の体制整備を短期間で実施するには

２名必要で、金額も３か月で1,500万円は必要になると言われています。」
「1,500万円！？」
「桁を１つ間違えているんじゃなくて？」
「1,500万円です。」

　会議室は一瞬で凍りついた。1,500万円は、Book village社にとって払えない金額ではないが、上場準備のためにいろいろと管理部門のコストが増えているこの状況にあっては、事業計画にも影響を与える大きな支出であることは間違いない。IPO関連のバジェットの責任者になる小菅としては到底受け入れられる金額ではない。
　「ダメ、ダメ、ダメ。高すぎる。別のところに依頼しよう。どこか他にないかな？」
　小菅が机を軽く叩くことでいら立ちをあらわにしながら口を開いたが、それに答える者はおらず、しばらくの間会議室には小菅が机を叩く音だけがかすかにこだましていた。そうしたなか、久保は思考を巡らす。

　——副社長の言い分はもっともだが、浅原先輩の言うことだって正しい。浅原先輩より安く引き受けてくれる会計士がいるかどうかは定かじゃないし、いたとしてもこの状況を乗り切れるだけの能力や経験があるかは未知数だ。
　そこまで考えると久保の頭には何の前触れもなく、ある直感が舞い降りて

きた。それはひどく複雑な迷路をさまよっていたが、急に開けた空間にたどり着いたときの感覚に似ていた。

　　―― やはり浅原先輩に依頼するのがベストじゃないだろうか。
　久保は目を瞑ってさらに意識の深いところに降りていく。
　　―― 迷ったときは何に基づいて判断すればいいんだっけ。

　久保は生まれながらの合理主義者である。学生時代は、理系科目はほぼ満点、文系科目はほぼ赤点。合理的な原理原則で答えが出る理系科目は得意だが、ニュアンスや暗記が必要な文系科目にはめっぽう弱かった。公認会計士の資格も数学が好きで、数字を扱う仕事をしようと考えて資格取得に至ったほどである。
　久保は、迷ったときは、目的に対してより合理的な仮説を立てられる方を選択すべきという原理原則を昔からよりどころにしてきた。今回もその原理原則に立ち戻って自分の直感を裏づける思考過程を1つひとつたどっていく。

　「副社長、確かに浅原会計士の提示している報酬は、当社にとっては高いかもしれません。」
　久保は、ゆっくりと、言葉を選びながら話し出した。
　「しかし、彼はIPOに関してはプロ中のプロです。また、彼にお願いしようとしている短期間での経理の立て直し業務は、会計士なら誰でもできるという類の仕事ではありません。
　1,500万円という金額も、1人1か月300万円というものです。これは1ヶ月20日、1日8時間とすると、時間当たり単価は1万8,000円程度です。浅原会計士のキャリアやチームの実績を考えれば、高い単価どころか、むしろかなり安い単価です。監査法人の1年目のスタッフでも、単価は2万円程度とったりすることもあることを考えれば、奇跡のような単価ともいえます。」
　久保は、自分の声がちゃんと周りに届いていることを確認してから、ひと息ついて、さらに続ける。
　「IPOは資金の使い方が命です。無限にお金があるわけではないベンチャー企業において、最も必要なところに的確にお金をかけることが重要です。たしかに専門家に仕事を依頼することがあまりなかった当社からすると、今回の金額は高く感じます。しかし、彼の実績と経験を考えれば、むしろ安い金額です。当社の現時点における一番の懸念事項である経理の立て直しという

目的のためには、浅原会計士に依頼することが最適解になります。緊急時に、必要なお金を使うことをいとわないというのは、上場企業において求められることです。それができない、つまり、ここでお金を使わないとなればIPOは延期するしかないと考えます。このような難しい判断を迫ることは心苦しいですが、1,500万円の予算で承認してください。それが当社にとってベストな選択です。」

　久保は一気に話し終える。その迫力たるや、まるで浅原が乗り移ったかのようだった。久保の迫力に気圧された小菅たちは、しばらく口を開けなかったが、唯一その場で木口だけが首を縦に振って頷いていた。

　「久保さんの言うとおりよ。小菅くん、ここでお金をケチったら、上場ができなくなったり延期になったりして余計コストがかかることだって十分考えられる。私は、この1,500万円は当社にとって必要な投資だと判断するわ。浅原さんにお願いしましょう。他のみんな、たとえば望月さんあたりはどうかしら？」

　木口の突然の振りに若干戸惑いながらも、望月も頷いた。

　「私も社長と同意見です。実を言うと不思議な話ではあるのですが、久保さんの話を聞く前から直感的には浅原さんに頼むべきかなとは思っていました。あ、最後は余計でしたかね。」

　「いえ、望月さん、あなたは決して間違ったことは言っていないわ。経営判断において直感は大事にしないと。大切なのは、直感を直感のまま受け入れるのではなくて、なぜ自分がそう思うのか、つきつめて考えるのを忘れないことよ。」

5　その後──とある銀座のバーにて

　こうして、その翌週から、浅原会計士ともう1名の会計士がBook village社にやってきた。

　浅原会計士の指示のもと、過去の仕訳は大量に修正され、業務プロセスも適切に変更されていった。規程も証券会社のひな型をそのまま使っていたに等しいような状況であったが、当社の経理実態にあわせて大幅な改定が行われた。その結果として、経理の証憑書類もきっちりとそろうようになり、Book village社の経理の状況は、みるみるうちに変わっていった。また、斑目課長も、課長としての役割は相変わらず果たせていないものの、一作業者として、久保または浅原の指示どおり作業をこなすことには問題がなくなっていった。

＊＊＊＊＊＊＊

　3か月後、銀座のきらびやかなネオンの中にある雑居ビルの5階。ここには浅原が行きつけのバーがある。経理体制の立て直しがひと段落したところで、これまでの成果を祝うという名目で、浅原は久保を銀座のバーに呼び出したのだった。

　「浅原先輩、今回はありがとうございました。本当に助けられました。」

　「久保ちゃん、後輩のためやからな。気にすんなや。」

　2人は浅原のマイボトルであるI・W・ハーパーのロックとソーダ割りで乾杯した。

　「久保ちゃんも今回学んだと思っとるけど、IPOにおいてはお金の使い方はきわめて重要やで。ベンチャーの人的リソースには限界があるんや。ただでさえ人数が少ない上、優秀ではない人もどうしてもまぎれ込んで入社してしまう。日本の法律ではすぐにクビにして替えることも難しい。であれば、上手くそこを埋めないと。お金を使ってでも、外部の専門家を使ってでもね。じゃないと、ひずみが連鎖して他までおかしくなってしまうんや。」

　「はい、先輩の言うとおりでした。ベンチャーは資金も限られているので、IPOは資金の使い方が命ですね。ここぞという時にはためらわずにお金を使うことが必要になることもあるんですね。大変勉強になりました。」

　「そかそか、それはよかったな。じゃあ今日は飲み明かそうか。久保ちゃんのおごりでな。先輩をちゃんともてなすのも、大事なお金の使い方やで。ガッハッハ。」

　「アハハ……。」

　久保は、浅原から呼び出されたときの嫌な予感が正しかったことをこのとき悟った。

●解説

I　コンサルタント・専門家の利用および整備した管理体制の運用

　本章では、コンサルタント・専門家の利用および整備した管理体制の運用という2つのテーマについて、以下詳述します。

1　IPOにおけるコンサルタント・専門家の利用

　ベンチャー企業は、一般論として、人材が不足していることがほとんどで、特に管理部門においてそれは顕著です。成長を支えるためには一定数の人員が必要ですが、人材は成長を支える事業部門に優先的に補充され、管理部門は少ない人数で日々増える作業と格闘することになります。上場を迎えるにあたっては、必要な人員数が確保されていることがマストになりますが、上場準備の最初からそのような人員を確保することは難しく、どうしてもひずみが生まれ、スポット的に社内の管理体制に足りない機能が発生してしまいます。そのようなひずみを放置しては、上場準備は進まないため、どのようにひずみを埋めるかが問題になります。

　その具体的な方法として、外部コンサルタントや専門家の活用があります。外部コンサルタントや専門家には、上場準備のプロジェクトマネジメントのサポートのように全般的な支援をする者から、経理部支援、上場申請書類の作成支援、リーガル対応支援などスポット的な支援をする者まで、多種多様なコンサルタント・専門家が存在します。

　支援可能なメニューはコンサルタント・専門家によりまちまちですが、代表的なものは以下のとおりです。

(1)　IPOプロジェクト管理支援

　IPO準備を適切に進めていくためには、プロジェクトマネジメントが欠かせません。ToDoの整理、担当者のアサイン、スケジュール管理、利害関係者の調整とやるべきことは枚挙にいとまがありません。

　これらのプロジェクトマネジメントにおいては、IPO全体についての深い見識とプロジェクトマネジメントスキルが欠かせません。一方、多くのベンチャー企業においては、IPOについての経験がある人材は限られており、また仮に経験者がいてもIPO全体についての理解が十分とは限りません。さらに、IPOの十分な経験を有しつつ、かつプロジェクトマネジメントスキルがある人材がいるというベンチャー企業は稀有なのではないでしょうか。

　以上のことから、上場準備にあたっては、IPO準備全般をとり仕切るコンサルタント・専門家にプロジェクトマネジメントを委託することが効率的かつ効果的な場合が多いように考えられます。

(2)　内部管理体制構築支援

　上場準備にあたっては、さまざまな管理体制の構築が必要です。具体的には、経営管理体制（コーポレートガバナンス体制）、損益管理・予算統制、規程・業務フロー、決算体制（早期化を含む）、適時開示体制、関係会社管理体制、関連当事者取引等、多種多様な事項を整備していく必要があります。

　これらの管理体制の構築においても、自社で日常業務を日々実施しながら並行して対応すると時間を要することが多いため、短期間での体制構築のために外部コンサルタントや専門家を活用することが有用です。

(3)　労務・法務リスク検出支援（デュー・デリジェンス）

　証券会社や監査法人からショートレビューという形で事実上のデュー・デリジェンスを受けますが、証券会社や監査法人は労務や法務の専門家ではありません。そのため、ショートレビューでは検出事項とされなかった事項が、その後の審査プロセスで問題視されることがあります。また外部への通報や訴訟提起などによって問題が突然表面化し、それらの事項がIPOの大幅な遅延を招く原因となる場合もあります。

　そのようなことを避けるため、弁護士や社会保険労務士によるデュー・デリジェンスを企業側から依頼し、リスクの把握と未然防止のための対策に生かすことが考えられます。なお、近年においては、証券会社もこれらのリスクに敏感なことから、会社のリスク管理体制に少しでも懸念がある場合には、証券会社からこれらのデュー・デリジェンスを実施するよう依頼を受ける場合もあります。

(4)　上場申請書類作成及び審査対応支援

　上場における審査が近くなると、いわゆるⅠの部やⅡの部（あるいは各種説明資料）といった上場申請書類を作成する必要がありますが、これらは百ページを超えるようなボリュームがあります。また、それとは別に有価証券届出書や目論見書の作成が必要なほか、証券会社による引受審査及び証券取引所による上場審査にて大量の資料を提出する必要があります。

　これらの書類は高い正確性が求められますが、膨大な資料を短期間で用意する必要があるため、無理に社内のみで対応をしようとすると精度が粗くなり、各種審査に悪影響を及ぼす可能性があります。したがって、社内で十分なリソースを確保することが難しい場合には、外部コンサルタントや専門家を利用して効率的に作成する、またはレビューを依頼して精度を向上させることが有用と考えられます。

COLUMN

外部コンサルタント・専門家へのストック・オプション付与

　本章でもそうであったとおり、外部コンサルタント、専門家への報酬はベンチャー企業にとっては負担となることがあります。そのような場合には、どのような対応方法があるのでしょうか。

　1つの方法として、報酬としてストック・オプションを付与するというやり方があります。ストック・オプションには、単純な報酬額の補填という側面のほか、外部コンサルタント・専門家に、上場のインセンティブを共有することでより知見と経験の積極的な発現が期待できるという効果もあります。

　なお、2019年の通常国会において、中小企業等経営強化法が改正され、一定の条件を満たすことを前提にストック・オプション税制の適用対象者に外部協力者（業務委託者・社外アドバイザー等）が含まれるようになり、外部協力者に対しても税制適格ストック・オプションの発行が可能になりました。このような政府の措置も、外部コンサルタント・専門家に対してのストック・オプション報酬の付与を推進するものであると考えられます。

2　整備した管理体制の運用

　IPO準備において、ショートレビュー等の指摘に基づいて管理体制を整備することは大きな仕事の1つです。指摘に基づいてルールを整備し、規程を作成してひと段落したいところですが、実は本番はこの後です。すなわち、作った管理体制をどのように運用していくかがより大きな問題になります。

　たとえば、作った規程どおりに業務が行われておらず、規程内容と業務実態に齟齬がある状況というのは、どのベンチャーでも多かれ少なかれ経験があることではないでしょうか。このように、作ったルールどおりに業務運営をすることは、ルールを作ることよりも難しいことです。

　以下で整備された管理体制の運用に役立つTipsを紹介します。

(1)　ITシステムの活用

　管理体制を効率的に運用する最も優れた方法は、ITシステムを活用することです。

　たとえば、職階ごとに権限範囲を定めた決裁権限基準を作成したとします。しかし、決裁稟議において、決裁金額や起案部署によって異なる承認者がいったい誰であるのかを判断するのに、その都度決裁権限基準表を参照するのは非

効率で、かつミスのもとになります。ITシステムを導入すれば、設定した決裁権限どおりに自動で決裁経路を決定してくれるうえ、物理的な書類の移動も伴わないため決裁に要する時間が短縮されます。さらに、事後的に規程どおりに運用がなされているかどうかの確認をする際にも効率的な作業が可能になります。

この例のように、決めたルールをITシステムにて運用することで、整備した体制通りの運用を効率的に進めることが可能です。

(2)　規程説明会の開催

決めたルールに基づいて規程を作成しても、その規程が周知されていなければそのとおりに運用されることはありません。規程が作成されたまま、何ら従業員にアナウンスされることなく社内で縦覧に供されているのみというケースもよくありますが、よりひどいケースでは、そもそも一般の従業員が閲覧可能なところに規程が保管されていないということもあります。

このようなことを防ぐためには、従業員の規程へのアクセスをしっかりと担保するとともに、規程の内容についての説明を従業員に対して実施する必要があります。特に、IPO準備に際してはじめて規程類を整備した段階では、ベンチャー企業の従業員には規程の読み方がわからない人もいますので、条文1つひとつをかみ砕いて丁寧に説明する必要があります。「法の不知はこれを許さず」という格言があるとおり、IPO準備においても、従業員に規程が十分に理解されていないという状況は運用不備の要因を放置することになるリスクがあることに十分に留意する必要があります。

(3)　運用可能性の観点からの規程等の見直し

規程を作るに際して、主に効率化の観点から、証券会社やコンサルタントが保有している規程のひな型を利用することがあります。このような標準的かつ必要な事項が含まれたひな型を活用する方法は、一から規程を作成する手間を省き、必要な事項がもれてしまうリスクを減らします。

しかしながら、このひな型をそのまま利用しているベンチャー企業が散見されます。また、多少の変更は行ったものの、十分な業務との適合性の検討なく利用されてしまうこともあります。このように規程を作成してしまうと、規程どおりの業務フローが大きな作業負荷を生んでしまい、規程を遵守することが困難になったり、最悪の場合には規程が軽んじられ、まったく無視されてしまう場合もあります。

こういった事態を防ぐため、現在の規程が実際の業務と整合しているか、オペレーションに不必要な負荷を加えていないかという観点から必要に応じて見直すことが有用です。なお、本来的には、規程作成時にこれらの観点から十分な検討がされるべきである点は、いうまでもありません。

⑷　内部監査の実施

　事後的に規程の運用状況を確認する社内機能が内部監査になります。内部監査において事後的な社内管理体制の状況確認が適切になされ、不備がある場合には適切な指摘とフォローアップがなされることが、管理体制の運用にはきわめて重要な役割を持ちます。

　なお、内部監査においては、監査役（会）等との連携も重要になります。検出された管理体制の運用不備は、適時に監査役（会）等とも共有され、今後の対応についての協議を持たれることが望まれます。

第11章

ＩＰＯは資金の使い方が命！

IPOはコンプライアンスが命!
(労務編)

「副社長！！　東京紛争調整委員会というところから、あっせん開始通知書が届きました！　先日退職をした従業員の黄瀬が、赤井と青島からパワーハラスメントを受けたと主張して、あっせんを申し立てたみたいです！」

佐田が、血相を変えて、小菅のもとに来た。

――なんてことだ……。どうやらIPOの神様は意地悪な性格らしい。労務コンプライアンスの遵守は、地道に取り組んできていたのに。

小菅の脳裏には、これまでIPOに向けて労務問題に取り組んできた日々が駆けめぐるのだった。

＊＊＊＊＊＊＊

1　IPOに向けた労務対応

時はN-2期にさかのぼる。

大崎弁護士、小山会計士との初めての打ち合わせから数週間後のある日。上場準備、とりわけ労務関係の対応をメインテーマとする方針検討が行われていた。集まったのは、木口、小菅、久保、望月、太田、人事労務担当者の佐田、大崎弁護士、そして大崎弁護士の同僚である原田弁護士である。

なんでも幅広くこなす大崎弁護士とは異なり、原田弁護士は、人事労務関係のエキスパートの女性弁護士であり、その日から対応メンバーに加わっていた。

Book village社では、小菅が所管する管理部において労務対応を行っていた。

もっとも、管理部は労務関係以外にもバックオフィス業務全般を所管していたため、これまで労務関係の諸制度の見直し等には手が回っていないという状況であった。

「では、本日は労務関係が議題の打ち合わせですので、原田弁護士にもお越しいただきました。原田弁護士、IPOに向けて労務関係について実施すべきことについてまずはご教示いただけますでしょうか。」

望月が口火を切る。

「労務関係の対応は、早急に問題点を把握して対処にあたるということに尽きます。」

これに対して小菅が、疑問を口にする。

　「労務関係の対応が必要であることはわかるのですが、上場に向けていろいろな対応を行っていくなかで、なぜ、初期段階に人事・労務関係の対応にリソースを割いて、実施する必要があるのでしょうか。人事・労務関係の規程の変更は、インパクトも大きいので、個人的には慎重に行った方がよいのではないかと思うのですが。」

　「副社長がおっしゃるとおり、人事・労務関係の制度や規程の変更については従業員に与えるインパクトが大きいと思います。もっとも、人事労務関係は、規程や制度の変更を行った後に、その運用を全従業員に行っていただく必要があり、問題なく運用できるようになるまでに相応の時間を要します。また、『現時点』においては、上場審査の際に過去2年間の未払賃金の有無が確認されることになっています。仮に、上場直前に未払賃金があると判明すれば、過去2年間にさかのぼって未払賃金が発生していないかを精査したうえで精算しなければなりませんし、仮に精算できたとしても、上場審査上、確実にマイナスの材料になってしまいます。したがって、労務関係についてはショートレビューが終わった直後ぐらいから対応を検討し、新制度を導入する場合にはN-2期には導入するというスケジュールで進めるのが望ましいといえます。御社の場合には、すでにN-2期に入っていますので、早急に対応した方がよいでしょう。」

　「わかりました。『現時点』においては上場審査の際に過去2年間の未払賃金の有無が確認されるとおっしゃっていましたが、この期間は、将来的に変更される可能性があるのですか。」

　「そうですね。未払賃金の有無の確認期間は、消滅時効の期間とリンクしていて、現在は未払賃金の請求権は2年で消滅することが規定されています。

　改正前の民法では消滅時効の期間は1年間と規定されており、労働基準法において労働者保護の観点から2年に延長されているのですが、2020年4月施行の改正民法では、未払賃金の請求権の時効期間は5年に変更されます。それに伴い、労働基準法に規定される未払賃金の消滅時効の期間も5年となりますが、時効期間をいきなり5年に伸ばすと企業側の労務管理の負担が著しく増大しますので、当分の間は3年となっています。」

　「なるほど。そうすると、当社が上場する時点では、未払賃金の消滅時効の期間が3年以上となることは確実で、その期間、未払賃金が発生していないかを確認される可能性があるということですね。いずれにせよ、当社の場合は、速やかに未払賃金の有無について確認した方がよいことがわかりました。」

　「はい、副社長のおっしゃるとおりです。」

　小菅は、ここまでのやりとりで、原田弁護士は、大崎弁護士のようにボケとツッコミを随所に入れてくるスタイルではないが、まさに実直という言葉が似合うタイプであり、信用できる弁護士であると感じた。

スライド１：民法改正に伴う労働債権消滅時効期間の変更について

請求権の内容	消滅時効の期間 （2020年3月31日まで）	消滅時効の期間 （2020年4月1日以降）
賃金請求権	2年	5年 （＊ただし当分の間は3年）
付加金の請求権 （労基法114条）	2年	5年 （＊ただし当分の間は3年）
退職手当請求権	5年	5年
賃金台帳等の書類保存期間 （労基法109条）	3年	5年 （＊ただし当分の間は3年）

　「原田先生、では、最初に労務関係に関して、どのような対応をすればいいか教えていただけますか。」
　望月がひと区切りついた段階で、話を切り替える。
　「まずは、労務デュー・デリジェンスを行う必要があります。具体的には、御社に資料提供やヒアリングへの協力をしていただきながら、弁護士や社会保険労務士といった専門家において、労務関係の問題点を洗い出すという作業を行います。」

スライド２：労務デュー・デリジェンスの流れ

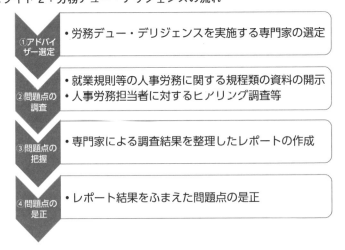

①アドバイザー選定
・労務デュー・デリジェンスを実施する専門家の選定

②問題点の調査
・就業規則等の人事労務に関する規程類の資料の開示
・人事労務担当者に対するヒアリング調査等

③問題点の把握
・専門家による調査結果を整理したレポートの作成

④問題点の是正
・レポート結果をふまえた問題点の是正

「ちなみに、労務デュー・デリジェンスでは主にどのような資料等を確認するのでしょうか。」

佐田が自らの業務負担の増加を懸念して、おそるおそる尋ねた。

「先ほど申し上げたとおり、未払賃金の発生の有無は上場審査で確認される必須事項ですので、特に、労働時間管理に関する事項については、タイムカードなどの資料を提出いただくほかにも、担当者のヒアリングを実施して、慎重に確認することになります。未払賃金に関しては、労務デュー・デリジェンスの中で、会社としては管理職の従業員を管理監督者として扱って残業代を支払っていなかったけれども、法的には管理監督者には該当しないため何千万円という未払賃金があることが発覚するケースもあります。」

「それほど多額の簿外債務が発覚するというのは、CFOとしては恐ろしいですね。」

久保が率直な感想を漏らした。

「そうですね。ほかにも、労働法規に関しては、人数が増大することで適用される規定があったり、法律改正も多い分野であるため、最新の法改正に沿う内容となっているかという点も確認します。たとえば、常時雇用する従業員が50人を超えると、新たに労働安全衛生法に基づいて産業医等を選任する必要がありますし、2019年4月から適用された改正労働基準法においては、労働時間の上限規制や有給休暇を従業員に取得させる義務などが新たに規定されています。このような事項を遵守しているかといった点についても確認します。」

「あらかじめお伝えしておくと、残念ながら、先生が今おっしゃった各事項について当社は対応できていません。当社はこれまで労働基準監督署からも特に指導等をされたことはありませんし、問題となる点は少ないのではないかと期待していたのですが。」

佐田が悲壮な顔で告白する。

「大丈夫ですよ。全部対応できている企業は少数ですから、私も現時点ですべての対応ができているとは思っていません。また、労働基準監督署から指導などをされたことがないということですが、むしろ、労働基準監督署から指導などがなされていた場合の方が、会社として問題を是正しているため大きな問題がない場合も多く、労働基準監督署から指導などがなされていない場合の方が外部専門家も入れてしっかりと確認した方がよいといえます。これからでも間に合いますので、是正すべき事項がないかをしっかりと確認して、1つひとつ対応していきましょう。」

原田弁護士は、はじめて笑顔を見せて佐田に答えた。

「労務デュー・デリジェンスは、労務コンプライアンスを遵守するために必要な作業であることは十分に理解できましたので、労務デュー・デリジェンスについては大崎先生、原田先生にお願いし、我々は先生のご報告を受けましょう。」

小菅が会議の締めくくりに入る。

「ありがとうございます。最後に1点だけご留意いただきたいのですが、労務デュー・デリジェンスで発見された問題事項に対応するだけでは、必ずしも、労務関係のコンプライアンス遵守は完璧とはいえません。たとえば、昨今よく問題になっているハラスメントの問題などは、労務デュー・デリジェンスの過程で発見することは難しいのが実情です。もちろん、御社で実際にあると言っているわけではありませんが、特に経営者によるハラスメントは被害を受けていても、我慢してあがってこずに問題が深刻化する場合もあります。」

取締役で唯一男性である小菅に対して、木口と久保の疑惑の目が集まり、小菅があわてて述べる。

「社長も久保さんも、やめてくださいよ。私がハラスメントするわけないじゃないですか。」

「妙に慌てるあたりが、あやしいわね。」

木口が目を細めていったところで、原田弁護士がフォローに入る。

「ハラスメントといっても、セクシャルハラスメント、パワーハラスメント、マタニティハラスメントなどいろいろとあり、必ずしも男性が女性に行うものに限りません。御社でそのような行為が行われていると申し上げているわけではありませんが、しっかりと対応をしなかった結果、問題が深刻化する例も実際にありますので、ご留意いただければと思います。」

「原田先生、具体的にはどのような対応が必要になるのでしょうか。」

木口が尋ねた。

「ハラスメント問題については、管理職研修を行ってハラスメントを防止するように努めたり、仮にハラスメントの疑いがある行為が行われたとしてもすぐに対応できるように、社内または社外に通報窓口を置くなどの対応を行う必要があります。」

「分かりました。労務コンプライアンスの遵守は、地道に行っていく他ない

ですね。」

　普段の小菅への態度がハラスメントに当たらないか、ほんの少し心配になりながら、いずれにしても自分も含めく幹部全員にはハラスメントの研修を受けさせようと木口は思うのであった。

　その後、大崎弁護士は、望月、佐田と連携をとり、労務デュー・デリジェンスを実施し、発見された問題に順次対処していった。

＊＊＊＊＊＊＊

2　黄瀬、会社辞めるってよ

　その後、Book village社は、新たな労務管理方針のもとに運用を開始し、いよいよ直前期を迎えていた。

　そんな中で、Book village社の若手営業部員の黄瀬は、「もう、この会社では働けない。」と思い、上司である赤井営業部長に退職願を提出した。

　黄瀬は、新卒で東証一部上場のメーカーに採用され、2年程営業職に就いていたが、仕事にやりがいを感じておらず、巷で噂になっていたBook village社のAIマッチングサービスを利用して転職先を探していた。
　その際に、偶然、Book village社がサービス拡大を行うにあたって新たに営業職の募集をしていることを知り、成長企業で自分も成長していきたいとの思いから、すぐさま同社に転職したのであった。

　黄瀬は入社後、営業部で赤井と青島の部下として業務に従事するようになった。黄瀬は、赤井や青島とは異なり、前職で営業に従事している期間が短かったため、入社直後は、赤井または青島の営業の補佐として同行していたが、入社後半年もすると、自ら1人で営業活動を行うようになっていった。

　黄瀬は、Book village社に入社した当初は、熱意をもってマッチングサービスや新サービスであるAI人事評価システムの営業に取り組んでいたが、自分1人で営業活動を行うようになると、赤井や青島と異なって、契約をなかなかとれない状況が続き、気落ちしていった。

　そのような状況の中、社長である木口が、赤井、青島および黄瀬を含む営業部の全員に、大事な話があるとして呼び出した。

　赤井らは、木口が営業部全員を呼び出すことなどいままでなかったため緊張した。

　木口からは「Book village 社は上場をめざしています。上場のためには、やっぱり売上も非常に重要です。だから、営業部の皆には、一丸となって、これまで以上に頑張ってもらいたいの！　私はあなたたちを信じているわ。」との言葉があった。

　木口の激励を受けて、赤井は「はい！！！　社長の期待に応えられるよう頑張ります！　みんな、頑張るぞ！」と答え、青島も「はい、赤井さん！！俺、めちゃくちゃ気合い入れて頑張ります！」と続いた。

　これを機に、赤井は、営業部として業績を伸ばすべく、営業ノルマを各人に設定し、毎朝の営業連絡会を実施した上で、ノルマの達成状況などを確認するようにした。

　また、いまだ契約がとれない黄瀬のフォローをするように青島に指示をするとともに、自らも黄瀬の指導に熱を入れていった。赤井と青島は、ことあるごとに「働いている会社が、上場をめざすなんて機会はめったにない。俺たち営業がしっかりと営業成績を積み上げることが重要なんだ。黄瀬も戦力として期待しているから、まずは、自分で1件契約をとれるように頑張れ！」と激励し、時間が許す限り、黄瀬の営業先に同行して、営業後にも反省点などのフィードバックを行うなどの教育を行った。

　しかし、黄瀬の営業成績は伸びなかった。

　黄瀬は、設定された営業ノルマを達成することができず叱咤激励される日々が続いた。

　黄瀬は、まずは契約を1件とらなくてはと自らを奮い立たせたが、一向に成約せず、残業時間ばかりがかさんでいった。やがて、赤井と青島からの激励が、耐えられない苦痛となった。

　黄瀬は、赤井に対して、みんなの前で激励されるのはつらいと訴えたが、赤井は「契約がとれたらみんなの前で表彰してやる。まずは1件とれるように頑張れ！　契約がとれた時の喜びはひとしおだぞ！　プレッシャーがかかるのはわかるが、それを力に変えて頑張れ！」と述べるのみで、とりあおうとはしなかった。

　そのような状況が続き、黄瀬は自らが契約をとれないことについて申し訳なさを感じていたが、その気持ちも徐々に薄まっていき、「他の従業員が近くにいる中で叱咤激励しなくてもいいじゃないか。」と不満を募らせていった。
　そして、ついにBook village社から退職することを決意し、退職届を赤井に提出したのであった。

　黄瀬は、退職届を出した後、「毎朝の叱咤激励がなければもう少し頑張って営業を続けられたのに……Book village社を辞めることになったのも、あの2人のせいじゃないか。どうにかして、2人に仕返しできないものか……。」と思い、労働基準監督署に駆け込み、総合労働相談センターで赤井、青島からパワハラを受けていたと相談したのだった。

スライド 3：総合労働相談センターで相談した場合のフロー

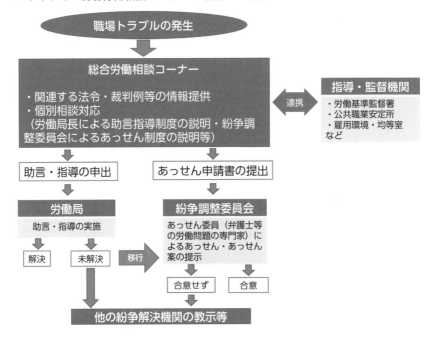

＊＊＊＊＊＊＊

3　労務管理対応は突然に

　「副社長！！　東京紛争調整委員会というところから、あっせん開始通知書が届きました！　先日退職をした従業員の黄瀬が、赤井と青島からパワーハラスメントを受けたと主張して、あっせんを申し立てたみたいです！」
　佐田が、血相を変えて、小菅のもとに来た。

　小菅は、佐田の血相を変えた表情に驚き、頭から冷水をかけられた気分となった。しかしそうも言ってはいられない。すぐさま緊急の役員会を開催するのだった。役員会に出席した木口、小菅、久保は、右往左往するのみだったため、しびれを切らした社外取締役の藤田から檄が飛んだ。
　「この件は、取締役会を開催するよりも先にまず弁護士に相談する案件だよ！　初動が重要だから、早く弁護士に連絡しなさい！」

　藤田の発言を受け、小菅はすぐさま大崎弁護士、原田弁護士に連絡するよう佐田に指示をし、その後、小菅、佐田、大崎弁護士および原田弁護士にて、緊急の打ち合わせが設定されることとなった。

　「あっせん開始通知書と申請書を拝見しました。内容としては、赤井氏と青島氏のパワーハラスメントが行われたと書いてありますが、御社としてはパワハラの有無等の事実関係について何か確認しましたか？」

　「いいえ、まずは原田先生からアドバイスを受けようと思い、何も実施していません。もっとも、営業部では毎朝営業連絡会を実施しておりましたし、黄瀬が営業活動の中で新規契約を取ることができていなかったことは人づてに聞いていました。そのため、個人的には、営業連絡会で、赤井、青島が黄瀬を叱咤激励していたのは事実ではないかと思います。」

　佐田が回答する。

　「わかりました。まずは、赤井さんと青島さんに話を聞いて、事実関係について確認しましょう。両名が事実関係を認めるようであれば追加の調査は不要ですが、黄瀬さんが申立書に記載している内容と両名の主張が異なるようであれば、周りの従業員にも営業部の営業連絡会の状況について話を聞いて事実関係を確認する必要があります。そのうえで、パワーハラスメントがあったか否かの検討を行いたいと思います。」

「証券会社がナーバスになっているようですが、上場との関係で、今回の問題が重大な影響を与えることはあるのでしょうか？」

小菅が最も気になっている点を大崎弁護士に対してストレートに質問する。

「その前に、2点確認しておきたいのですが、まず、これまでの労務デュー・デリジェンスの中で発見された問題の是正状況について教えていただけますか？」

「はい。労務デュー・デリジェンスの中で発見された問題については、すべて解決済みです。指摘された未払賃金についても、既に金額確認のうえで精算済みです。」

佐田が回答した。

「わかりました。もう1点確認ですが、パワーハラスメント対策の対応状況はいかがでしょうか？」

「はい。原田先生からご提案いただいた対策のうち、ハラスメントの相談窓口の管理部内への設置、ハラスメントを許さない旨のビラの社内への掲示および就業規則にハラスメントを禁止する旨の追記については実施済みです。もっとも、これらの対策はすべて黄瀬氏が退職した後に実施したものです。」

「迅速に対応していただきありがとうございます。今のお話を聞く限り、現時点では、本件が上場準備に重大な影響を及ぼす可能性は低いと考えています。今回、黄瀬さんは労基署に相談に行って、労働局のあっせん申立てを勧められたのかなと推測していますが、もし労基署の方で御社において労働基準法などへの違反があると考えれば、労基署から是正勧告などが行われることになります。そのため、まず、労務デュー・デリジェンスで発見された問題への対応状況について確認させていただきましたが、すでに対応済みとのことですので、労基署から是正勧告が行われる可能性は低いと思います。また、パワーハラスメントに関しては、労働施策総合推進法が改正され、大企業では2020年4月からパワハラ防止義務が課されることになりました。現時点では、御社にはまだ適用がありませんし、すでに御社として対策済みですので、この点についても指導などが行われる可能性も低いと思います。

他方、事実確認の結果、パワーハラスメントが行われていたと評価された場合には、御社は黄瀬さんの在職中に対策を行っていなかった以上、安全配慮義務違反または使用者責任を理由とした損害賠償義務を負う可能性があります。ただし、それが上場に著しい悪影響を及ぼすとは現時点では考えていません。」

原田弁護士が回答した。

「わかりました。本件は、最終的には解決金や和解金を支払う必要はあるでしょうか。」

小菅は原田弁護士の回答にひとまず安堵し、重ねて質問をした。

「赤井さんや青島さんから事実関係を確認してみないと何ともいえませんが、仮に、朝の営業連絡会で、他の人がいる前で叱咤していたのであれば、パワーハラスメントと評価され、損害賠償義務を負う可能性があると考えられますので、その場合には一定の金銭の支払いは必要だと思います。また、事実確認の結果、パワーハラスメントはなかったと確認されたとしても、訴訟になると会社の負担が増大してしまいますので、あっせんの段階で、解決金を支払って円満に解決するという選択も考えられます。」

「わかりました。いずれにせよ赤井と青島から事実関係を確認してから、対応方法を考える必要がありそうですね。この後赤井と青島から話を聞く機会を設けているのですが、先生方も立ち会っていただけますか？」

「わかりました。」

COLUMN

IT技術の進歩と労働法規制

労働法の分野には労働者保護のため厳格な規制が様々あります。分かりやすいところでは、労働時間の上限規制、解雇規制といったものがあげられます。企業にとっては、労働法の厳格な規制を遵守しながら、事業を運営していくことは容易ではなく、頭を悩ませている企業も多いと思われます。

ところが、近年、IT技術の進歩によって、雇用の管理の分野に、労働者の管理を容易にし、また、場合によっては、労働法の厳しい規制を受けずに事業を行うことを可能にする新しい技術が導入されています。

この点、企業の上場という観点からは、当該新規技術を用いた労務管理の方法が労働法の規制に適合しているものであるかということが、当該新規技術を導入している企業にとっては、自社の労務管理が法律に適合するものであるのかという点において、また、当該新規技術を提供する企業にとっては、当該新規技術がビジネスの根幹に関わるものであるため、自社のビジネスが法律に適合するものであるのかという点において、重要な関心事になります。

例えば、労働時間管理については、従来、紙のタイムカードに始業時刻・終業時刻を印字し、1人ひとりの労働時間を集計し、給与を計算するということが行われていましたが、現在は、ICカード対応のタイムレコーダーを用いて、始業時刻・終業時刻を記録し、自動的に労働時間を集計し、給与計算まで行わ

れるシステムが多くの企業で導入されるようになっています。しかし、労働時間の定義（始業前時間や待機時間を労働時間と捉えるか）や、変形労働時間制、固定残業代制度など、各企業が独自の労働時間制度を採用しているケースも多く、導入しているシステムが会社独自の労働時間制度にも対応できる仕様となっているかについては慎重な確認が必要です。

　また、解雇規制については、近年、フリーランスと労働契約ではなく業務委託契約を締結することにより、労働法の規制を回避しながら自社の業務を行わせるというケースが増えてきています。従来であれば、1人の労働者と一定期間契約を締結したうえで個別に指揮命令をして業務を行わせていたのが、IT技術の進歩により、スポットで業務を依頼できるようになり、また、業務を細分化し単純化することで指揮命令関係を薄められるようになっているというものです。しかし、これについては、プラットホームエコノミーで働く就労者の労働者性のように、労働法の規制が及ぶのか、また、労働法の規制が及ばないにしても独占禁止法など他の法規制が及ぶのではないかという点が問題になっており、今後の動向に注意する必要があります。

　さらに、今後、新型コロナを契機に、わが国においても、在宅勤務、リモートワークといった新しい働き方が期せずして浸透していくことが確実です。例えば、都心のオフィスを返上し、リモートワークの従業員のみで構成される企業も出てくることが考えられます。この場合の労務管理（労働時間管理、公平な業績評価、副業・兼業の容認等が考えられます。）についても、経営側としてもいっそう留意が必要です。

　このような労務施策を、ITの進展をうまく利用しながら活用する企業は、従業員から支持され、さらにはマーケットからも支持される企業となり経営理念に照らしたいっそうの社会的責任を果たしうると考えます。したがって、これらの技術の進歩による雇用管理の容易化、労働法の規制の回避の流れは、新しい働き方を可能にするものであり、一概に悪いものであるとして規制を強めるのがよいとは思いません。新しいサービスが社会に受け入れられるように、ビジネス、行政、労働法の専門家が協力し合いながら上場を目指していくことが必要であると考えます。

●解説

I 人事労務管理について

　上場審査において人事・労務管理は、重要な審査項目の1つとされています。労働に係る法令を遵守していない会社は、継続性や健全性が不安定であり、上場会社としてふさわしくないと考えられるからです。そのため、上場準備の過程において、人事・労務管理制度を整えることは非常に重要であるといえます。

1 労務デュー・デリジェンスの早期実施の重要性について

　労務デュー・デリジェンスとは、会社が労働関係法令等を遵守しているかなどの確認を行う調査活動のことをいい、上場準備会社においては、上場を検討し始めた段階で早期に労務デュー・デリジェンスを実施する必要性が高いと考えられます。

　そもそも、非上場企業においては、一般的に労働関係法令に違反している場合が多く、東京労働局の公表データでは、平成30年に管内の18労働基準監督署が合計1万2,668事業所の定期監督等を実施したところ、その7割以上にあたる9,188事業所において労働基準関係法令に違反していました。

　労働関係法令については、適用される規制内容が多岐にわたり、かつ、適用の有無について判断が難しいという特色があるため、会社が意図せず労働関係法令に違反しているケースも多く存在します。仮に、会社が労働関係法令に違反した状態であることを認識せずに、上場審査において違反にはじめて気がついた場合には、労働関係法令を遵守するための規程の変更や体制の構築等のために時間を要し、最悪の場合には、上場延期や上場申請の取消しを行う事態が生じる可能性もあります。したがって、上場準備会社においては、労働関係法令が遵守されているかを、弁護士や社会保険労務士等の専門家において客観的に確認してもらうことが望ましいでしょう。

　また、労務デュー・デリジェンスにより労働関係法令に違反していることが判明したとしても、当該違反状態の是正や労働関係法令を遵守できるように会社の運用を変更するには相応の時間を要します。そのため、上場審査までに労働関係法令の違反是正措置の実施や運用期間を十分に確保すべく、労務デュー・デリジェンスについては、早期に実施したうえで、直前々期（N-2）には労務デュー・デリジェンスで発見された問題については是正が完了した状態となっていることが望ましいといえます。

2　労務デュー・デリジェンスの実施方法および確認のポイント

　労務デュー・デリジェンスでは、会社の従業員の構成、配置状況、労働条件、労使関係、会社の労務管理の状況等を調査し、労働関係法令が遵守されているか、未払賃金等の隠れ債務がないか、労使関係に問題はないか等の項目について確認を行うことになります。

　労務デュー・デリジェンスは、弁護士や社会保険労務士等の専門家が、会社より資料を開示してもらい、当該資料をふまえて会社担当者に対してインタビュー等を行うことにより実施することが一般的です。労務デュー・デリジェンスにおいて、確認する項目については、以下の項目等があげられます。

---

① 　労働基準法等の法令の遵守
② 　労働基準監督署への就業規則の届出、および変更があった場合の変更届の提出
③ 　従業員に対する労働条件の書面での通知、および就業規則の周知
④ 　労働時間の適正な管理ならびに36協定の遵守および適正な更新
⑤ 　割増賃金の適正な支払い、および過去２年間の未払賃金の不存在
⑥ 　必要な労使協定の締結
⑦ 　労使間における紛争の不存在
⑧ 　定期健康診断および特殊健康診断の実施
⑨ 　産業医および衛生管理者の選任
⑩ 　セクハラの防止・対応の実施
⑪ 　非正規従業員の労務管理の適正な実施
⑫ 　高齢者雇用、雇用の機会均等、障害者雇用の適正な実施
⑬ 　各部門への適正な人員の配置、従業員の定着率
⑭ 　労働保険・社会保険の適正な手続、および労災事故発生時の適切な対応
⑮ 　労働基準監督署等からの指導の不存在
⑯ 　適正な情報管理の実施

3　労務デュー・デリジェンスにおいて検出される問題

(1)　36協定の締結・届出

　労働基準法では、使用者は、原則として、労働者に１日あたり８時間、１週間について40時間を超えて労働をさせてはならず（同法32条）、毎週１回または４週を通じて４回以上の休日を与えなければならないと規定されています（同法35条）。

　もっとも、例外的に、労働基準法36条所定の協定書（いわゆる36協定）を締結し、労働基準監督署に届け出た場合には、36協定の内容に従って労働時間

を延長し、休日に労働させることができると定められています（労働基準法36条）。

　上場準備会社においては、36協定の締結および届出を行わずに、労働時間を延長し、休日に労働させているケースが見られますが、上記規定に違反した場合には6か月以下の懲役また30万円以下の罰金を科せられる可能性があります（労働基準法119条）。

　また、2019年4月1日より改正労働基準法が施行されました。改正労働基準法の施行前は、36協定を締結していた場合、法律上は労働時間の上限なく残業をさせることが可能でした。しかし、同法施行後は、36協定を締結している場合においても、原則として1か月45時間および1年360時間の範囲を超えて労働させることはできません。臨時的な特別な事情がある場合には、当該時間を超過することも認められていますが、その場合でも、時間外労働の上限は1か月100時間および1年720時間であり、月45時間を超えることができるのは年6か月まで、さらに、2〜6か月の時間外労働を平均80時間以内にしなければならず（すなわち、2か月、3か月、4か月、5か月、6か月のいずれの期間においても、月平均80時間以内にしなければなりません）（労働基準法36条4項・6項）、これらの規定に違反した場合には6か月以下の懲役また30万円以下の罰金を科せられる可能性があります（労働基準法119条）[1]。

　したがって、上場準備会社においては、36協定の締結および届出を行うのみならず、適切に従業員の労働時間を把握・管理し、上記規制に抵触しないように運用する必要があります。

(2)　管理監督者

　「監督若しくは管理の地位にある者」（いわゆる管理監督者）については、時間外労働および休日労働をした場合でも割増賃金を支払う必要がないとされています（労働基準法41条参照）[2]。

　管理監督者（労働基準法41条2号）とは、労働条件の決定その他労務管理について経営者と一体の立場にある者をいい、管理監督者に該当するか否かは、職務内容、権限、責任、賃金、労務管理の状況、勤務形態が労働時間等に対する規制になじまないものであるか否か等を考慮して総合的に判断されます。

　上場準備会社の中には、一定の職位以上の労働者については残業代を発生さ

1　ただし、中小企業については、経過措置が設けられており、当該規制は2020年4月1日以降から適用されています（改正労働基準法附則3条）。

2　割増賃金については発生しませんが、管理監督者が深夜（午後10時から午前5時まで）に労働した場合には、深夜割増賃金が発生します（労働基準法37条4項、最判平成21・12・18集民232号825頁）。

せないために、管理監督者にあたると整理している場合がありますが、法的には管理監督者に該当すると評価することができずに、未払賃金が発生しているケースがあります。

(3)　定額残業代

　上場準備会社の中には、割増賃金を毎月定額で支払う方法（いわゆる定額残業代制）を採用している会社も多くあり、このような割増賃金の支払方法も、通常の労働時間の賃金に当たる部分と時間外の割増賃金に当たる部分とを判別することができる形で支払われている場合には有効であると解されています（最判平成24・3月・8労判1060号5頁）。

　しかし、上場準備会社の中には、基本給等に該当する賃金と割増賃金を区別して支払っていない場合があります。この場合、会社が割増賃金を支払っていると考えていたとしても、法的には有効な割増賃金の支払いがあったとは認められませんので、未払賃金が発生することになります。

(4)　労働時間の把握

　会社は従業員の健康保持の観点から労働時間を把握しなければならないと定められています（労働安全衛生法66条の8の3）。

　上場準備会社の中には、管理監督者として整理している従業員の労働時間を把握していなかったり、定額残業代を採用している会社が従業員の労働時間を把握していないケースがあります。

　しかし、上記のとおり、会社は従業員の健康保持の観点から労働時間を把握する義務があります。また、管理監督者が深夜労働を行った場合には深夜割増賃金を支払わなければならず（労働基準法37条4項、最判平成21・12・18集民232号825頁）、定額残業代を採用している場合も、定額残業代を超える割増賃金が発生した場合にはその差額を支払う必要がありますので、割増賃金の適切な算定の観点からも、従業員の労働時間を正確に把握する必要があります。

　また、労働時間に関しては、通常タイムカード等のツールにより管理されるのが一般的ですが、当該ツールを利用して集計された労働時間が、必ずしも法的に労働時間と評価される時間と一致していない場合がある点についても留意が必要です。

　そもそも、労働時間とは、労働者が使用者の指揮命令下に置かれている時間のことをいい、具体的には使用者による拘束の程度や具体的な活動内容等を総合的に考慮し、使用者の指揮命令下に置かれたものと評価することができるか否かの観点から実質的に判断されます。

　そのため、たとえば、就業時間前に朝礼が行われたり、就業時間の前後に、業務に関連する準備作業や報告を行う場合には、これらに要する時間は、労働

時間に該当すると判断される可能性があります。このように、会社によっては本来労働時間と評価されるべき時間が、タイムカード等に記録されずに労働時間が集計されている場合があり、会社に未払賃金が発生しているというケースもありますので、留意が必要です。

(5)　偽装請負・偽装業務委託

ア　「偽装請負」または「偽装業務委託」の該当性について

　請負契約や、業務委託契約等に基づき他企業が雇用する労働者の提供を受けている場合、いわゆる「偽装請負」または「偽装業務委託」の該当性について確認する必要があります。

　請負契約や業務委託契約を企業間で締結して業務を実施する場合、基本的には、請負業者又は委託先（以下「送出企業」といいます）の労働者と注文主または委託元である会社との間に指揮命令関係が生じることはありません。

　しかし、送出企業の労働者が、会社で就業しているなどの場合には、会社と送出企業の労働者との間に実質的に指揮命令関係があると認められる場合があります。そして、会社と送出企業の労働者との間で実質的に指揮命令関係があると認められた場合、送出企業と対象企業の間で請負契約や業務委託契約が形式的に締結されていたとしても、労働者派遣（労働者派遣事業の適正な運営の確保及び派遣労働者の保護等に関する法律（以下「労働者派遣法」といいます）2条1号）が行われていると評価され、労働者派遣法の適用を受けることになります。

　労働者派遣法の適用を受ける場合、会社は、労働者派遣法上の派遣先の各種義務（同法39条以下）を遵守しなければならず、かかる義務に違反した場合には、指導（同法48条）、改善命令（同法49条）、公表（同法49条の2）および立入検査（同法51条）が行われる可能性や刑罰（同法61条）が課される可能性があります。また、会社は、指揮命令関係にある労働者に対して労働基準法に定める労働時間、休憩、休日に関する規定（同法32条等）を遵守する義務を負うことになり（同法44条2項）、当該規定に違反している場合には、会社が労働基準法に違反しているとして行政指導の対象となったり、罰則（労働者派遣法44条2項、労働基準法109条等）が科せられる可能性があります。

請負・業務委託の契約関係

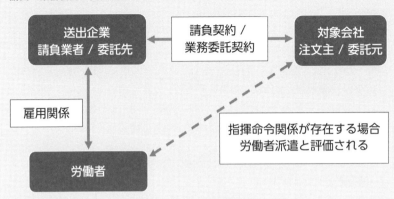

　イ　指揮命令関係の判断基準等について

　「偽装請負」または「偽装業務委託」に該当するか否かは、送出企業の労働者と会社との間で指揮命令関係が認められるか否かによって判断されます。

　指揮命令関係が認められるか否かの判断基準は、厚生労働省が示しており（「労働者派遣事業と請負により行われる事業との区分に関する基準を定める告示」（昭和61年4月17日労働省告示第37号、改正平成24年9月27日厚生労働省告示第158号）参照）、当該判断基準では、以下の①から④のいずれの要件も満たす場合には、送出企業の労働者と会社との間で指揮命令関係は認められませんが、以下のいずれか1つの要件でも満たさない場合には送出企業の労働者と会社との間で指揮命令関係が認められ、「偽装請負」または「偽装業務委託」と評価されるものと解されています。

> ①　送出企業が、業務の遂行に関する指示その他の管理を自ら行っていること（たとえば、業務遂行方法に関する指示や業務遂行に関する評価を送出企業が行っている場合等）
> ②　送出企業が、労働時間等に関する指示その他の管理を自ら行っていること（たとえば、始業時刻や終業時刻、休憩時間等に関する指示を送出企業が行っている場合等）
> ③　送出企業が、企業における秩序の維持、確保等のための指示その他の管理を自らが行っていること（たとえば、服務上の規律に関する指示、労働者の配置の決定・変更を送出企業が行っている場合等）
> ④　送出企業が、請け負ったまたは委託を受けた業務を自己の業務として独立して処理していること（たとえば、送出企業が業務の処理に要する資金を自らの責任で調達し支弁している場合等）

　上場準備会社においては、実質的には従業員として雇用しているにもかかわらず、契約上は業務委託や請負契約と整理している場合も多く見られます。しかし、①から④のいずれかの要件を満たさない場合には、当該業務委託または請負契約を締結していたとしても、雇用契約であると判断され、従業員の未払賃金が発生していると評価される場合がありますので、留意が必要です。

COLUMN

在宅勤務に関する法的問題点

　新型コロナウイルス対策を機に在宅勤務は広がりを見せ、各社において制度の整備が進められています。在宅勤務は、新型コロナウイルス対策となるにとどまらず、多様な働き方を後押しするものである一方、制度の設計や運用に意を用いねば、法的問題を引き起こす原因ともなります。

　例えば、在宅勤務であっても、使用者は労働者の労働時間を把握し、所定労働時間外の労働が生じれば割増賃金を支払う法的義務がありますが、労働時間の算定が難しいとして、一定の労働時間働いたものとみなして取り扱う例が散見されます。確かに、「労働時間を算定し難いとき」に「所定労働時間労働したものとみなす」ことは法律上定められた取扱いですが（労働基準法38条の2第1項）、メール等で容易に連絡が取れ、使用者の指揮命令が及びやすい現代において、「労働時間を算定し難い」といえる場面は限られており、かかる取扱いが違法となる場合があります。

　また、在宅勤務では、職場での勤務に比べ、使用者の監督の目が届きにくいことから、インターネットの閲覧記録等のモニタリングが行われることがあります。従業員のモニタリングを行う場合には、①モニタリングの目的をあらかじめ特定した上で、社内規程等に定め、従業員に明示すること、②モニタリングの実施に関する責任者及びその権限を定めること、③あらかじめモニタリングの実施に関するルールを策定し、その内容を運用者に徹底すること、④モニタリングがあらかじめ定めたルールに従って適正に行われているか、確認を行うことに留意する必要があります（個人情報保護委員会「「個人情報の保護に関する法律についてのガイドライン」及び「個人データの漏えい等の事案が発生した場合等の対応について」に関するQ＆A」Q4-6）。こうした点の考慮に欠くモニタリングは、従業員のプライバシーを侵害しているとされるおそれがあります。

Ⅱ　ハラスメント対応について

　ハラスメントには、セクシャルハラスメントやパワーハラスメント等が挙げられます。

　まず、セクシャルハラスメントとは、「相手方の意に反する性的言動」（菅野和夫『労働法〔12版〕』（弘文堂、2020年）261頁）をいい、雇用の分野における男女の均等な機会及び待遇の確保等に関する法律（以下「雇用機会均等法」といいます）では、「事業主は、職場において行われる性的な言動に対するその雇用する労働者の対応により当該労働者がその労働条件につき不利益を受け、又は当該性的な言動により当該労働者の就業環境が害されることのないよう、当該労働者からの相談に応じ、適切に対応するために必要な体制の整備その他の雇用管理上必要な措置を講じなければならない。」（同法11条1項）と規定されています。また、会社がセクシャルハラスメントを防止するために講じなければならない雇用管理上必要な措置の内容については、「事業主が職場における性的な言動に起因する問題に関して雇用管理上講ずべき措置についての指針」（以下「セクハラ指針」といいます）において定められています。

　次に、パワーハラスメントとは、「職場において行われる優越的な関係を背景とした言動であって、業務上必要かつ相当な範囲を超えたもの」をいい、2020年6月1日施行の労働施策の総合的な推進並びに従業員の雇用の安定および職業生活の充実等に関する法律（以下「労働施策総合推進法」といいます）において「事業主は、職場において行われる優越的な関係を背景とした言動であって、業務上必要かつ相当な範囲を超えたものによりその雇用する労働者の就業環境が害されることのないよう、当該労働者からの相談に応じ、適切に対応するために必要な体制の整備その他の雇用管理上必要な措置を講じなければならない。」（同法30条の2第1項）と規定されています。また、会社がパワーハラスメントを防止するために講じなければならない雇用管理上必要な措置の内容については、「事業主が職場における優越的な関係を背景とした言動に起因する問題に関して雇用管理上講ずべき措置についての指針」（以下「パワハラ指針」といいます）において定められています。

　セクハラ指針およびパワハラ指針で定められているハラスメントを防止するために会社が講じなければならない雇用管理上必要な措置の概要は以下のとおりです。

① 事業主の方針の明確化及びその周知・啓発
　(ⅰ) 職場におけるハラスメントの内容・ハラスメントがあってはならない旨の方針を明確化し、管理・監督者を含む労働者に周知・啓発すること。
　(ⅱ) ハラスメントの行為者については、厳正に対処する旨の方針・対処の内容を就業規則等の文書に規定し、管理・監督者を含む労働者に周知・啓発すること。
② 相談（苦情を含む）に応じ、適切に対応するために必要な体制の整備
　(ⅰ) 相談窓口をあらかじめ定めて、周知すること。
　(ⅱ) 相談窓口担当者が、内容や状況に応じ適切に対応できるようにすること。また、広く相談に対応すること。
③ 職場におけるハラスメントに係る事後の迅速かつ適切な対応の実施
　(ⅰ) 事実関係を迅速かつ正確に確認すること。
　(ⅱ) 事実確認ができた場合には、すみやかに被害者に対する配慮の措置を適正に行うこと。
　(ⅲ) 事実確認ができた場合には、行為者に対する措置を適正に行うこと。
　(ⅳ) 再発防止に向けた措置を講ずること。（事実が確認できなかった場合も同様）
④ ①から③までの措置とあわせて講ずべき措置
　(ⅰ) 相談者・行為者等のプライバシーを保護するために必要な措置を講じ、周知すること。
　(ⅱ) 相談したこと、事実関係の確認に協力したこと等を理由として不利益な取扱いを行ってはならない旨を定め、労働者に周知・啓発すること。

第12章

ⅠＰＯはコンプライアンスが命！（労務編）

　ハラスメントについては、社内規則等でハラスメントを禁止したとしても、会社内でハラスメントが発生することを完全に防止することは困難です。
　したがって、研修等による社員教育を通じてハラスメントを防止するよう継続的に努めることはもちろん重要ですが、それとともに、ハラスメントが発生した場合にいち早く会社として適切な措置をとることができるように、社内に相談窓口を設置し、周知するとともに、ハラスメントに関する相談がなされた場合には、事実関係を適切に把握し、被害者への配慮と行為者への適切な措置を講じることができるように会社の体制を整えることが肝要です。

COLUMN

LGBTについて

　LGBTとは、レズビアン、ゲイ、バイセクシャル、トランスジェンダー、それぞれの英語の頭文字からとったセクシャルマイノリティの総称です。

　会社としては、LGBT等の性的少数者へのセクシャルハラスメントについても適切に対処する必要があり、セクハラ指針にもその旨が明記されています。たとえば、他者が性的少数者であることをからかったり、本人が公表していないにもかかわらず性的少数者であることを公表すること（いわゆる、アウティング）はセクシャルハラスメントに該当しうるため注意が必要です。

　また、企業の中には、LGBTへのセクシャルハラスメントの防止だけでなく、LGBTの従業員が働きやすい環境を整えるために積極的な取組みを進めている会社もあります。具体的には、体の性と心の性が一致しないトランスジェンダーの就活生に配慮し、エントリーシートの性別欄を廃止したり、性別に関係なく誰でも使用できるトイレを設置するなどの取組みが行われています。

IPOはコンプライアンスが命！
（情報セキュリティ編）

1　宮上部長はシステム開発だけしていたい

「宮上くん、最近システム部はどう？」

木口が、社内の廊下で、iPadを渋い顔で操作しているシステム部の部長である宮上に声をかけた。

「社長、システム部の拡張にあたって、これまでのデータなどを見ていたところです。どのように進めるべきかはちょっと悩ましいですが……。」

宮上は、転職マッチングサービスの利用者数の大幅な増大、新規サービスの実施、さらには、上場に向けたシステムの見直しなどに追われていた。そのために拡大した人員と予算をどう効率的に使うかについて、悩んでいたのだった。

「いつもいってるけど『社長』じゃなくて、木口でお願い。師匠！」

木口と宮上は、大学時代の同級生で、同じ学部で情報工学を専攻し、主にコンピュータプログラミングについて勉強していた。

宮上は、中学生の頃からプログラミングに興味を持って勉強し、高校時代からアルバイトでプログラマーとして第一線で働いていた。そのため、大学入学時点ではすでにプログラミングの能力は卓越したものになっていた。

これに対して、木口は、将来的にプログラミングスキルが必要になると考

えて、大学からプログラミングの勉強を始めたところであった。木口は、在学中にさまざまなプログラムの製作を行ったが、プログラミングでわからない箇所があれば、宮上に教えてもらっていた。そのため、木口にとって、宮上はプログラミングに関する師匠といってよい存在である。

　大学卒業後、宮上は大手IT企業に就職してシステムエンジニアとして働きだした。一方の木口は商社に就職したため、2人は同窓会で顔を合わせる程度の関係性であった。

　しかし、木口が、AIによる人材マッチングサービスを展開しようと決心し、Book village社を創業した段階で、このビジネスを成功させるためには、宮上の能力が絶対に必要だと考えた。

　そこで、木口は、何度も何度も宮上のもとを訪れた。

　そのたびに、「人は、一生のうち多くの時間を仕事に費やすことになるんだから、そこにミスマッチングがあると人生は不幸になってしまうと考えていて、そんな不幸なことをAIマッチングサービスで無くしたい。お願い、宮上くん！　理想のシステムを作り上げるためにどうしても宮上くんの能力が必要なの！」と必死にBook village社に来てほしいと説得を行った。

　これに対して、宮上は当初、大手企業から転職することなどまったく考えられなかった。しかし、木口から何度も説得を受けた結果、最終的には木口の熱意に負けた。

　「わかったよ、木口さん。2年間は手伝うけど、その後は自由にさせてもらうよ。」

　「そうこなくっちゃ。でもね、Book village社の事業は、すべての人に最適な仕事を提供できるまで終わらないの。まず、私自身が、宮上くんに最適な仕事を提供するから。2年経ったころには、きっとうちに来てよかった、もっとこの仕事を続けたいって思ってるはずよ。」

　木口は、自信ありげにそう言ったのだった。

　宮上が、Book village社に入社した後、同社の成長スピードは著しかった。

　宮上は、瞬く間にAIマッチングサービスのベータ版を完成させ、サービスをリリースさせた。利用者は急増したが、宮上はそのシステム対応も一手に行い、事業を加速度的に成長させた。

　宮上は、当初は2年間で別の仕事に転職するつもりだったが、入社していつの間にか6年が経過していた。宮上はいつの間にか自分にとってはこの責任

ある仕事が天職であると思うようになり、くやしいが木□の言葉は正しかったと悟るのだった。

　木□は、宮上のシステム開発に関する能力については、全面的に信頼していたが、宮上はコミュニケーションを苦手としている部分があった。そこで、木□は、宮上が周囲の人間とコミュニケーションをとりやすい環境を作れるように、それとなくフォローをしてきており、特に問題は生じず時が過ぎていった。

　もっとも、ここ最近の宮上の悩みの対象は、対人関係のほかにシステム部の拡張が加わっていた。宮上が悩んでいるのを感じていた木□は、宮上を見かけるたびに声をかけてフォローを密にするように努めていた。

　「わかったよ。木□さん。」
　周りに従業員がいないことを確認して、宮上は回答する。
　「そんなに、周りを気にしなくても、大丈夫よ。従業員はみんな、私と宮上くんが同級生で、宮上くんが私のプログラミングの師匠なのは知ってるから。それで、どうして、難しい顔してデータ見てたの？」
　「最近、人員が急に増えたから、システム拡大のスケジュールだったり、業務の割り振りについて見直してたんだよね。さすがに、従前の人材マッチングサービスの対応と新サービスの２つをすべて自分で行うことは限界があるから、その割り振りとか、みんなにどうやって説明したらいいかで悩んでいたんだよ。」
　宮上は、苦笑いを浮かべながらそう言った。
　「宮上くんは、説明苦手だからね。私に対しては、普通に話ができるから、部下に対しても同じように話したら大丈夫でしょ。」
　「いや、木□さんは、大学時代から知り合っているからだよ。いろいろな人が入ってきてまとめないといけない立場になってから、人間関係を構築することの重要さに気がついたんだけど、難しいね。もう、人間関係のしがらみから開放されて、プログラミングだけしていたいよ。」
　「出た。プログラミングヲタクのあるある発言！」
　「いやいや、これでも深刻に悩んでいるんだよ。正直、AIマッチングシステムは人に任せて、新たなシステム開発の方だけをしていたいなってさ。」
　宮上は真剣な眼差しで、木□に伝えるのであった。

「宮上くんの本心には前から気づいていたよ。今、システム部で有望な人材が育ってきているから、徐々に、AIマッチングシステムについては宮上くんの部下に委ねていってもいいと思ってる。ただ、AIシステムを任せるのであれば、もう少し部下が育ってくるのを待つ必要があると思うから、それまでは宮上くんがAIマッチングシステムと新サービスの両方で頑張ってくれない？　頼りにしています、宮上部長！」

「あいかわらず、木口さんは、調子がいいからな。」

軽口をたたき、木口と宮上はそれぞれの業務に戻るのであった。

＊＊＊＊＊＊＊

2　情報漏えいを防止せよ！

その数日後、宮上が血相を変えて、木口のもとを訪れた。

「木口さん、これを見て。」

宮上は、手に持ったノートパソコンの画面上に、中古品の販売サイトの画面を表示した。

「これが、どうかしたの？」

木口は事態が把握できずに、宮上に尋ねた。

「システム部で、現在サーバ更新を進めていることは、取締役会で報告したと思うけど、処分したはずのハードディスクがサイト上で販売されているんだ。」

「どういうことっ！？　うちが処分したハードディスクと一致していることは確認できているの？」

「記録されているシリアル番号が一致したんだ。これって問題になっちゃうかな……。」

震えた声で宮上はいう。

「当然問題になるわよ！！！　まずは、このオークションサイトに出ているものが、第三者に回ってしまうと問題だから、確実に購入して。会社名義だとわかるかもしれないから、誰かの個人名義で対応した方がいいかもしれない。小菅くんと久保さんにも情報共有して、弁護士の大崎先生と至急対策について協議しましょう。宮上くんも、システム部長として同席してちょうだい。」

木口は内心ではパニックを起こしながらも、冷静に宮上に指示する。

「わかりました。」

　宮上は、やっとわれに返り、ハードディスクが第三者に売却されることを阻止すべく、システム部に戻っていった。

　木口は、社内情報の漏洩が発生した可能性があるとして、弁護士の大崎に連絡し、その夜、急遽打ち合わせが設定された。

　打ち合わせには、木口、小菅、宮上、大崎弁護士および大崎弁護士の同僚で情報関連分野のスペシャリストである平弁護士が出席していた。出席者が全員集まると、木口が口を開く。

「社内情報が今後社外に流出する可能性があるとわかったので、急遽集まってもらいました。本件の経緯や現在の状況については、宮上部長から説明してもらいたいと思います。」

　木口がいつになく緊張した様子で、宮上に話を振る。

「はい。取締役のみなさんにはすでにご報告したとおり、当社では、現在サーバの更新を進めており、当該更新の際に使用していたハードディスクの一部の破棄を行いました。ハードディスクには顧客の氏名とアプリのアカウントなどが入っていましたので、破棄を行うために、専門の業者に依頼して処理してもらうことにし、一昨日処分対象のハードディスクを業者に引き渡しました。ところが、私が偶然中古品販売サイトを見ていたところ、当社で使用していたハードディスクと同じものが、中古製品として売りに出されていました。

　まさかとは思ったのですが、本日会社で控えていたハードディスクのシリアル番号を確認したところ、出品されていたものと一致したのです。」

　宮上の話を聞き、小菅はあまりの出来事にぼう然としていたが、弁護士の平が、冷静に現在の状況を把握するために宮上に質問した。

「中古品販売サイトに出品されているハードディスクの数と御社が廃棄依頼をしたハードディスクの数は一致しているのですか。」

「数は一致しています。」

　宮上が回答すると、平弁護士が続けて質問した。

「オークションサイトに出品されていることが判明し、宮上部長はどのような対策をとりましたか。」

「第三者が購入すると非常に問題になってしまいますので、ただちに購入の処理をしました。特に何もなければ、2〜3日程度で、ハードディスクは届くと思います。」

「わかりました。ひとまずは、対応済みということですね。」

平弁護士は、安堵の表情を浮かべた。

続いて小菅が平弁護士に質問する。

「今回の件がIPOに影響するということはありますか？」

これに対して、平弁護士は少し厳しい表情で答えた。

「現時点では、IPOに影響がないとはいい切れません。情報漏えいに対する社会的な関心は最近非常に高まっていますので、今回の件で実際に情報漏えいしてしまった場合には、会社の信頼性に大きく影響を及ぼします。過去には、情報漏えいが発覚し、自主的に上場申請をとりやめる会社もありました。

他方で、ハードディスクが第三者に渡る前に回収することができ、幸運にも情報漏えいしなかった場合には、IPOへの影響は致命的ではないとは思います。ただし、上場審査において、情報管理の内部統制の不備が発見された場合には、想定のスケジュールで上場できないことは十分に考えられます。」

「わかりました。まずは、ハードディスクがこのまま無事当社に返ってくることを祈りたいと思います。情報管理の方法に関してですが、当社は、大量の個人情報を取り扱っていますので、情報セキュリティについては慎重に対応を行っています。今回のケースは廃棄業者が情報漏えいしたケースだと思うのですが、このようなケースでも当社側の問題になるのでしょうか。」

「個人情報保護法では、個人データの漏えい、滅失またはき損の防止その他の個人データの安全管理のために必要かつ適切な措置、いわゆる安全管理措置を講じることが求められています。当該安全管理措置に関して、ガイドラインでは、個人データが記録された機器の廃棄を委託した場合には、委託先が確実に削除または廃棄したことについて証明書等により確認することが重要であると記載されていますので、御社としても、廃棄を完了したことをどのように確認したのかという点は問題になると思います。」

「わかりました。当社が委託先に廃棄を委託した際にどのようなやりとりを行ったかについて確認するようにします。」

＊＊＊＊＊＊＊

小菅は、平弁護士らとの打ち合わせの後、今後の対応方針について協議するため急遽取締役会を開催し、木口、小菅、久保、藤田、そして事情説明のために宮上が出席した。

取締役会では、小菅から平弁護士のアドバイスをふまえて、まずはハードディスクが当社に返還されることを待つとともに、委託業者とのやりとり等

について並行して確認することを考えている旨の報告をしたところ、社外取締役の藤田から激が飛ぶ。

「そんな、悠長なことを言っていてどうする！　もし、今回の件でハードディスク内の情報が外部に漏えいしていたら大変な問題になることはわかっているのか？」

藤田は以前取締役を務めていた会社で個人情報をシステムエンジニアが持ち出し、名簿業者に売却するという不祥事を経験していたため、情報漏えいがいかに世間に対するインパクトが大きいかを身をもって体験していたのだ。

「法的責任を考えるのであれば、弁護士が言うように、委託先とのやり取りを確認するという話になるのかもしれないが、そんなことより、まずは最優先で、ハードディスクが返ってきたら情報が漏えいしていないかを徹底的に検証すべきだ！　もし、情報漏えいがあることがわかれば、上場の話など吹っ飛んでしまうぐらいの重要案件だぞ！」

＊＊＊＊＊＊＊

その後、小菅は、藤田の発言内容をふまえて、今後の対応方法を相談するためにあらためて大崎弁護士及び平弁護士と打ち合わせを行った。

小菅から藤田の発言について説明を受けて平弁護士はあらためてアドバイスを行った。

「藤田取締役の指摘は、おっしゃる通りです。ハードディスクが返ってきましたら、まずは情報漏えいの可能性の有無について検討してください。ただ、

将来的に御社の対応方法の是非について検証することになりますので、その点も並行して確認することができるのであれば、確認していただくのがよいと思います。」

　── 藤田社外取締役は、さすが大企業でさまざまな修羅場をくぐり抜けてきているだけあるな。感心するほかない。ただ、今後、情報セキュリティ対策を彼の厳しい指示に従って整えていくのは骨が折れそうだ。やれやれ……。

　小菅は、そんなことを考えていた。

●解説

I　情報セキュリティの重要性

　近時、企業活動において、IT技術の活用は必要不可欠なものとなっており、上場準備会社においても、決算業務はもちろんほぼすべての業務がIT・システム化されていますし、ビジネスにおいてもITを利活用することによって、FinTech（フィンテック）やIoT（Internet of Things）等の事業分野の新規ビジネスが創出されている状況です。

　このようにIT・システム化が進んでいる中、企業経営における重要な営業情報や技術情報等の情報漏えいに対して、社会的関心や意識は非常に高くなっており、上場審査上も、情報セキュリティや個人情報保護の取組みについて説明を求めており、また自社のみならずグループ会社や外部委託先を含む管理体制の整備と強化が上場準備会社において求められています。実際に、自動運転技術を開発するベンチャー企業が、上場承認後にインターネットサイト上に顧客リストの一部が流出していた問題が発覚し、会社が上場延期した事例もあり、情報漏えい等の事故が発生した場合には、上場に大きな影響を与えることになります。

II　情報漏えいリスクについて

　情報セキュリティとは、一般的に「情報の機密性、完全性、および可用性を維持すること」と定義されており、「機密性」とは、認可されていない個人や主体またはプロセスに対して情報を使用させず、開示しない特性をいい、「完全性」とは、情報が改ざん、破壊されることなく、正確、完全である状態を保持されることをいい、「可用性」とは、正当な権利・権限を有した者が、必要なときに情報にアクセスできることをいいます。

　情報セキュリティリスクは、上記3つの特性が阻害される可能性をいいますが、このうち最も代表的なリスクが、情報の「機密性」が阻害される情報漏え

いリスクであり、2005年の個人情報保護法全面施行以降、情報セキュリティ対策の中心となっています。

　また、企業における情報漏えい事故に対する社会の関心や意識は非常に高くなっており、企業が個人情報漏えい事故を発生させると、事故対応に関する直接的・間接的コストの発生に加えて、企業の信用の失墜といったレピュテーションリスクの顕在化を引き起こす可能性があります。さらに、事故発生時の対応によっては、さらなる企業イメージの低下につながることも想定され、漏えいした情報の量、漏えいした情報の内容、漏えいした当時の事故防止体制、事故発生への対応等の状況によっては莫大な規模の費用を要するケースも考えられます。このような被害の大きさからも、情報漏えいリスクは企業にとって看過できない重大リスクの1つということができます。

　企業における情報セキュリティリスクへの対処は、決して一過性のものであってはならず、情報技術の発展、新しいサイバー攻撃手法の出現等、さまざまな環境変化に応じて見直し、改善が求められます。そのため、企業において適切に情報セキュリティリスクを管理するためには、情報セキュリティリスクへの対応を継続的に改善していくことができる体制を企業内に構築し、その体制を維持・運用していくことが重要です。

Ⅲ　個人情報保護法について

1　はじめに

　IT社会の進展に伴って、個人情報が電子的情報としてインターネット等を通じて広範に流通するようなったため、個人情報を保護するために2003年5月23日に個人情報保護法が成立し、2005年4月1日より全面施行されました。その後、個人情報に対する安全管理意識が高まり、また、ビッグデータを生かした新たな産業やサービスの登場に伴って、2017年5月30日より、改正個人情報保護法が全面施行されました。

　会社の事業運営にあたっては、取引先や従業員等の個人情報を取り扱う必要があり、個人情報保護法については避けることが出来ない規制です。特に、大量の個人情報を取り扱う企業においては、個人情報保護法を厳格に解釈して遵守することが求められます。

　以下では、①個人情報の取得時、②管理時、③第三者への移転時に分けて個人情報保護法の規制内容について説明します。

2　個人情報取得時の規制

　個人情報保護法では、個人情報を本人から取得する場合には、利用目的をで

きる限り特定しなければならないこと（同法15条1項）および、個人情報を取得した場合には、あらかじめその利用目的を公表している場合を除き、すみやかに、その利用目的を本人に通知し、または公表しなければならない旨を定めています（同法18条1項）。

　ここでいう「通知」とは、本人に対して直接知らしめることをいいます。また、「公表」とは広く一般に自己の意思を知らせることをいい、事業の性質および個人情報の取扱状況に応じて合理的かつ適切な方法によらなければなりません（例えば、自社のホームページにて掲載する場合には、トップページから1回程度の操作で到達できる場所に掲載する必要があります）。

　もっとも、個人情報の取得状況から見て利用目的が明らかであると認められる場合（個人情報保護法18条4項4号参照）等、個人情報保護法が定める例外事由に該当する場合には、利用目的の通知又は公表は不要とされています。

　また、個人データを本人以外の第三者から取得をする場合、個人情報保護委員会規則で定めるところにより、当該第三者の氏名または名称および住所ならびに法人にあってはその代表者の氏名の確認を行い、さらに、当該個人データの提供を受けた年月日等の一定の事項に関する記録を作成しなければなりません（個人情報保護法26条1項・3項）。もっとも、①個人データの取扱いの委託に伴って個人データを受領する場合（同法23条5項1号）、②事業承継に伴って個人データを受領する場合（同項2号）、③特定の者との間の個人データの共同利用に伴って個人データを受領する場合（同項3号）等の個人情報保護法で認められている一定の例外事由に該当する場合には、上記確認・記録義務の履行は不要とされています。

　なお、個人データとは、特定の個人情報を容易に検索することを体系的に構成した個人情報データベース等を構成する個人情報をいい（個人情報保護法2条6項）、例えば、電子メールのアドレス帳に入力されている氏名やメールアドレス、五十音順に並べて整理された名刺帳の各名刺に記載された氏名等が個人データに該当します。

3　個人データの管理規制

　個人情報保護法では、個人情報取扱事業者は、その取り扱う個人データの漏えい、滅失またはき損の防止その他の個人データの安全管理のために必要かつ適切な措置（以下「安全管理措置」といいます）を講じなければならない旨を規定しています（同法20条）。

　安全管理措置の内容については、個人情報保護委員会が定める「個人情報の保護に関する法律についてのガイドライン（通則編）」（以下「ガイドライン」といいます）に記載されており、①基本方針の策定、②個人データの取扱いに

係る規律の整備、③組織的安全管理措置、④人的安全管理措置、⑤物理的安全管理措置、⑥技術的安全管理措置を講じることが求められています。上記①〜⑥の具体的な内容については以下のとおりです。

① 基本方針の策定

　個人情報取扱事業者は、個人データの適正な取扱いの確保について組織として取り組むために、基本方針を策定する必要があります。

② 個人データの取扱いに係る規律の整備

　個人情報取扱事業者は、その取り扱う個人データの漏えい等の防止その他の個人データの安全管理のために、個人データの具体的な取扱いに係る規律を整備する必要があります。

③ 組織的安全管理措置

　個人情報取扱事業者は、組織的安全管理措置として、次に掲げる措置を講じる必要があります。

　（i）　安全管理措置を講ずるための組織体制の整備

　（ii）　個人データの取扱いに係る規律に従った運用

　（iii）　個人データの取扱状況を確認する手段の整備

　（iv）　漏えい等の事案に対応する体制の整備

　（v）　取扱状況の把握および安全管理措置の見直し

④ 人的安全管理措置

　個人情報取扱事業者は、人的安全管理措置として、従業者に対して個人データの適正な取扱いを周知徹底するとともに適切な教育を行う必要があります。

⑤ 物理的安全管理措置

　個人情報取扱事業者は、物理的安全管理措置として、次に掲げる措置を講じる必要があります。

　（i）　個人データを取り扱う区域の管理

　（ii）　機器及び電子媒体等の盗難等の防止のための適切な管理

　（iii）　電子媒体等を持ち運ぶ場合の漏えい等の防止措置

　（iv）　個人データの削除および機器、電子媒体等の廃棄

⑥ 技術的安全管理措置

　個人情報取扱事業者は、情報システムを使用して個人データを取り扱う場合、技術的安全管理措置として、次に掲げる措置を講じる必要があります。

　（i）　アクセス制御

　（ii）　アクセス者の識別と認証

　（iii）　外部からの不正アクセス等の防止措置

　（iv）　情報システムの使用に伴う漏えい等の防止措置

4　個人データの第三者移転規制

　個人情報保護法では、個人データを第三者に移転する場合には，原則として、本人の同意を得ること、および、個人データの移転時に一定の事項を記録することを内容とする記録義務の履行が必要とされています（同法23条1項、25条）。

　もっとも、個人情報を第三者から取得する場合と同様、①個人データの取扱いの委託に伴って個人データが提供される場合[1]（個人情報保護法23条5項1号）、②事業承継に伴って個人データが提供される場合（同項2号）、③特定の者との間で個人データが共同利用される場合（同項3号）等の個人情報保護法で認められている一定の例外事由に該当する場合には、本人の同意の取得および記録義務の履行のいずれも不要とされています。

　また、個人情報保護法では、個人データが外国（個人の権利利益を保護するうえで我が国と同等の水準にあると認められる個人情報の保護に関する制度を有している外国として個人情報保護委員会規則で定めるものを除きます）の第三者に提供される場合には、上記規制に加えて、個人データの提供を受ける者が、個人情報の取扱いに係る国際的な枠組みに基づく認定を受けている場合や個人情報保護法第4章第1節に定める各規定の趣旨に沿った措置の実施が確保されている場合でない限り、外国の第三者に個人データを移転することについて本人の同意を得なければならない旨が規定されています（同法24条、個人情報保護法施行規則11条、同11条の2）。

COLUMN

情報管理の重要性

　情報の利活用の進展は、ビジネスチャンスである反面、情報漏えいが起きた場合のリスクを高めています。また一口に「情報漏えい」と言っても、外部からの不正アクセスや、委託先ベンダーの従業員によるデータの持ち出しといった悪意をもった第三者の行為による場合から、インターネット上に保存した顧客情報を外部から閲覧可能な設定にしていたという設定ミスや、顧客情報が保存されたハードディスクの紛失といった役職員の不注意によるものまで、その原因が様々であることが対応を難しくしている一因と言えます。CSIRT（Computer Security Incident

第13章

IPOはコンプライアンスが命！（情報セキュリティ編）

1　個人データの取扱いを委託する場合には、委託元に対して、委託先において安全管理措置が図られるように監督義務が課されています（個人情報保護法22条）ので留意が必要です。

Response Team、シーサート）と呼ばれるセキュリティ上の問題が発生した場合に対応を行うチームを社内に設立する企業が増えているのには、こういった背景があると考えられます。

　また本書執筆時点においては、新型コロナウイルスの感染拡大を受け多くの企業がリモートワークを実施している状況です。自宅のパソコンで顧客情報を取り扱ったり、自宅でのビデオ会議でスピーカーから音声を流すなどした場合には、これらが新たな情報漏えい経路となる可能性もあり、情報管理の難しさを示す一例といえます。

　さらに情報の利用・移転や企業の事業展開が国境をまたぐ場合、日本企業であっても、海外の情報に関する規制、例えば、欧州のGDPR（General Data Protection Regulation）、米国カリフォルニア州のCCPA（California Consumer Privacy Act）などが適用になる場合もありますので、海外の法制度であっても無関心ではいられません。

　また、上場することによって大きく変わる点の1つとして、自社の株式がインサイダー取引規制の対象となることがあげられます。検討中の増資・M&Aや、作成中の決算など、インサイダー情報になる可能性のある情報は、初期段階から管理することが必要となります。上場を機に他の上場企業との取引が拡大し、他社のインサイダー情報を入手することも増えるでしょう。未公表のインサイダー情報は、自社のもの他社のものにかかわらず、漏えいすると違法行為として罰則の対象となり得ますので注意が必要です。

　未上場の段階では、インサイダー取引規制にはあまり注意を払ってこなかった企業も多いでしょう。ですが、上場企業にはインサイダー取引の未然防止に向けた体制整備が義務付けられており（東京証券取引所有価証券上場規程449条）、インサイダー取引防止体制は上場審査においても重要なポイントとなります。そのため上場するに当たっては、インサイダー情報の管理や役職員による株式取引に関するルール作りに加え、研修などによって役職員の理解を深め、意識を高める取組みを進めていくことが重要となるのです。

IPOは上場審査が命！

1 物語はクライマックスへ──上場審査編突入

　小菅と久保は小会議室の横の休憩室でコーヒーを飲んでいた。2人は、望月と来社予定のHigh wood会計事務所の小山会計士を待っているところである。

　Book village社は申請期を迎え、今日は今後のスケジュール、引受審査に向けた準備作業など、アクションプランを決める大事な日だ。いよいよ本格的な審査が始まるのだ。

　小菅の脳裏には、IPO準備に奔走した日々が走馬灯のようにかけめぐる。

　思えば寒い冬の日に、木口の提案によりIPOを決意してから本当にいろいろなことがあった。四苦八苦しながらも経理体制など内部管理体制の整備がようやく片づいて来た矢先に、今度は労務問題や個人情報流出疑惑などが発生し、さまざまな問題をどうにか乗り越えてきた。

　久保はIPOのキックオフのミーティングで、「会社が大きくなってくればいずれにしても必要となってくることであり、一気に進めてしまいましょう。」といっていた。

　幾多の苦難を乗り越えてきた今となっては、久保の言葉が正しかったことがはっきりとわかる。思い返せば、IPOをめざすにあたって実施してきたガバナンス体制の強化と内部統制の構築は、会社が成長していく過程で遅かれ早かれ解決すべき課題だったのだ。

　小菅がそんな思いをめぐらせていると、望月と小山会計士があらわれ、一同は小会議室へと移動した。

　「証券会社との上場審査上の課題の改善対応も佳境に入り、いよいよ主幹事証券の審査部門による引受審査、その後の証券取引所の上場審査の段階に入ろうとしています。

　海部様との先日の面談で、公開引受部への書類提出期限、証券取引所への上場申請日、上場承認日およびローンチ日、上場日など、IPOまでのスケジュールを確認し、主要なスケジュールをスライドにまとめました。引受審査に入る前に現状の準備状況について最終確認し、小山先生におかれましては必要に応じてお気づきの点をご指摘いただければと思います。」

　望月はそういった後、スライドを投影しながら会議を進行させた。

スライド1：Book village社の申請期のスケジュール

日付	当社	主幹事証券審査	取引所審査	備考
6月28日	定時株主総会			機関設計の最終変更
7月21日	取締役会			修正予算の承認
8月15日	公開引受部への書類提出期限 1Q四半期報告書の提出	最終審査開始 午前中着で発送		
8月26日		一次質問書提示		
9月13日	一次回答ドラフト、添付資料（全件）の提出			
9月21日		一次回答へのコメントフィードバック		
9月28日		二次質問書提示		
10月14日	二次回答ドラフト、添付資料（修正版）の提出			
10月22日		二次回答へのコメントフィードバック		
11月15日	2Q四半期報告書の提出			
11月29日		上場申請書類作成期日		
12月2日	社長面談	引受審査部長訪問		
12月14日	上場申請取締役会決議			
12月15日	上場申請	上場申請	上場申請	
12月21日			東証第1回質問事項送付	
12月26日			第1回回答期日	
12月28日			第1回ヒアリング	第2回質問事項送付
1月4日			第2回質問事項送付	
1月7日				日程相談用届出書完成
1月9日				財務局日程相談
1月11日			第2回回答期日	
1月15日	月次取締役会		第2回ヒアリング	
1月16日	シ団、引受比率の決定		第3回質問事項送付	
1月22日			第3回回答期日	
1月24日	公募売出株数および売出人／貸株人（OA）確定	引受審査資料のシ団宛配布	第3回ヒアリング	届出書のシ団宛配布
1月29日	想定仮条件のご連絡			
1月30日			公認会計士ヒアリング	
1月31日			監査役ヒアリング	
2月1日			社長ヒアリング	
2月5日				目論見書カラーページ校了
2月6日				届出書、目論見書校了

日付	当社	主幹事証券審査	取引所審査	備考
2月7日				Ⅰの部校了
2月8日			社長説明会	
2月21日	新株発行取締役会、ロードショーリハーサル		上場承認	訂正届出書、目論見書①校了
2月24日	ロードショー			訂正届出書、目論見書①提出
2月25日	ロードショー			
2月26日	ロードショー			
2月27日	ロードショー			
2月28日	ロードショー			
3月1日	ロードショー			
3月2日	ロードショー			
3月3日	ロードショー			
3月4日	ロードショー、仮条件内定			
3月9日	ブックビルディング			
3月14日	ブックビルディング			訂正届出書、目論見書②校了
3月9日	公開価格決定			訂正届出書、目論見書②提出
3月12日	募集期間、訂正届出書効力発生			
3月13日	募集期間			
3月14日	募集期間			
3月15日	募集期間、月次取締役会			
3月30日	払込期日			
3月31日	上場日			

小山会計士が口を開く。

「みなさま、ここまで本当にお疲れ様でした。申請期に入り、ここからがいよいよIPOプロジェクトの本番ともいえる、引受審査の時期に入ります。

重要なポイントとして、これから審査期間に入りますと、このスライドのスケジュールどおりに進行する場合、引受審査が開始される今年の8月から、上場ターゲットの来年の3月までの8か月間は、大きな組織体制の変更は行いづらくなります。審査部は審査開始時点での組織体制で審査をするためです。

御社は会社規模が急激な拡大をしていて、いままでシステムを含めた内部管理体制の整備を進めてきましたが、審査開始前にいったん組織体制を確定させる必要があるのです。

それでは具体的な手順について、こちらのスライドをご確認ください。」

小山会計士は望月に対してスライドの投影をお願いした。

スライド２：申請期の論点および主なアクションプラン

		直前期			申請期										
		4Q			1Q			2Q			3Q			4Q		
		1月	2月	3月	4月	5月	6月	7月	8月	9月	10月	11月	12月	1月	2月	3月
スケジュール							総会 役会				上場申請★ 上場承認★					上場★
							引受審査						取引所審査			
ガバナンス組織体制	機関設計	組織再編、機関設計の最終化														
	監査役・監査役会	改善確認														
	内部監査	改善確認														
	組織体制	最終の整備完了			定款変更											
内部管理体制	決算体制	最終の整備完了														
	中期経営計画 事業計画							最終承認								
	稟議制度	最終の整備完了														
	労務管理	最終の整備完了														
審査対応	Iの部	直前期決算以外完成					最終チェック&更新				目論見書に変換					
	各種説明資料	直前期決算以外完成					最終チェック&更新									
	その他審査資料						最終チェック&更新									
ファイナンス対応	資本政策	完了														
					第三者割当増資等制限期間（継続所有必要）、株式移動等開示対象期間											
	エクイティストーリー ロードショー	エクイティストーリー構築									ロードショー資料作成			ロードショー		
	ファイナンス										公募・売出内容の決定			公募・売出		

「こちらのスライドのとおり、論点を『ガバナンス組織体制』、『内部管理体制』、『審査対応』、『ファイナンス対応』に分けて、具体的に説明させていただきます。

　まずは、『ガバナンス組織体制』につき、子会社の設立やM&A、重要な組織、人事、規程等の変更の予定がないかを確認する必要があります。

　『内部管理体制』の項目で１番問題となるのは、事業計画です。事業計画の見直しが必要であれば修正を行います。これは『ファイナンス対応』とも関連しますが、事業計画は公開価格に直接影響する一方で、大幅な未達は審査を通過できないリスクを高めます。明確な基準はありませんが、業績予想修正の適時開示基準『売上高は10％、各利益は30％の乖離』が１つの指標になります。特に近年においては、予算統制については証券取引所の審査が厳格化しているので留意が必要です。

『引受審査対応』は、すでに作成されている引受審査部への提出資料の最終チェックが必須となります。引受審査部へ提出する資料に不備がないか、特に決算書類、規程類や内部統制文書、議事録、事業計画等は入念にチェックしてください。

また、Ⅰの部の最終的なブラッシュアップが重要で、投資家にエクイティストーリーを説明する際のプレゼンテーション資料は目論見書の範囲内であることが求められるため、構築したエクイティストーリーをⅠの部にしっかり織り込んでいくことが重要です。具体的には、ビジネスのコアコンピタンスは『事業の内容』、御社の実績は『業績等の概要』、今後のビジネスモデル上の課題などは『リスク情報』と『対処すべき課題』、それぞれが整合ししっかりと説明ができているか、上場準備室とⅠの部作成部署にて確認する必要があります。

最後に、『ファイナンス対応』ですが、貴社は規模の成長が著しく、IPOの準備段階と申請期の今では状況も異なりますから、改めてIR戦略に見直しが必要ないかを検討する必要があります。すでにお話しましたが事業計画の見直し、エクイティストーリーの見直しが必要ないかを検討し、Ⅰの部、Ⅱの部（各種説明資料）にエクイティストーリーが反映されているか検証する必要があります。

また、この段階から証券会社のRM[1]部門とバリュエーションやエクイティストーリーについてコミュニケーションを開始してください。

証券会社は、主幹事契約の際には契約を獲得するために非現実的な高い時価総額を提示している可能性もありますが、想定発行価格の決定では、証券会社の顧客の利益を考慮して、低めの価格を設定する可能性もあります。

株価交渉の段階ではありませんが、今のうちからRM部門とコミュニケーションをとり、バリュエーションやエクイティストーリーの作り込みについてアドバイスを受けておくことが大切です。」

「小山先生、詳細なご説明をありがとうございます。」

小菅は、小山会計士に礼をいい、以下のとおり割り振りを指示した。

主幹事証券会社審査部への審査資料の提出の期限は4か月を切っている。

1　証券会社のRM（Relationship Management）という部門。引受部門や公開引受部とは異なり、IPO準備企業を全般的にサポートしてくれる部署。

小菅、久保、望月はそれぞれ自身の役割を確認し、準備にとりかかった。

* * * * * * *

2 第1の砦──**主幹事証券会社による引受審査**

審査資料を提出してから2週間後、審査部から第1回の質問書がメールで届いた。

証券会社への審査対応は望月がリーダーとして対応し、150問程度の質問のエクセル表を各担当者に割り振り、回答を望月がレビュー、小菅が最終チェックし、審査部に回答を送付した。質問書受領から回答までの期限は2週間だった。

質問書への回答が完了した約1週間後に、審査部による半日程度のヒアリングが設定され、小菅、久保、望月、そして必要に応じて木口が対応した。

そのようなサイクルが4回繰り返された。

論点となった主なテーマは事業計画の達成見込み、黄瀬のパワーハラスメント問題および情報漏えい問題であったが、最も対処が大変だったのは事業計画の達成見込みだった。

AIによる転職マッチングサービスは新規性が高くマーケットの規模の推定が困難であり、また新規のAI人事評価システム事業は市場が未成熟であることから売上の成長率の予測が困難である。N-1までは順調に予算達成していたが、申請期に入り月次での業績未達が生じていた。

事業計画における売上の成長率は、望月がその根拠を社内で議論を重ねながら何度も練り直して設定したものの、申請期の上期は売上高では1％から2％程度、営業利益6％の未達が続いていた。

久保と望月は申請期上期の未達は、予想に反して市況の雲行きが悪化したことにより顧客が間接費を抑える傾向が影響していたと分析し、実際に申請期の下期には市況の回復により売上高の成長率も回復したため、影響は一時的なものとして事業計画は見直さなかった。

しかし、審査部からは下期と年度の事業計画の達成見込みについて何度もその根拠の説明が求められ事業計画の見直しの要否も議論にあがり、なかなか審査を終えてはくれなかった。最終的には望月が下期以降の精緻な受注見込みおよび証憑書類を提示し、詳細に説明することで審査部も納得し、望月

と久保は胸をなでおろした。

　しかし、ここまできても油断はまったく許されない。
　いよいよ最後の砦である証券取引所の審査が始まるのだ。

＊＊＊＊＊＊＊

3　第2の砦──証券取引所による審査

　小菅、久保および望月は東京証券取引所を後にし、帰社の道を急いだ。
　先ほど和田証券の引受部の担当者とともに膨大な提出資料を揃え、東京証
券取引所に上場申請を行なってきたばかりだ。
　証券取引所側は上場審査部の審査責任者、主任上場審査役、上場審査役の
3名が出席し、上場申請に伴う提出書類を受理し、上場審査の進め方を説明
した。
　また、小菅は、久保および望月と事前に入念に準備してきた会社概要等の
説明をし、上場審査部から受けた質問に対応した。

＊＊＊＊＊＊＊

主幹事証券の引受審査と同様、望月が審査対応のリーダーとして書面審査とヒアリングの対応を適宜各担当者に割り振りながら対応した。

また、証券取引所の審査担当者が来社し、実地調査も受けた。現場の視察や帳簿書類の保管状況、業務フローに対する質問への回答は小菅と久保が対応したが、新規事業の営業の指針や営業部の労務管理について急きょ赤井営業部長へのヒアリングが必要となり、想定外の対応を迫られながらもなんとか無事に終えた。

ときには証券取引所でヒアリングが行われることもあった。ヒアリングの時間は非常に長く、1日かかることもあり、小山会計士のサポートを受けて営業部や各部署と連携してリハーサルを行い、証券取引所のヒアリングに対して回答する日々が繰り返された。

証券取引所の審査は主幹事証券の引受審査と比べて2か月と、短く感じられた。

しかし、その2か月は、小菅、久保および望月にとって胃の痛くなるような日々であった。

小山会計士からは、事前に証券取引所の審査が厳格化している旨の説明を受けていた。証券取引所は昔のように主幹事証券の審査の適正性についてのチェックのみではなく、審査上の問題点が検出されればとことん追及してくること、また東証マザーズ市場においては将来収益の成長可能性およびその根拠が重要な審査ポイントとなることも聞かされていた。

何らかの問題点が検出された場合には、実質的に審査がやり直しになることもある。

小菅と久保にとっては上場の最終段階まで来てそれだけは避けたい事態であり、非常に強いプレッシャーの中での戦いの日々が続いた。

＊＊＊＊＊＊＊

小菅が号令をかけ、木口、久保、赤井、望月、宮上、小山会計士が本社の大会議室に顔をそろえた。

小菅と久保が証券取引所に審査資料を提出してから2か月が経ち、証券取引所への訪問、実地調査、Sugar監査法人のヒアリング、監査役ヒアリングを終え、いよいよ最終段階の社長ヒアリングを控えていた。

第14章 IPOは上場審査が命！

「木口社長、こちらのスライドをご覧ください。取引所上場審査における社長ヒアリングのポイントをご説明します。」

小山会計士は用意してきたスライドを投影した。

スライド3：取引所上場審査の最終段階!　社長ヒアリングのポイント

目的	内容
経営者の人柄や経営能力等の確認	上場申請の理由及び上場後に期待していること
	会社や業界について、経営者としてどのようなビジョンをもって経営に当たっているか
	会社全体を把握し、リーダーシップ能力を発揮しているか
	上場企業としての業績開示や内部情報管理の重要性を十分に理解しているか
審査結果の最終的な確認	上場会社となった際の投資者（株主）への対応（IR活動の取り組み方針等）
	申請会社のコーポレート・ガバナンス及びコンプライアンスに対する方針・現状の体制及び運用状況
	業績開示に関する体制
	内部情報管理に関する体制

「取引所の社長ヒアリングの目的は主に、社長の人柄や経営能力が上場企業の経営者として問題ないかを確認することと、今までの審査結果を最終的に確認することの2点にあると考えられます。

特に、審査結果の最終的な確認という目的においては、今まで皆様が審査の過程で回答してきた内容と、今回の木口社長の回答とに矛盾が生じないように留意することが非常に重要なポイントとなります。

そこで、皆様の審査対応状況をこの場ですべて説明し、社長に対して、十分に共有できるようにしてください。」

「みんな、よろしくお願いします。」

木口は、自分の明日の回答内容がBook village社のIPOプロジェクトの命運を左右することを知り、極度の緊張感に襲われた。

そんな木口の思いをよそに、会議室のメンバーは怒とうの勢いで各自用意した資料を木口に見せながら今まで回答してきた内容を説明し続け、会議室

は異様な熱気に包まれた。

　みんな、木口に対する遠慮はなかった。それぞれが今まで主幹事証券、取引所の審査に対して説明してきた内容、特に厳しく追及を受けた問題点、それに対する対応状況、それに対する自分の見解を次々に述べていく。

　木口はみんなの熱のこもった説明に耳を傾けながらそれぞれのメンバーの成長を実感し、このIPOプロジェクトの成功を確信した。すると、緊張感がゆっくりと溶けてゆき、感謝の気持ちで胸が満ち満ちていくのを感じた。

　「みんな、よくわかりました。ここまで本当に……本当に……よくやってくれました。」

　木口は少し伏し目がちになりながらもあえて声を張り上げた……自らの声が感動で震えていることを悟られないように。

＊＊＊＊＊＊＊

4 あの鐘を鳴らすのは……

　「社長、上場が承認されました！」
　望月が携帯を手に、はち切れんばかりの大きな声で叫んだ。

　2月22日、午前10時。Book village社の大会議室では喜びの声が飛び交い、役職員一同が顔をくしゃくしゃにしながら抱き合った。

　小菅は、自分が涙を流していることにも気づかず、木口、久保と固い握手を交わしていた。

　望月が上場承認の知らせを受けてからただちに取締役会において新株発行および売出しの決議が行われ、午後1時には印刷会社より目論見書が到着し、EDINET経由で有価証券届出書が提出された。

　小菅、久保および望月は、午後3時に東京証券取引所に出向き、審査部に目論見書等を提出した。そして、午後3時半に東京証券取引所のWebサイトにBook village社の新規上場の承認が発表された。

　木口は発表を受けて社内メールで、上場承認を報告した。

　ここからは社員全員がBook village社の上場承認を知り、対外的にも公表できるようになる。

　広報部をのぞいてみると、こちらも騒然としていた。
　東京証券取引所のWebサイトの公表の知らせを聞き、ただちに自社サイトでも上場承認のリリースを掲載したが、自社サイトには想定以上のアクセスが殺到していたからだ。

　一方、木□と久保は16時から開始されるドライランと呼ばれる、主幹事証券の機関投資家営業部の担当者に対するセールスプレゼンテーションを行う説明会に備えていた。
　ドライランは軍事用語で空砲による射撃演習を意味し、翌日から約10日間、約40社の機関投資家に対して行うロードショー[2]の予行演習も兼ねており、木□がはじめてエクイティストーリーのプレゼンテーションを行う大切な日でもある。

　ロードショーは上場時の株価を左右する非常に重要な営業活動である。
　実際には8日間、木□は小菅、久保とともに機関投資家のオフィスでプレゼンテーションを行う日々が続いた。
　ビジネスセンスにあふれた木□も、大勢の機関投資家を集めた会場でのプレゼンテーションに最初の頃はたじたじで、時間配分の失敗や怒とうのように浴びせられる質問に答えられないこともしばしばあったが、つど小山会計士および望月と反省会を繰り返し、プレゼンテーションの内容は徐々に洗練されたものへと昇華されていった。
　ロードショーの最終日も近くなると木□の声はからからになり、小菅は寝不足で疲労がピークに達していた。
　久保に至っては栄養ドリンクの飲みすぎで1週間で3kgも体重が増えてしまった。

＊＊＊＊＊＊＊

　2　ロードショーとは、上場承認後、ファイナンスの際に、機関投資家に対して行う会社説明会のこと。ロードショーの説明を受け、機関投資家の判断により、ブックビルディングの仮条件価格帯が決定されるため、株価に重要な影響を与える。

上場承認日の翌月末の３月31日、Book village社はついに上場日を迎えた。

午前８時、定款、コーポレート・ガバナンスに関する報告書の確定版、業績予想等をTDnet[3]に登録し、役職員およびIPOプロジェクトメンバーは、午前10時に東京証券取引所の１階に集合した。

午前11時には15階の特別応接室での東京証券取引所の役員とのあいさつを終え、いよいよ赤いバラを胸に付けた役員およびIPOメンバーが東証アローズオープンプラットフォームへ降り立った。

木口はエスカレーターを降り立ったこの瞬間のことは一生忘れないだろうと心の底から思った。

プラットフォームにはたくさんの社員とゲストが出迎えており、盛大な拍手が響きわたった。あんなに厳しかった東証関係者も白いバラを胸につけて拍手で迎えてくれた。

後ろで涙を流している小菅と久保をねぎらいながら、ここまで乗り切ってくれた２人と、IPOプロジェクトメンバーをはじめ、ともに戦ってきてくれた社員たちに心の底から感謝した。

そしていよいよ、鐘を鳴らすシーンである。

鐘は５回鳴らすこととなっているが、これは五穀豊穣を祈念するという意味がある。

１回目は創業メンバーである木口と小菅、そして宮上が、２回目は望月と川西が、３回目は社外役員および監査役が、４回目は小山会計士と大崎弁護士が、そして大トリの５回目は木口の粋な計らいでなんと再登場の小菅と、そして久保が２人で鐘を叩いた。

５回にわたって鳴り響いた鐘の音は、Book village社の新しい門出を祝福しているようだった。

セレモニーの間も株価はついておらず、午後３時直前、ついに初値がついた。

3　TDnet（Timely Disclosure network）とは上場会社が行う適時開示に関する一連のプロセスを総合的に電子化したシステムであり、有価証券上場規程に基づき会社情報の開示を行う場合は、必ずTDnetを利用することが義務づけられている。IPOにおいては上場申請日に提出した提出書類を上場日に登録することとなる。

●解説

I 「引受審査」と「上場審査」

　証券取引所に上場するためには、主幹事証券会社による引受審査と、証券取引所による上場審査の2つの審査を通過する必要があります。

1 審査開始から上場日まで

　上場準備が順調に推移すれば、主幹事証券会社による引受審査が開始されます。引受審査は、通常6か月程度の期間において、3〜4回にわたり主幹事証券会社からの質問と、それに対する上場準備会社からの回答が繰り返されるほか、膨大な社内文書の確認が行われます。

　主幹事証券会社の審査が終了すると主幹事証券会社の担当者と証券取引所の審査担当者との間で事前確認が実施されます。その後、上場申請のエントリーがなされ、上場申請書類が受け付けされて、証券取引所の審査が開始されます。上場審査は、マザーズ・JASDAQの場合2か月、本則市場の場合3か月と、主幹事証券会社による引受審査と比較して短期間で、引受審査と同様に証券取引所からの質問と、それに対する上場準備会社からの回答および資料提出が繰り返されます。

　上場審査を通過し上場承認日を迎えると、証券取引所より報道機関に対し上場承認の対外公表が行われ、その約5週間後に上場日を迎えることとなります。

引受審査から上場までの流れは以下のとおりです。

審査開始から上場日までのスケジュール（マザーズ市場の場合）

	直前期			申請期									
	4Q			1Q			2Q				3Q		
	1月	2月	3月	4月	5月	6月	7月	8月	9月		10月	11月	12月
スケジュール	主幹事証券会社の公開引受部による引受審査					上場申請に係る事前確認	上場申請　申請時の審査	第1回ヒアリング　第2回ヒアリング・実地調査　第3回ヒアリング	経営者などへのヒアリング（会計士面談、社長・監査役面談）		上場承認		上場

2　引受審査とは

　証券取引所への上場申請には主幹事証券会社の推薦書が必要であり、引受審査とは、主幹事証券会社が自社の審査基準に基づき会社の推薦を行うための審査です。引受審査は、上述のとおり通常6か月程度の期間において、3〜4回の質疑応答が繰り返されるため、会社は質問への回答書を短期間で作成し、主幹事証券会社に対して提出しなければなりません。

　質問内容は各部署の回答が必要な事項もあり、またそのボリュームが100問を超えることもあるため、社内での作業分担やスケジュールの設定、チェック体制の整備が必要です。一般的な質問の流れは以下のとおりです。

　第1回の質問内容は、企業概要を中心に、上場申請理由、内部管理体制やコーポレートガバナンスの整備等の全般的な内容を、第2回は事業内容や財務数値を中心に、業務フローやコンプライアンスのチェック体制等、より詳細な内容がエビデンスとともに確認されます。

　第3回以降は、利益計画や予算管理統制を中心として質問がなされます。この段階では、重要な論点は絞られており、それらの論点確認とともに、上場に際して最も重要な要素である業績の進捗を見ながら、IPOスケジュールが議論されます。その際、事業計画の達成可否は重要であり、主幹事証券会社が事業計画の達成見込みの心証を得るまで審査は続くこととなります。

3　上場審査とは

(1)　書面審査、ヒアリング

　証券取引所の審査は、上場申請の際の提出書類をもとに開始され、その中で生じた疑問点や詳細な調査が必要と判断された事項について、書面による質疑応答とヒアリングが繰り返されます。

　通常、ヒアリングは、上場準備会社が証券取引所に訪問して行われることになります。

(2)　実地調査

　証券取引所に訪問してヒアリングを受ける審査とは別に、証券取引所の審査担当者が企業に訪問してヒアリングを行う実地調査があります。その際に、帳簿書類のファイリング状況や業務フローの確認、営業や生産等事業部門がヒアリングを受ける場合もあり、調査内容は会社によってさまざまです。

　実地調査は通常１日で終了しますが、数日かけて行われる場合もあります。

(3)　CEO面談

　ストーリーのとおり、CEO面談は上場審査日程の最終段階で行われ、それまでに実施されたヒアリング結果の確認や、経営者の資質等が厳しく審査されます。この時点で、経営者の資質に難あり等と判断されたことにより、上場承認に至らない場合もあります。

Ⅱ　市場別上場審査基準

　証券取引所の上場審査は、証券取引所の有価証券上場規程にのっとって行われます。上場審査基準には、形式基準と実質基準があります。

1　形式基準

　形式基準は、株主数、上場時公募・売出、流通株式の状況、時価総額、事業継続年数、上場時価総額、流通株式の状況、純資産の額、利益の額、時価総額、財務諸表等の監査等、定量的な基準が定められています。

形式基準

	本則市場		マザーズ	JASDAQ	
	市場第一部	市場第二部		スタンダード	グロース
株主数	2,200人以上	800人以上	200人以上	200人以上	
流通株式数	2万単位以上	4,000単位以上	2,000単位以上	—	
流通株式時価総額	10億円以上	10億円以上	5億円以上	5億円以上	
流通株式比率	35％以上	30％以上	25％以上	—	
公募の実施	—	—	500単位以上	公募・売出1,000単位以上 or 上場株数の10％以上の公募・売出	
時価総額	250億円以上	20億円以上	10億円以上	—	
事業継続年数	新規上場申請日 の 直前事業年度の末日から起算して3年前より前から取締役会を設置して継続的に事業活動をしていること		新規上場申請日から起算して1年前より前から取締役会を設置して継続的に事業活動をしていること	—	
純資産の額（連結）	10億円以上		—	2億円以上	正
利益の額	最近2年間の合計が5億円以上 or 最近1年間における売上高が100億円以上である場合で、かつ、時価総額が500億円以上となる見込みのあること		—	1億円以上（最近1年間） or 時価総額が50億円以上となる見込みのあること	—

出所：東京証券取引所資料

2　実質基準

　実質基準は、会社の経営基盤の安定度、上場後の業績の見通し、経営管理組織の整備状況、企業内容等の開示の適正性等、上場申請企業の実態が基準を満たしているかどうかという定性的な観点から基準が定められており、市場ごとに特色があります。たとえば、東京証券取引所のマザーズ市場のような新興企業向け市場では、新興企業向けのコンセプトから、本則市場における「企業の継続性及び収益性」が除外され、一方で「事業計画の合理性」が定められていること等があります。

実質基準

本則市場 (市場第一部・第二部)	マザーズ	JASDAQ スタンダード	JASDAQ グロース
1.企業の継続性および収益性	1.事業計画の合理性	1.企業の存続性	1.企業の成長可能性
継続的に事業を営み、かつ、安定的な収益基盤を有していること	当該事業計画を遂行するために必要な事業基盤を整備していること又は整備する合理的な見込みのあること	事業活動の存続に支障を来す状況にないこと	成長可能性を有していること
2.企業経営の健全性	2.企業経営の健全性	2.企業行動の信頼性	2.企業行動の信頼性
事業を公正かつ忠実に遂行していること	事業を公正かつ忠実に遂行していること	市場を混乱させる企業行動を起こす見込みのないこと	市場を混乱させる企業行動を起こす見込みのないこと
3.企業のコーポレートガバナンスおよび内部管理体制の有効性	3.企業のコーポレートガバナンスおよび内部管理体制の有効性	3.健全な企業の統治および有効な内部管理体制の確立	3.健全な企業の統治および有効な内部管理体制の確立
コーポレートガバナンス及び内部管理体制が適切に整備され、機能していること	コーポレート・ガバナンス及び内部管理体制が、企業の規模や成熟度に応じて整備され、適切に機能していること	企業の規模に応じた企業統治及び内部管理体制が確立し、有効に機能していること	成長の段階に応じた企業統治及び内部管理体制が確立し、有効に機能していること
4.企業内容等の開示の適正性	4.企業内容、リスク情報等の開示の適切性	4.企業内容等の開示の適正性	4.企業内容等の開示の適正性
企業内容等の開示を適正に行うことができる状況にあること	企業内容、リスク情報等の開示を適正に行うことができる状況にあること	企業内容等の開示を適正に行うことができる状況にあること	企業内容等の開示を適正に行うことができる状況にあること
5.その他公益または投資者保護の観点から当取引所が必要と認める事項	5.その他公益または投資者保護の観点から当取引所が必要と認める事項	5.その他公益または投資者保護の観点から当取引所が必要と認める事項	5.その他公益または投資者保護の観点から当取引所が必要と認める事項

COLUMN

上場日前の落とし穴

　IPO準備に入ると、これまでとは次元の異なる決算体制、全般的な管理体制がにわかに求められます。この急激な変化に、立場の異なる社内外の混成チームが共闘体制を敷き、急ごしらえで対応していきます。

　決算や予実統制、その他の管理体制が多少甘くとも、業績好調であればそれらは覆い隠され、とんとん拍子に上場準備が進むこともありますが、申請期（N期）に入ると主幹事証券会社による審査や四半期ごとの監査法人のレビューも入り、ミスの許されない雰囲気が広がっていきます。その一方、実態としては、全般的な管理体制、経理部の決算業務や経営企画部門の策定する予算の粒度などは本質的に変わっていないというギャップが往々にして生じます。

　また、このフェーズ（N期）では監査法人や主幹事証券会社、IPO支援を行う「士業（公認会計士、弁護士等）」やIPOコンサルティング会社といったIPOの専門家も関与度合いを高め、より本格的なチェックが入るため、緊張感の高まりの一方で彼らが伴走しているという安心感も生まれ、現場実態の不安をともすれば忘れがちになります。

　ところが、実際には必ずしも伴走する専門家達の目が全論点の詳細に行き届いているわけではなく、足元には大小の落とし穴が空いています。

　例えば、決算報告のトラブルでは、四半期決算において漫然と計上された仮払消費税に資産性があるか、問題となったケースがあります。また、人事労務トラブルでは、申請期に従業員から労務訴訟を起こされた事が審査上問題となったケースもあります。資本政策のトラブルでは、過去に外部協力者に発行したストックオプションにより、有価証券届出書の提出義務が生じていたにも関わらず、それがなされていなかったために審査が止まったケースもありました。

　落とし穴に捕らわれずに突き進める場合もあれば、これにはまって上場直前の熱狂が一瞬にして崩れ去ることもあります。熱狂の中にいた当事者たちが冷静な第三者に戻っていく姿は、目の前に浮かんだ鐘を急に見失った衝撃に拍車をかけます。

　決して落とし穴にはまりたくはありませんが、そのような悲劇を経て実は遠回りではなかったと振り返ることのできた会社は、苦労人の強さを備えているかもしれません。

Ⅲ　上場審査のポイント

1　最近の上場審査の傾向

　最近では上場直後の業績下方修正や不正発覚が相次いでおり、上場審査が厳格化しているといわれています。

　日本取引所グループ（以下「JPX」といいます）は2015年3月に「最近の新規公開を巡る問題と対応について」を公表し、「上場時に公表される業績予想について、前提条件やその根拠の適切な開示を要請」しており、上場審査においては予算の達成可能性や上場申請期における業績進捗が厳格に審査されます。

　また、JPXは、2019年6月の年次報告において、2018年度に上場申請後承認に至らなかった事例が46件発生し、前年度から大幅に増加していると公表しています。当事例は主に、「各種法令への遵守体制や子会社管理等の業務上必要とされる管理体制、オーナー経営者に対する牽制体制の構築状況が不十分」であるなど内部管理体制等の問題点の指摘であり、最近の上場企業等の不祥事の頻発を受けて、ガバナンス強化の観点から上場審査が厳格化されているといえます。

2　成長可能性

　上場審査において、企業の成長可能性については、本則市場では「Ⅱの部」を中心に、マザーズでは事業計画に記載される将来収益の達成可能性およびその根拠資料を中心に審査を受けます。特にマザーズでは、事業の高い成長可能性が求められるため、以下に留意する必要があります。

(1)　成長事業の会社全体への影響

　上場申請の際、上場申請企業は高い成長性を有する事業を選定し、その事業の内容や選定理由を説明する必要があります。しかし、高い成長可能性を有する事業が、会社全体としての成長を実現するほどに重要でない場合は、その企業が高い成長可能性を有しているとみなされない場合があります。

　したがって、高い成長性の評価の対象とする事業の選定においては、会社全体の成長に影響を与える事業を選定する必要があります。

(2)　選定事業が高い成長可能性を有すると判断した根拠の説明

　高い成長可能性を有する根拠としては、選定事業の属する市場全体の成長性が高いことや、商品やサービスが強い差別化要因を有していること、また、会社が重要な資産を有していることなどが考えられますが、それぞれについて客観的な説明ができるよう留意する必要があります。

　　　ア　市場全体の成長性

信ぴょう性・客観性の高い第三者機関のマーケットリサーチデータを利用する。

　　　イ　差別化要因

技術やノウハウ、ブランド、ビジネスモデル等の要因を具体的に説明する。

　　　ウ　会社の重要な資産

重要な資産とは何かを具体的に分析・把握し、その根拠とともに説明する。

3　ガバナンスの観点から見た最近の審査事例

(1)　最近の審査事例

　最近の審査事例では、以下のような理由により、上場申請の取下げや上場審査期間の延長となってしまったケースがあります。なお、JPXは、上場審査の一環で、「新規上場申請者の上場適格性に関する情報受付窓口」を設け、上場申請会社の不祥事等の情報収集を行っており、当該窓口を経由した情報提供による上場申請の取下げもあります。

　　　ア　規程と実態の乖離

社内規程で定めた手続を踏まずに社長の独断で重要な意思決定がなされる事態が常態化していた。

　　　イ　社長による公私混同

関係会社の役員を退任した社長の親族に対し、勤務実態がないにもかかわらず毎月給料が支給されており、また社長親族による社有車の私的利用が発覚した。

　　　ウ　経営者が関与する取引

備品購入に際し、社長の親族の会社に対し割高である可能性の高い仲介手数料を払う取引を継続し、監査役監査の指摘により取引は解消したものの、原因分析と再発防止策の策定ができていなかった。

　　　エ　経営者に対する牽制

代表取締役会長が、他の取締役と比較して突出した金額の役員報酬を受け取り、また高額の交際費を会社経費として支出していたが、その報酬水準の妥当性や交際費の必要性・金額の妥当性等の検証が行われていなかった。

　　　オ　経営者による内部統制の無効化

事業遂行上、行政への業務報告が義務づけられている内容につき、上場申請会社は改ざんした書類を行政に提出しており、この事態を把握した従業員が経営陣に直接是正を訴えたものの、経営者が抜本的な改善を図らなかったため、従業員が証券取引所に通報した。

(2)　審査事例をふまえた審査上のポイント

上記審査事例は、経営者が株式上場の趣旨を正しく理解し、コーポレート・ガバナンスの機能が十分に発揮されていれば、防げていた内容といえます。

上場企業になることは、所有と経営の分離を明確化することです。経営者は「会社の利益は、株主全体の利益」という意識を持ち、関連当事者取引には株主をはじめとするステークホルダーの利益を害するリスクがあることを認識したうえで、内部から問題点を指摘できる企業風土を作り、社内外の声を真摯に受け止める姿勢を持つことが必要不可欠となります。

また、コーポレート・ガバナンスの充実のためには、経営者をけん制できる独立の社外取締役及び社外監査役の選任が必要であり、その機能を十分に発揮できる人選が重要です。

さらに、管理部門や内部監査人、日常の監督を行う常勤監査役および監査担当者の不正・不祥事の発見力を向上させ、内部通報制度を確立し、コーポレート・ガバナンスを形骸化させない努力が必要となります。

COLUMN

IPO環境の動向

JPXは、2017年4月に上場申請企業の全取締役と監査役に対し、上場会社の責務について学ぶ研修を義務づけると発表しました。

これは、解説で記載したJPXの「最近の新規公開を巡る問題と対応について」に係る取組みの延長線上にあり、経営者や社外役員が上場会社の役員としての自覚と責任感を持つための意識づけを目的としています。

また、JPXは、多くのベンチャー企業が上場をめざすマザーズ市場に関して、2018年12月27日に「新規上場申請者に係る各種説明資料」（以下「各種説明資料」といいます）の記載項目についての改訂を発表しました。これは、2019年7月1日以降の上場申請から適用されており、コンプライアンスやコーポレート・ガバナンスの観点から記載項目が詳細化されました。

このように、上場直後の不祥事の増加などを受け、コーポレート・ガバナンス体制の構築・運用への視点が強まっていく中でIPO業務はより高度化しています。

そして、JPXは、より魅力ある資本市場を目指し、市場構造をめぐる諸問題や今後のあり方を検討するため、2018年10月に有識者を委員とする「市場構造の在り方等に関する懇談会」を設置し、2019年3

月に「市場構造の在り方等に関する市場関係者からのご意見の概要」と「現在の市場構造を巡る課題（論点整理）」を公表し、今後の市場区分の再編等に関する検討を進めています。

　さらに、2019年4月に金融庁にて、今後の市場構造のあり方について、学識経験者、経済団体、アナリスト等関係各界の有識者から提言を得ることを目的として、金融審議会「市場構造専門グループ」が設置され、2019年12月に、金融審議会市場ワーキング・グループ「市場構造専門グループ」報告書が公表され、報告書の公表を受けて、今後の取組みについて、JPXの取締役兼代表執行役グループCEOの清田氏からのコメントとして「市場構造専門グループにおける報告書の公表を受けて」が公表されています。

　こうした中、東証の市場再編の議論がまとまるまでIPOを見送るといった企業の動きも広がっているという声も聞かれます。また、大企業がスタートアップ企業との相乗効果を狙うCVC（コーポレート・ベンチャー・キャピタル）が増加するなど、スタートアップ企業が資金調達を実現しやすくなっており、IPOを急がず事業を成長させて時価総額を高めてから上場する事例も増加しているといわれます。

　IPOを検討している経営者は、今後のIPO環境の動向を適時にキャッチアップし、上場するタイミングとターゲット市場を見極め、資本政策を検討する必要があります。

第14章　IPOは上場審査が命！

企業の成長は
IPO 後が命!

■1　金八先生降臨──上場という名のスタート地点

　Book village社が上場してしばらく経った。

　小菅と久保は、上場にあたってサポートをしてくれた外部専門家にあいさつ回りをしていた。その日の訪問先は、レッスル法律事務所である。また、上場後Book village社は、レッスル法律事務所と顧問契約を締結することとなり、今日はその調印日でもあった。

　会議室には、大崎弁護士、原田弁護士、平弁護士が同席し、大崎弁護士が口を開いた。

　「顧問契約の締結ありがとうございます。御社もついに、上場会社の一員ですね。久保さんは、上場して何か心境の変化はありましたか。何かこれまでとは違う雰囲気、オーラを感じますよ。」

　「東証で鐘を鳴らしたときは、スケジュールどおりに無事上場できて本当によかったなという気持ちでした。私の場合、所管の経理部門で問題が発覚したということもありましたからほっとしました。今は、上場会社の役員という新たなステージに立てた喜びも大きいですが、他方でその責任の重さも感じています。しっかりと企業価値を向上させていきたいと考えています。」

　優等生の久保らしい回答について小菅が珍しくイジってきた。

　「久保さんは、沢山付与されてるストックオプションを行使すれば大金持ちだし、それでオーラが出てるんだと思うよ。まぁ、そうはいっても会社の大株主は依然として社長と僕だし、そういう意味では上場で大きな資産を手にした僕の方が久保さんよりオーラが出てるんじゃないかなー。」

　悪いときの小菅が出てしまった、と久保は思った。日頃の業務には真面目に取り組む小菅であるが、ときどき調子に乗ってしまうことがある。上場して以降、そわそわしており変だなと思っていたのだが、大金を前に平常心を失っているようである。今だって小学生並みの発言に終始しているありさまだ。

　「副社長……」久保が、小菅をたしなめようとしたまさにその瞬間……。

　「失礼を承知で申し上げます。このバカチンが！！」

　大崎弁護士が特大の雷を発動させる。ニコニコしていた大崎弁護士はどこかへ消えさり、金八先生が憑依していた。人差し指を指す仕草まで完コピである。

　「確かに、御社の株式は社長や副社長らの安定株主の保有比率が半分を超えており、安定的な経営ができると思いますが、それは、少数株主をないがしろにしていいということではありません。上場会社になるということは、社会の公器になるということであり、すでに御社は多数の少数株主からの付託を受けているんです。社会の公器になった会社の副社長ともあろうお方が、自分の利益のみを考えるのではダメです。自らの行動の影響力、責任、そして少数株主の利益もしっかりと考えて経営に励んでください。」

　さっきまでは両目に「¥」マークがぎらつき、地に足がつかない状態であった小菅も、大崎弁護士からの叱責を受けて上場会社の副社長としての自分に引き戻されたようだった。
　「先生……。以前も同じようなことで久保に怒られたことがあったんですが、またしてもやらかしてしまいました……。上場するまではお金のことなんて忘れて必死に取り組んでいたんですがね……。最近は、毎晩のように月旅行に行く夢を見るものですから、いつの間にか自分の意識があらぬ方向、それこそはるか彼方の銀河系まで飛んで行ってしまっていたようです。でも先生の言葉であるべき場所まで戻ってこれたような気がします。」

＊＊＊＊＊＊＊

　大崎弁護士、平弁護士は、別の打ち合わせがあるとのことで、帰りは女性

の原田弁護士がエレベーターまで見送ってくれた。道すがら原田弁護士が話し始める。

「今回は副社長がストックオプションの話をされていたこともあり、少しきつい言い方になってしまったかもしれませんが、大崎が金八先生のモノマネをしながら説教めいたことをいうのは、クライアントの皆さんが上場のご報告にいらっしゃった際の恒例行事です。まぁ信頼しているクライアントの前でしか披露しないみたいですが。多分、大崎なりのエールなんだと思います。ちょっとびっくりされたかもしれませんがお気を悪くしないでくださいね。大崎も私もみなさんのことを信頼していますし、また期待もしています。これからも頑張ってください。」

「なるほど。そうだったんですね。いやー叱られたこともそうですし、言い方が金八先生に似すぎているところもびっくりしました。」

小菅が感想を口にする。

「みなさんそうおっしゃいます。でも大崎、最初は全然モノマネがうまくできなくって浮かない顔で打ち合わせから戻ってくることも多かったんですよ。でも練習を重ねるうちに徐々に上達していってウケもよくなってきて……。今は鉄板ネタにしていますね。」

「えー。それはさらに驚きですね!」

「ええ、何事にも最初はありますから。でも私、個人的には金八先生のモノマネをするには大崎はちょっと髪の長さが足りないんじゃないかなって思ってるんです。ほら金八先生ってロン毛の印象あるけど、大崎はどっちかっていうと薄毛だし。」

小菅と久保はなんだかおかしくて笑ってしまいそうになるのをぐっとこらえていると、原田弁護士は人差し指を口元に当てながらニコッと笑った。

「今のは大崎には内緒ですよ。」

そうこうしているうちにエレベーターが来て、小菅と久保はエレベーターに飛び乗る。

「それではこれからもよい航海(公開)を!」

原田弁護士はそういって2人を見送るのだった。

──原田弁護士は、ダジャレのセンスに関してまだまだ磨く余地がありそうだ。

小菅はそう思った。

＊＊＊＊＊＊＊

2 新橋のおでん屋にて——始まりの 2 人と新たな始まり

　小菅は、行きつけの新橋のおでん屋のカウンターで 1 人日本酒を飲んでいた。重要な案件が終わると、この店に来て 1 人で晩酌をするのが小菅の習慣になっていた。カウンターで 7 席のみの狭い店内は、古いが清潔感があり、小菅は、ここに来るとえも言われぬ心地よさを感じる。

　ガラガラガラ
　店のドアを開けて、1 人のお客が入ってきて、小菅の隣に座った。
　「小菅くん、やっぱりここにいたのね。」
　小菅の隣の席に座ったのは、木口だった。
　「社長、よく私がこのおでん屋にいるとわかりましたね。」
　「優秀な秘書から教えてもらったの。」
　「川西さんに聞いたんですね。川西さんにも場所は伝えてなかったはずですので、優秀というかなぜ知っているのか怖いレベルですよ……。それで、今日はどうしたんですか？」
　「上場も無事できたし、たまには、小菅くんと 2 人で飲みたいなと思ってね。大将、大根と熱燗 1 つちょうだい！」
　店主は小さくうなずくと、注文された品をすぐに提供する。

　木口は、熱燗を受け取ると、小菅の空いたお猪口に酒を注いだ。
　「小菅くん、上場の件は、本当に大変だったね。小菅くんのおかげで無事に上場できた。上場した後も大変だと思うけど、今後ともよろしくね。」
　「ありがとうございます。上場準備の段階ではいろいろ問題もありましたが、今ではよい思い出です。でも、これからもいろいろと苦難がありそうですね。」
　「それは避けられないことよ。でも私にはやるときはやるタイプの副社長がいるからあんまり心配してないわ。それより、大崎先生から叱られたらしいじゃない。」
　「よくご存じで。でも、おかげで付き物が落ちたようです。」
　「それならよかった。上場してからの小菅くんはちょっと変だったからね。間違った方向に行こうとしたときに正してくれるのは、ありがたいことよ。私だって上場準備の中でいろいろと気づかされることがあったから。」

第 15 章

企業の成長は I P O 後が命！

　木口はいつの間にか大根を食べ終えており、ちくわを注文する。

　「さっき、大崎先生と会ったんだけど、上場してからは株主総会の準備も
これまでとは比べ物にならないぐらい大変になるから、参考になるかもって
『新・株主総会物語』っていう本を渡してくれたよ。『特に、小菅副社長には
ぜひともお早めにご一読いただければ』だってさ。」

　「わかりました。読んでみます。でも、『特に』っていうのはなんだか気に
なりますね。」

　「で、ここからが本題なんだけど、今後のBook village社の成長戦略の見
通しを考えてたんだけど、やはりM&Aを積極的に行っていこうと思うの。」

　「うちは、M&Aなんかしたことないですが、大丈夫でしょうか。」

　「大丈夫!　小菅くんががんばってくれるだろうから、今回みたいに何とか
なるはずよ。」

　「私が、担当する前提なんですか!?」

　「Of course!」

　木口が英語で相づちを打ち始めたということは、ほろ酔い状態になったと
いうサインだ。

　小菅はまた自分が担当するのかと少しうんざりしたが、木口がわざわざ自分
に会いに来て話をするのだから、何か深い理由があるのだろうと思い、M&A
を積極的に行おうと思った理由を聞くことにした。

　「でも、社長、なぜM&Aを行っていこうと思ったのですか。社長は、自分
で事業を創って、推進していこうっていうタイプの人間じゃないですか。」

　「Well……今回会社を上場させるにあたって、改めて社会の公器となる
Book village社の意義ってどこにあるんだろうって考えてみたんだよね。で、
会社を創業させたときの原点に戻ったんだけど、やっぱり『すべての人に最
適な仕事を届ける』ことを軸として経営をしていきたいと思ったの。」

　「創業時、社長はよくおっしゃってましたよね。人と仕事のミスマッチは、
人生を不幸にする!　っℂ。」

　「Yeah……今のビジネスは、基本的には正社員が対象になっているけど、今
は派遣社員や有期雇用の社員なんかも非常に多いから、この人たちを対象に
したビジネスを展開させたいし、日本だけじゃなくて外国にもビジネスを展
開させていきたいと思ってる。でも、今回のAIマッチングサービスや新たな
人事評価システムの開発もそうだけど、新たなサービスを作って、事業を軌
道に乗せるには、かなりの時間がかかってしまうでしょ。自分が生きている
間に、Book village社の事業目標を達成させようと思うと、there just isn'

t enough time.」

「だから、M&Aってことですか！」

木口は，並んで座っていた小菅に向かって身体ごと勢いよく向き直る。

「Exactly!! I'm thinking of investing in the time that others spent in building up their business. Although I don't have any specific companies in mind right now, I'm willing to buy HR companies that will create synergy with us by merging. Someone once told me that Stanford-grad engineers won't be interested in us. Fine! If they won't come to us, we'll have to take the initiative and go to them!!」

木口は、新たな目標ができていつも以上にテンションが高くなっており、流暢な英語で訴える。

小菅は、単語やフレーズを超えて長文を英語で話されるとまったくついていけない。顔だけを木口に向けて無言のまま眉根を寄せることで抗議の意思を表明した。

「もう！　小菅くん、商社にいたのに、英語に慣れてないの？　これからは、英語は必須よ！　それに、M&Aだって勉強していかないとね。」

小菅は、英語の件は耳が痛いなと思ったが、店を出る頃には浴びるように飲んだ熱燗も手伝って木口からうまいこと乗せられてしまっていた。

小菅は、店の外に出ながら自分が叫ぶのを感じた。

「Aye aye, captain!!」

1つの旅の終わりは新たな旅の始まり。

そしてまた次の冒険が始まる。

●解説

I　成長戦略としてのM&A/資本・業務提携

　IPO後においても会社が成長していくためには、引き続き新規事業の創出や新商品・新サービスの研究・開発等が必要となります。しかし、会社が自社のみの力で一から新規事業や新商品を創出することには限界があります。

　そこで、成長戦略の1つとして用いられるのがM&A（Mergers（合併）・Acquisitions（買収））です。既存の事業や商品をM&Aによって手に入れることで、成功するか不明確な事業、商品等に自社の時間と資金を投資することを避けることができます。

　このほか、M&Aと同様に、経営のスピードアップを実現する成長戦略において用いられる手段としては、複数の会社が出資を通じて連携を図る資本提携と共同事業の遂行を目的とする業務提携があります。資本提携の例としては、提携先との株式の持合いや合弁会社の設立等が、事業提携の例としては、共同研究開発契約等の技術提携、製造委託契約等の生産提携、フランチャイズ契約等の販売提携等が典型例としてあげられます。

　資本提携・業務提携とM&Aは、他社の経営資源を用いて自社の経営資源を補う点で共通しますが、相手方の会社または事業に対する支配権（経営権）の取得を意図するか否かが大きく異なります。すなわち、M&Aが相手方の会社または事業に対する支配権（経営権）を取得することを意図するのに対し、資本提携・業務提携は、会社または事業を相手方に残したまま自社でも利用することによって、相互に企業価値の向上をめざす協力体制を築くことを意図します。

II　M&Aの類型

1　各類型の概要

　会社又は事業に対する支配権（経営権）の取得を目的とするM&Aは、以下の2つの視点によって分類することができます。

> ①　M&Aによる買収対象が会社そのものなのか、会社の一部の事業なのか？
> ②　買収した会社または事業をいかに自社または自社グループに統合するのか？

　これらの視点によって、M&Aは、大きく以下の4つの類型に分類すること
ができます。

(i)	株式買収型　(e.g. 株式譲渡、株式交換)
(ii)	事業買収型　(e.g. 会社分割、事業譲渡)
(iii)	法人買収型　(e.g. 合併)
(iv)	持株会社型　(e.g. 株式移転)

(1)　株式買収型

　株式買収型は、自社が対象会社の株式を取得する類型であり、M&A後に対
象会社が自社の子会社となります。

　当該類型を用いることで、対象会社の法人格を維持しながら、対象会社の経
営権を支配することが可能となるというメリットがあります。

　この類型の具体例としては、株式譲渡や株式交換といった方法があげられま
す。

株式譲渡、株式交換のスキーム図

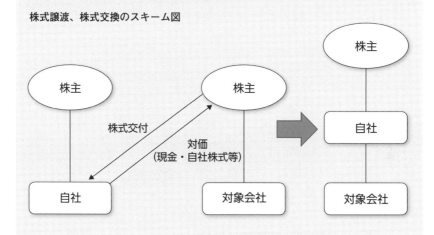

(2)　事業買収型

　事業買収型は、対象会社そのものではなく、対象会社の事業を取得する類型
であり、M&A後に対象会社の事業が自社の一部になります。

　当該類型を用いることで、対象会社の事業のうち、自社にとって有益である
と考えられる事業のみを切り出し、かつ、偶発債務等の潜在的な債務を承継対
象から除くことができるというメリットがあります。

　この類型の具体例としては、会社分割や事業譲渡といった方法があげられま
す。

会社分割、事業譲渡のスキーム図

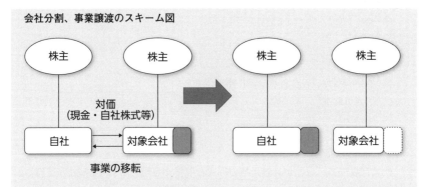

(3)　法人買収型

　法人買収型は、（対象会社の事業ではなく）対象会社そのものが自社と一体化する類型です。自社が存続会社の場合、M&A後に対象会社の権利義務の一切を自社が承継することになります。

　当該類型を用いることで、自社と対象会社が一体となり、株式買収型に比べてより強い統合を実現することができ、より早期にシナジーを生み出すことができるというメリットがあります。

　この類型の具体例としては、合併の方法があげられます。

合併のスキーム図

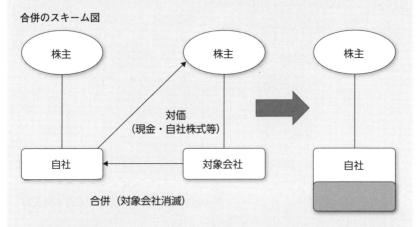

(4)　持株会社型

　持株会社型は、新たに持株会社を設立し、自社と対象会社が当該持株会社に発行済みの株式のすべてを取得させ、自社の株主と対象会社の株主がそれぞれ当該持株会社の株主となる取引です。M&A後に、自社と対象会社が持株会社の子会社となり、シナジーの段階的実現が可能となります。

　当該類型を用いることで、対象会社の許認可を維持することができ、また、持株会社と対象会社のそれぞれの従業員の労働条件を併存させることが可能といったメリットがあります。

　この類型の具体例としては、株式移転の方法があげられます。

株式移転のスキーム図

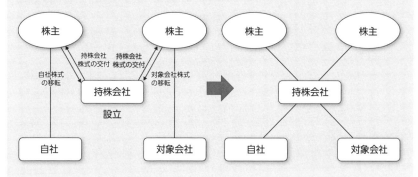

2　スキーム選択の考え方

　M&Aを実行するに際して、如何なるスキームを採用すべきかの検討は、買収対象（法人か事業か）、買収範囲（全部か一部か）、統合の強度（法人・事業の統合を伴うか否か）といった観点に加えて、買収対価（現金か自社株か）、手続コストの多寡、税務上の取扱い等を総合的に勘案して行うこととなります。IPO直後の上場会社では、M&Aに関する知識・経験が豊富な人材は多くはないことが通常ですので、主幹事証券会社・メインバンク等の金融機関のほか、公認会計士・弁護士といった専門家のサポートを受けながらM&Aを進めていくことが一般的といえます。

Ⅲ　M&Aと海外進出

　IPOによって資金を調達すると、その調達した資金を元に積極的に海外進出を検討することができるようになります。しかし、海外進出を検討する際には、以下のような事項に留意してスキーム検討等を行う必要がありますので、現地の弁護士を含めた各種の専門家に相談し、アドバイスを得ることが重要となります。なお、現地の弁護士へのアクセスが難しい場合には、顧問弁護士等に相談することが有用です。

第15章

企業の成長はIPO後が命！

1　外資規制

　外資規制とは、外国人または外国資本により支配される企業による事業活動を、当該国の自国民または自国資本により支配される企業による事業活動と比べて、より制約的に差別する規制のことです。特に、開発途上国において、より厳しい外資規制が敷かれていることが少なくありません。例えば、外国資本100％の現地法人の設立が認められておらず、現地会社と提携して合弁会社の形態をとらなければならないといった規制があります。

2　人事・労務

　企業が海外で事業活動を行う場合、通常は現地で従業員を雇用する必要があり、現地の人事・労務の問題に直面することになります。労働関係法令は各国によって異なるうえ、必ずしも明文化されていない独特な労務慣行が存在する場合も多いです。

3　外国公務員贈賄規制

　日本を含むOECD（経済協力開発機構）加盟国は、OECD外国公務員贈賄防止条約を締結しており、日本においても不正競争防止法において外国公務員に対する贈賄等について刑事罰を科しています。そのため、海外企業を買収等するに際しては、進出国においていかなる贈賄規制が適用されており、対象会社が当該贈賄規制に違反していないか慎重に調査する必要があります。また、FCPA（米国海外腐敗行為防止法）等国外における贈賄等も規制の対象としている場合がありますので、進出国以外の国が定める外国公務員贈賄規制にも留意が必要です。

4　海外子会社の管理・監督

　本社の監督が不十分となりがちな海外子会社において、会計不祥事を始めとした不正が発生する事例が多く見られます。異なる制度・言語・文化・商慣習を有する海外子会社を適切に管理・監督し、既存事業とのシナジーを実現するためには、グローバルな経営体制の整備や海外子会社の経営陣に適格な人材を配置するなど、M&A後の統合プロセス（PMI（Post-Merger Integration））が特に重要となります。

COLUMN

海外グループ会社管理の重要性

　IPO後の上場会社にとって、国境を越えて行うM&A（クロスボーダーM&A）は、海外への事業拡大のスピードアップを実現する非常に有効な成長戦略の一つです。しかしながら、海外グループ会社を管理するうえでは、国内グループ会社にはない特殊性に留意しなければならず、さもなければ、買収後の対象会社に不正が発覚したり、対象会社が業績不振に陥ったりするなどして、大きな損失を蒙るおそれもあります。

　特に留意しておくべきなのは海外グループ会社の「孤島化」です。海外グループ会社は、親会社から見て地理的に遠隔地にあるだけでなく、言語・文化の違い等に起因して親会社と十分なコミュニケーションを行うことができないため、親会社が海外グループ会社から入手できる情報は、国内会社から得られる情報に比べ圧倒的に少なくなります。さらに、現地出向者を中心に海外グループ会社の管理を行う場合は、割くことのできる人的リソースが限られていることから、内部統制や法務に関するバックグラウンドのない営業担当等の人材が海外赴任時になってはじめてコンプライアンスの機能を担わざるを得ないケースも多くみられ、現場部門（一線）及びリスク管理部門（二線）の牽制体制の不備が生じやすい状況といえます。場合によって、経営者自身が「海外では国内のルールや常識に縛られずチャレンジしていきたい。内部統制など二の次、三の次である。」などと当該不備を正当化することによる内部統制の無効化も発生している可能性があり、そのような状況では、IPO後の安定的な成長はおよそ覚束ないところです。情報の断絶及び内部統制構築の不備により、海外グループ会社が親会社から目の届かない「孤島」と化すと、国内会社では想定し難い、また、グループ全体に深刻なダメージを与える（場合によっては、上場廃止のトリガーともなり得る）ような重大不正（贈賄・資金還流・反社会的勢力の利用等）が生じることになりかねません。

　このような孤島化（さらにいえば、「聖域化」）を避けるため、①海外グループ会社内部における法務部門・内部統制部門の設置、②海外グループ会社に対する内部監査の充実（特に往査頻度の向上）、③海外出向者に対する十分な教育・研修等、様々な対応策がありますが、コストが許容可能なレベルに留まりそうか、安定的に運用可能な人的リソースを確保できそうか等、いかなる手段を採るべきか（複数の手段

のうちどれを組み合わせるべきか）についての考慮要素は多岐にわたり、最善解に至るのは一筋縄ではありません。

　クロスボーダーM&Aによって得た「チャンス」が「ピンチ」に化けないよう、海外グループ会社管理体制の構築にあたっては、弁護士、公認会計士等の専門家のアドバイスを踏まえた慎重な検討が必須となります。

エピローグ：
未来の Book village 社

　Book village社は、無事上場を果たした。しかし、IPOの成功は、企業の歴史における単なる通過点、新たな始まりの1つにすぎない。

　その未来の物語を少しだけ紹介しておこう。

1　エンジニア連続引き抜き事件発生

　飛ぶ鳥を落とす勢いで上場したBook village社であったが、株価は上場直後に高値をつけた後、大きく下落したまま低迷していた。木口は、「株価なんて気まぐれなんだから。」といって社員の気を静めつつ、新たに優良なソフトの開発を推し進めた。

　しかし、Book village社の歩む道のりは一進一退である。ある日突如として、ソフト開発を担っていた有力なエンジニア数名が、次々と大手のプラットフォーマーに引き抜かれてしまったのだ。

　木口は、小菅に対して珍しく弱音を吐いていた。

　「日本の働き方改革のせいだわ！　もちろん、業務の効率化を進めること自体は大事なことだけれど、ここ最近、特にエンジニア職は、リモート仕事一択で、テレワーク、TV会議ばっかり。本音が見えないわ。引き抜かれたエンジニアたちと最後に直接会って話をしたのはいつだろう……きっと知らず知らずのうちに、ディスコミュニケーションが生じていたのかも。」

　仕事とは五感を駆使して行うものだ。働き方改革によって業務の効率性が重視されるようになった現在、face to faceは、一種の信仰として認識されつつある。しかし、この会社がこれまで歩んできた道のりを思えば、face to faceが単なる信仰以上の意味を持つことを痛感した出来事はたくさんあったのではないか、と小菅は思う。

　──ビジネスを担っているのが人間である以上、最後はface to faceの気持ちの通じ合いが、会社を大きくしていくのかもしれないな。少なくともテレワークや電話会議では代替できないものがあることは確かだ。

　Book village社のエンジニア連続引き抜き事件発生の直後、木口、小菅を含めた同社の経営陣は、同事件をふまえ、今後の対応を話し合うため、一堂に会していた。事態の深刻さを前に会議室には凍てつく空気がたちこめる。

　そんな中、社外取締役の藤田が高飛車な発言を開始する。

　「いっそ、スタンフォードやインド工科大学出身で、最優秀の卒業生を3人雇って研究開発してもらうのはどうか？　年間給与3,000万円で3人にオ

ファーする。3年保証だ。それでも3億円未満に抑えられる！」

「おっしゃる趣旨はわかりますが、それではうちの会社の風土に合うかどう
か。いきなりそのような給与を出すのはちょっと荒療治がすぎるのでは……。」

とある生え抜きの執行役員が速攻で反対意見を述べる。

「馬鹿か！！　研究者を大切にしない日本はどんどん衰退している。論文
数だって減っているじゃないか。資源もない日本は、これから先どうするん
だ！　調達した資金の適切な活用場面じゃないか！」

藤田は、顔を真っ赤にして絶叫する。

その後、木口と小菅が場をとりなし、新規のエンジニアの採用については
今後も継続して協議を行うこと、それぞれのエンジニアが成果に応じて正当
な対価を受け取ることができるよう優秀なエンジニアの昇給制度をより強化
するとの方向性を打ち出し、その日は散会した。

2　事件は終わっていなかった

エンジニア連続引き抜き事件発生から1か月ばかりしたある日。木口は、シ
ステム部の宮上部長から思わぬ報告を受けた。

「木口さん！　大変だ！」

「真っ青になってどうしたのよ、宮上くん。」

「さっきプラットフォーマーのクレイジー・ソリューションズ社が新しいソ
フトウェアをプレス・リリースしたんだけど、うちが考えていたアイディア
と瓜二つなんだ！　絶対おかしいよ！」

木口はふとクレイジー・ソリューションズ社という名前は何だか聞いたこ
とがあるなと思い反芻した結果、1つの真相にたどり着いた。

「なんてこと……クレイジー・ソリューションズ社っていえば、うちのソフ
ト開発担当のエンジニアの転職先じゃない……。」

「あ、確かに……。ついソフトウェアの内容にばかり頭がいってしまってい
たけど、それってつまり……。」

木口は、少しの沈黙の後、こういった。

「そうよ。まだ確実ではないけれど、うちからクレイジー・ソリューション
ズ社に転職したエンジニアがうちのノウハウを使用して、ソフトウェアを完
成させた可能性があるわ。」

名探偵木口が誕生するかたわらで、宮上は、すでに真っ青になっていた顔
を蒼白にし、今にも死後硬直が始まらんとする兆しを見せていた……。

　そんな宮上の両肩を揺さぶる木口。

　「ちょっと宮上くん、ちゃんと生きて！　今やるべきことは何かを考えて！　とりあえず大崎先生に連絡よ！　プレス・リリースが出たばかりの今の段階ならまだうちに勝機はある。いくさにおいて何より大事なのは初動よ！」

　木口の声を聞いて現世に舞い戻った宮上は、気が動転している様子であった。

　「いくさ！　開戦ですか！　ちょっと討ち入りの準備をしてきます！！うぉー！！」

　そう言い放った宮上は、クレイジー・ソリューションズ社のホームページを印刷した紙を刀のように突き立てながら、どこかに走り去ってしまった。

　宮上の普段とは違った一面を見た木口は苦笑しつつ、おもむろにスマートフォンを取り出し、即座に大崎弁護士に電話をかけた。

　──大崎先生のアドバイスを受けて、秘密管理体制の整備を進めておいて、本当によかったわ。

　Book village社は、大崎弁護士のアドバイスを受けて、エンジニア全員から秘密保持誓約書を差し入れてもらい、不正競争防止法上の営業秘密に該当するように社内でのアクセス制限、資料へのマル秘表示、定期的な秘密保持に関する教育研修実施などを1つひとつ講じてきていたが、どうやらこれらの対策が功を奏しそうである。木口は、動揺しながらも決して今後の見通しを悲観してはいなかった。

　──秘密情報の持ち出しについてはこれから調査を進めないといけないけど、まだ間に合うかもしれない。うちのような技術系の会社では、ソースコードの保全だけではなく、開発プロセスを含め、特許にまでは至らないノウハウの1つひとつが重要。確か大崎先生はそんなことをいってたっけ。

　その後、木口は、社内調査を推し進め、転職したエンジニアがBook village社を退職する直前に私用メールアドレスに対して、開発担当者だけがアクセス可能となる措置が行われていた社内のファイルサーバーから、マル秘表示がされているソフト開発に係る資料一式を送付していた事実、またエンジニアが削除していたメールを復元した結果、クレイジー・ソリューションズ社から持ち出す資料の内容に関して指示を受けていたことがうかがわれるメールが存在していた事実を確認した。また、クレイジー・ソリューションズ社の新ソフトウェアについて、Book village社が保有する非公知のノウハウが使用されている具体的箇所も特定することができた。

　木口は、大崎弁護士との打ち合わせにおいて社内調査結果を報告し、協議のうえ、すみやかに、秘密保持誓約書に基づき退職したエンジニアへ秘密情

報の使用中止・返還を求める書面の送付に加え、クレイジー・ソリューショ
ンズ社へ不正競争防止法に基づく Book village 社の営業秘密の使用を差し控
えられたい旨の警告書面を送付するに至った。

　「大崎先生、仮にエンジニアやクレイジー・ソリューションズ社が任意で履
行しない場合には、どのように対応することになるのでしょうか？」

　木口が大崎弁護士に対し質問する。

　「そうですね。その場合は、裁判所に対し、営業秘密の不正使用行為により
生じた新ソフトウェアの販売差止等を求める仮処分を申し立てることになる
でしょうね。」

　大崎弁護士はそう答えた。

3　そうだ インド、行こう

　恵比寿の某有名コーヒーチェーンのカウンター席で1人の女性がほがらか
に窓の向こうをながめていた。窓の外からはひっきりなしに陽光が差し込ん
でくる。

　そこに、ポロシャツを着た丸眼鏡の男性が現れ、手に持った 2 つのカフェ
ラテの1つを女性に無言で手渡す。丸眼鏡の男性は、女性がカフェラテをこ
よなく愛してやまないことをよく知っている。

　「社長。今日は1つ私からお話があります。」

　「なによ、小菅くん。かしこまっちゃって。わざわざ会社の外で会うことな
いんじゃない？」

　「いえ、どうしてもこの場所でお話ししたかったんです。思えば当社のIPO物
語が始まったのは、この恵比寿のカフェでしたから験を担いでみたわけです。」

　「そういえば、そうね。なんだかなつかしいわね。あの日は私退屈してた
なぁ。あ、でもね！　私あの日からは全然退屈してないの！　つまり、あの
日と違うのは、私が退屈していないこと、それと、何より今日はとってもお
天気がよいわ！　どこか遠くに行ってしまいたいくらい！」

　「そうなんです。今日社長に申し上げたかったのは、どこか遠くに行く話です。」

　「え！　小菅くん、会社辞めちゃうの！　そんなの悲しいよ。私、小菅くんがい
なくなったらどうしよう……あ、ストックオプションは退職したら行使でき
ないはずだけど、念のためちゃんと放棄する旨の誓約書は書いていってね！」

　「違います！　私会社辞めませんから！！」

　「あ、そうなの？　よかったー、あせった！」

　小菅は、少しばかり表情の真剣さを高めて、場を仕切り直した。

　「社長！　うちは今エンジニアの数が足りていないと思いますが、いっそのこと、海外で優秀なエンジニアを擁する企業を子会社化して、人的なリソースを高める戦略はどうでしょうか。」

　真剣な表情を浮かべる小菅に対して、木口も礼儀を尽くして向き合う。

　「確かにエンジニア不足がいわれるようになって久しいわね。ただ海外から優秀なエンジニアを招へいする考え方は、藤田社外取締役が強硬に主張しているところだし、小菅くんの狙いはそこだけじゃないんじゃない？」

　「いいところに気づきましたね。私は、ただ人材を獲得することだけを目的に申し上げているわけではありません。日本でわが社のAIによる転職マッチングサービスは安定して稼働するようになりましたが、やはり今後はビジネスを国内需要のみで完結させていくのはもったいないと思うのです。たとえば、今後、2050年には人口が17億人に達する、2029年には日本を超えてGDPで世界3位の大国になる、IT業界も盛り上がりを見せていて第2のシリコンバレーともいわれる都市を有する国があるとすれば、どうでしょうか。その国で販売網を持っていて優秀なエンジニアも抱えている会社を買収できたなら、わが社のAIによる転職マッチングサービスをブラッシュアップしてパッケージ化して展開することも可能ではないでしょうか。もちろん日本向けに新たなサービスを展開するためにも優秀なエンジニアがいることは大変心強いことです。」

　「小菅くん、まさか……。」

　木口は、そういって驚きをもって小菅の顔を見る。

　「社長、そのまさかです。われわれはインドに進出するべきです！」

　木口は、小菅の言葉を聞いて思わず笑ってしまった。

　「社長、何か私おかしいこといいましたか？」

　「んーそんなことないよ！」

　木口は、かつては、面倒ごとが増えるからといっていろいろなことに消極的だったあの小菅が、大きな野望を秘めた提案をしたことに驚き、喜び、ほんのちょっぴりおかしかった。

　「いや、でも小菅くん、インドはカースト制度があるし、転職マッチングサービスは難しいんじゃない？」

　「社長、それはちょっとその考えは古いですよ。たとえば、インドを発展させた新産業であるIT産業については従来のカースト制度は通用しません。そもそもインドにおけるカースト制度は現在、都市部を中心に徐々に形骸化し

ていますし、インドの人口構成の50％は25歳以下の若い層です。今こそ打って出るべきなんです！」

「インドか……そうね。私も小菅くんと新橋のおでん屋で話してからいろいろ考えていたんだけど、インドはありだと思う。ここにきて意見が一致したみたいでうれしいわ。それにしても小菅くん、よく勉強しているわね。」

「おほめの言葉をいただき光栄です。ちなみに、社長と新橋のおでん屋で飲んでから私は英語の勉強も欠かしてはいませんからインド人とコミュニケーションをとることもeasyですね。」

小菅が渾身のどや顔を発揮する。

木口は、スマートフォンで少しばかり検索してこういった。

「小菅くん、ちょっと調べてみたんだけど、インドの公用語はヒンディー語みたいなんだけど大丈夫かな？」

勢い固まり弱々しく呟く小菅。

「Is that true……?」

「あ、ごめん！　でも、インドの準公用語は英語で、インドのシリコンバレーっていわれるバンガロールでは英語が飛び交っているみたいよ。」

がぜん勢いを取り戻す小菅。

「ほら見ましたか！　やはり大勝利です。勝った者が勢い天下をとるんです！　The victor makes himself master of the realm as a natural consequence —— as a matter of course！」

　木口は、なぜ小菅が同じことを2回いったのか素でわからなかったが、成長した小菅を頼もしくも思うのだった。

　その後、Book village社は、インドの会社を子会社化し、現地の高度な技術を有するエンジニアと協同してソフトウェア開発をさらに進め、パッケージ化したAIによる転職マッチングサービスをインドで展開するに至る。

４　株主との対話

　Book village社は、AI人事評価システムの開発・販売、インド会社の買収により激動の上場1年目を送り、1年の節目である株主総会を迎えた。

　はじめての株主総会は、大崎弁護士の指導のもとで、小菅が主体となって取り組んだ。

　小菅は、上場後間もない時から、大崎弁護士に「上場会社の株主総会は、上場前とはまったく違います。ドラゴンボールで言えば、第1形態のフリーザと最終形態のフリーザぐらいの違いがあると思ってください。上場前は、株主総会といっても、株主は顔見知りの方ばかりで、株主総会の場で質問がされるということは少なかったかもしれません。しかし、上場会社の株主総会では、一般の方を含めて多数の株主が来ますし、さまざまな質問がなされますので、事前にしっかりと準備をしないといけません。上場後の株主総会を乗り切るためには、私たちもサイヤ人からスーパーサイヤ人になる必要があると思ってください。」と言われていた。

　小菅は、スーパーサイヤ人にならないといけない理由はよくわからないなと思ったが、大崎弁護士から渡された『新・株主総会物語』という書籍を読み、株主総会前の準備に要する時間・内容ともに、上場前とまったく異なることがわかった。

　そして、大崎弁護士の指導のもとで、何度もリハーサルを実施するなどして準備を行い、万全の体制で株主総会本番を迎えたのであった。

　株主総会当日は、株主から「なぜインドの会社を買収するのか。」など20を超える質問が行われ、株主総会の閉会まで約3時間もの時間を要した。しかし、事前の準備が奏功し、何とか無事に乗り切ることができた。

　上場後初めての株主総会が終わって数週間後、次年度の株主総会の改善点等を話し合うため、木口、小菅、久保、藤田ら社外取締役が集まった。

木口が切り出した。

「みなさん、上場後はじめての株主総会、あらためておつかれさまでした。まずは、無事総会を乗り切れたことでホッとしています。ただ、株主総会を経て、もっと株主との対話をしっかりしないといけないと感じました。株主総会の場では、株主の質問に対して丁寧に回答するように努めましたが、株主により会社のことを理解してもらうために改善できるところがあると感じました。たとえば、あらかじめもっと情報提供をする必要があると思いましたし、来年は多くの株主に来てもらえるように、土・日曜日に開催したり、総会に来れない株主のために、株主総会の様子をホームページ上で放映したいと考えています。」

「もともと土・日曜開催の案は出ていたのですが、主幹事証券の和田証券の方にも相談したところ、上場初年度は総会運営に慣れていないだろうし、問題株主が来るのを防止する趣旨で土日開催はやめましょうといわれていました。日本では、株主総会に総会屋が来ることを防ぐ趣旨で、皆で株主総会を開催する日程を合わせていたので、今でも多くの会社が6月下旬に株主総会を開催しているみたいです。」と小菅が続いた。

「確かに今年の総会で、問題株主が来ていたら、私もあせっていたかもね。でも、小菅くん、株主総会に総会屋とかに来られたら困るけど、私たちのファンになってもらう株主が来れないのはもっと困る。問題株主に対しては、来年もしっかりと私たちがリハーサル等で準備して対応したらいいでしょ。株主

総会はせっかくの対話の機会だから、私たちが経営方針をしっかりと説明して、安定的に株式を保有してくれる、私たちのファンを増やすべきだと思う。」

　木口の話を受けて、その場の誰もが納得し、次回の株主総会は土・日開催とし、株主総会の様子を中継してホームページで放映することが決まった。また、株主総会だけでは株主への説明は不十分であるとして、4半期ごとの決算説明についてもホームページで動画を公開し、株主・投資家に対してより積極的に情報提供を行う方針とすることが決定した。

5　敵対的買収

　上場後、3年が経過したある日。小菅が血相を変えて社長室に飛び込んできた。

　「社長、クレイジー・ソリューションズ社からTOBをかけられました！」

　ひどくろうばいしている小菅とは対照的に、木口は冷静に、また少し誇らしげに答えた。

　「そうね。私もさっきニュースで知ったわ。人材引き抜きについて決着した後、クレイジー・ソリューションズ社から事業提携の話は何度もあって断っていたけど、まさか、会社本体ごと買ってしまおうと画策するなんてね。」

　「やっぱり買収防衛策を導入しておけばよかったのでは……。」

　「それは、前にさんざん議論したじゃない。会社は社会の公器で、私たちは株主から選ばれて取締役になったのであって、逆に、私たちが株主を選ぶのはやめましょう。その代わり、私たちが取締役になっていることで、企業価値の向上につながることをしっかりアピールして、安定的な株主を獲得していって、盤石な会社にしていきましょうって。」

　「インドの会社を買収する時に、資金調達のために株式を発行して、社長と私の持分比率はずいぶんと低くなってしまったので、今回のTOBで本当にクレイジー・ソリューションズ社に会社を乗っ取られてしまうかもしれませんよ。クレイジー・ソリューションズ社としては、TOBが成功した場合には、取締役を変更させて、共同でAI人材システムを開発していくと述べているみたいですし。」

　「小菅くんは、ずいぶん弱気ね。私たちは、企業価値を向上させてきたし、これまでも株主との対話をどの企業よりも積極的に行ってきたから、評価してくれる株主も絶対にいると思うよ。それに、クレイジー・ソリューションズ社と提携するメリットなんてないでしょ。」

「そうですね。こうなったら、私の堪能な英語を駆使して、提携してシナジーが見込める会社にホワイトナイトをお願いしましょうか。」

「まずは、緊急に取締役会を開催して、議論しましょう。久保さんや藤田さんの意見も聞きたいし。小菅くんの英語が堪能かはノーコメントだけど、ホワイトナイトを探すことになればお願い。」

Book village 社は、インド会社を買収した後は、株価が乱高下していたが、AI人事評価システムの導入が予想以上に進み、業績も着実に伸びていたため、株価は徐々に上昇していた。

また、Book village 社は、日頃から株主への情報提供等を積極的に行い、社長のメッセージも多く発信していたため、木口のファンである株主が多く存在していた。さらに、インド国内でのAI人事評価システムの導入がかなり急激なペースで進んでいること、同事業の成功により内部留保があるが、これらはインド国内での更なる事業拡大のための投資資金であって企業価値向上を目指して適切に運用する予定であること、クレイジー・ソリューションズ社との事業提携によってシナジーが生まれにくいこと等の説明を丁寧に行ったことも功を奏し、クレイジー・ソリューションズ社によるTOBに応じる株主はごく少数であった。

その結果、クレイジー・ソリューションズ社によるBook village 社へのTOBは目標とする株式数に達せず、TOBは終息に至った。

6　さらなる企業価値の向上へ

　クレイジー・ソリューションズ社のTOBが不成立に終わった後、Book village社はインド国内のAI人事評価システムの運用で集めたデータおよび同事業でため込んだ内部留保を元手に、新たにインド国内においてAIを活用した人材マッチングサービスの提供を開始した。

　Book village社のAI人事評価システムは、人材の流動性の高いインドにおいて、企業の離職率低下に効果があるとして知名度を得ていた。そのため、同社が展開したAIマッチングサービスについても、すぐさま企業および労働者に知れわたり、一躍転職市場で確固たる地位を確立したのだった。

　これにより、Book village社の株価は、上場時の約4倍になっていた。

　企業価値向上をめざしたBook village社の航海は、まだまだ続く。
　その勢いは、もはや海だけでなく、宇宙空間へも突き進むほどに。

COLUMN

上場会社の株主総会

　株主総会が、株主の議決権行使を通じて、会社の重要な事項に関する意思決定を行う会議体であることはIPO前後で異なるところはありません。しかしながら、一般に会社と関係のある限られた株主によって構成される未上場企業の株主総会と異なり、上場会社の株主総会は不特定多数の株主が数多く出席するため、会場の手配・設営に始まり、株主から想定される質問事項への回答準備、当日の手続を遺漏なく進行させるためのリハーサルの実施など、IPO後には株主総会の開催に向けた入念な準備が求められることになります。この点、株主総会開催の前日までの議決権行使書面による議決権行使等によって議案の採否は決まっていることが一般的であるため、株主総会は手続に違反なくつつがなく進行すればそれでよいという考え方もありますが、株主総会は、役員が株主に向けて会社の現況について報告し、株主からの質問に答えるという数少ない株主と直接やりとりを行う対話の場であるというだけではなく、株主に向けて自社の活動や製品・サービスをアピールする機会でもありますので、株主総会を自社の成長のために積極的に活用するという姿勢で臨むことが求められます。

●解説

Ⅰ　知的財産権の活用

1　知的財産戦略とは

　知的財産戦略（知財戦略）の重要性が叫ばれるようになって久しいですが、その意味するところは必ずしも一様ではありません。企業経営の観点から知財戦略をとらえますと、企業の成長を目的として、新規市場への進出・既存市場の拡大を見据えて、競合他社が保有する知的財産や知的財産権の状況を把握し、自社の知的財産を適切に管理・活用するとともに、中長期的な事業計画の要素として研究開発活動等を通じて新たな知財を創出していくための全社的な方針ということができるでしょう。

　「知的財産」（知財）および「知的財産権」と、保護の根拠となる主要な法律については、以下のとおり分類できます。

知的財産および知的財産権の分類

知的財産		「知的財産」に成立する「知的財産権」	保護の根拠となる主要な法律
人間の創造的活動により生み出されるもの	発明	特許権	特許法
	考案	実用新案権	実用新案法
	植物の新品種	育成者権	種苗法
	意匠	意匠権	意匠法
	著作物	著作権	著作権法
商標、商号その他の事業活動に用いられる商品または役務を表示するもの	商標	商標権	商標法
	商号	「○○権」という名称はなし	商法、会社法
	事業活動に用いられる商品または役務を表示するもの		不正競争防止法
営業秘密その他の事業活動に有用な技術上または営業上の情報	営業秘密		
	営業秘密以外の事業活動に有用な技術上または営業上の情報		民法、不正競争防止法

　知財戦略の策定・遂行に際して重視すべき知財は、技術革新の趨勢や属する業界、提供する製品・サービスなど企業ごとに異なりますので、以下では代表的な知的財産権である特許権、商標権と著作権について概説します。

2　代表的な知的財産権の概要

(1)　特許権

　特許権とは、「発明」（「自然法則を利用した技術的思想の創作のうち高度のもの」をいい、「物の発明」と「方法の発明」があります）のうち、一定の要件（特許要件）をクリアしたものに付与される、知的財産権です。特許権を取得した特許権者は、特許出願の日から20年間、特許発明を独占排他的に実施することができます。すなわち、特許権者以外の第三者が特許発明を実施している場合には、実施を中止させたり、損害賠償請求をすることができます。

　なお、環太平洋パートナーシップ（TPP）協定の発効に伴い、出願審査等に時間がかかった場合には、特許権の存続期間が延長される旨の法改正が行われました。

　特許権の活用方法としては、①自社で実施することで収益を獲得する、②他社にライセンスすることによってロイヤリティ収入を得る、③複数の企業で相互にライセンスする（クロスライセンス）方法等があります。

　いかなる発明であっても特許を受けることができるわけではなく、一定の要件（特許要件）を満たすものでなければなりません。具体的には、その発明が、①産業上利用できるものであること、②新しいものであること（新規性があること）、③容易に考え出すことができるものではないこと（進歩性があること）、④出願後に公開された先願の明細書等に記載された発明と同一の発明ではないこと（準公知ではないこと）、⑤公序良俗に反するものではないことの各要件を満たす必要があります。また、先願にかかる発明と同一の発明ではないことも必要となります。

　もっとも、これらの要件を満たす発明がなされたとしても常に特許権として権利化することが適切であるとは限りません。つまり、企業としては、発明を特許出願して公開する代わりに存続期間が限られている独占排他的な特許権を取得するか、ノウハウとして秘密のまま利用するかを検討することになります。

　なお、企業の従業員が職務に属する発明を行った場合、原則として特許を受ける権利は当該従業員に帰属しますが、契約、勤務規則その他の定めにおいてあらかじめ企業に特許を受ける権利を取得させることを定めたときは、その特許を受ける権利は、その発生した時から当該企業に帰属することになり、当該従業員はその対価として当該企業から相当の利益を得ることになります。

(2)　商標権

　商標権とは、文字、図形、記号、立体的形状、色彩またはこれらの結合等の「標章」であって、業として商品または役務について使用されるもののうち、一定の要件（商標登録要件）を満たすものに付与される権利です。

　商標の種類としては、文字のみからなる「文字商標」、図形のみからなる「図形商標」、キャラクターや容器などの立体的形状から構成される「立体商標」、CMに使われるサウンドロゴ等の「音商標」等があります。

　商標権の保護対象は、「商標に化体した業務上の信用」です。たとえば、Book village社が、自社の提供している役務（サービス）の広告等に使用される「Book village」という商標につき商標権を取得したという場合、「Book village」という文字列の見た目上の美感やイメージが保護されるのではありません。Book village社が、自社サービスに「Book village」という商標を付して提供し続けることによって、「Book village」という商標に対して需要者が持つことになる「業務上の信用」こそが、商標権による保護対象となります。Book village社は、第三者が同一または類似の商標を、同一または類似のサービスに使用している場合、第三者に使用を中止させたり、損害賠償請求をすることができます。

　したがって、商標権の取得にあたっては、当該商標を自社の商品または役務に継続的に使用し続けるということが前提となりますし、自社での使用意思のない商標については、当該商標に「業務上の信用」も発生しないため、商標登録要件を欠くとされ登録できません。

　商標権の活用方法としては、①自社で使用することで当該商標を付した商品役務について需要者からの信用やブランド価値を高める、②他社にライセンスすることによってロイヤリティ収入を得る方法等があります。ただし、他社にライセンスして使用させるという場合（例：フランチャイズ・ビジネス等）には、商標の価値（業務上の信用）が傷つかないよう、商品やサービスの品質管理や顧客対応等が他社によってもしっかり行われるよう、契約上の取決め等により他社による使用状況を監督・是正等できる手段を確保しておく必要があります。

　なお、未登録商標であっても、周知性・著名性等の一定のハードル（要件）をクリアした未登録商標に関しては、第三者がこれを使用するという場合には、不正競争防止法に基づく使用中止や損害賠償請求が可能となる場合もあります。しかし、商標法に基づく請求の方が、一般的には侵害の立証が容易であるため、自社にとって重要な商品役務であって、第三者に模倣されては困る商標に関しては、最初から商標登録をしておく方が、商標の保護は容易となります。

(3)　著作権

　著作権とは、文芸、学術、美術、音楽、プログラムなどの思想または感情を創作的に表現したものである著作物を著作者が独占的に利用することができる権利をいいます。著作権は、創作した時点で自動的に発生し、その取得のため

に特別な手続は必要とされません。

著作権とは、著作物を複製する権利である「複製権」、公に上演または演奏する権利である「上演権」、公衆に直接受信されることを目的として無線・有線で送信する権利である「公衆送信権」、公衆送信される著作物を受信装置を用いて公に伝達する権利である「伝達権」、言語の著作物を公に口述する権利である「口述権」、美術の著作物または未発行の写真をその原作品によって公に展示する権利である「展示権」、映画著作物をその複製物により譲渡または貸与する権利である「頒布権」、映画以外の著作物をその原作品または複製物の譲渡により公衆に提供する権利である「譲渡権」、映画以外の著作物を複製物の貸与により公衆に提供する権利である「貸与権」、二次的著作物を作成する権利である「翻案権」といったさまざまな権利の総称です。

著作権の活用方法としては、①自社で利用することで収益を獲得する、②他社にライセンスすることによってライセンス料を得る、③出版社と契約して著作物を出版する方法等があります。

企業の従業員が職務に属する著作を行った場合、原則として著作権は当該従業員に帰属しますが、①それが企業の発意に基づくこと、②企業の業務従事者が職務上作成したこと、③企業が自己の著作名義で公表すること（ただし、プログラムの著作物は不要）、④当該従業員との契約や就業規則で特段の定めのないことの各要件を満たす場合には、当該著作権は発生時点から企業に帰属することになります。

COLUMN

知財経営

日本は「知財立国」宣言からすでに20年弱が経ちますが、いまだにその意識は低いといわざるをえません。知財戦略を、自社または大学の強みと認識する経営層（大学経営者も含む）は、ほぼ皆無という指摘もあるところです。

知的財産権（知財）とは何かということについては、本文で紹介したところですので、ここでは、経営と知財について、記しておきます。

国別の特許出願件数については、中国の目覚ましい増加は指摘するまでもないですが、日本の出願数は漸減（2010年：34万4,598件、2018年：31万3,567件[1]）しており、データからも知財戦略の浸透が進んでいないことが伺われます。特許訴訟の件数の側面では、米国、中国やド

1　特許庁「特許行政年次報告書2019」1-1-1図「特許出願件数の推移」。

イツ等と比べて日本は極端に少ないことも事実です。特許侵害により認められる損害賠償額が低く、労多くして補なし、という感覚かもしれませんが、知財という権利の最終的な活用の場面が、訴訟であることからすれば、戦略的な視点の乏しさも浮かびあがってきそうです。

　特許制度は発明を奨励するだけではなく、発明・開発した技術を、しっかりと世の中に普及させる機能もあります。人口減少が始まった我が国の企業が、国際競争力を維持するには、イノベーションが不可欠だ、ということはさんざんいわれていますが、それを実行するエンジンが欠けていると思われます。

　企業が正しく技術を評価し発明者に報いることも重要であります。そして、技術のみならず、コンテンツ等、さまざまな知財の重要性を認識し、「知財経営の戦略」を練ることは、これからの経営者の責務であることは間違いありません。

Ⅱ　上場会社の経営者に求められる心がまえ

　上場により、所有と経営の分離（会社の所有者はあくまで株主であり、取締役は経営のプロとして株主から当該会社の経営を委任されるという関係）が進み、経営者は、株主の利益のために経営を行っているかいっそう厳しく問われることになります。また、経営者は、会社の持続的な成長と中長期的な企業価値の増大に向けて、自社の経営戦略や経営計画等について株主の理解を得るために、株主との建設的な対話を求められています（コーポレートガバナンス・コード基本原則5）。

　これは、顧客の資金を預かって運用する機関投資家に対して受託者として責任を果たすことを求めるスチュワードシップ・コードが、機関投資家に対して、投資先企業やその事業環境等に関する深い理解等に基づく建設的な「目的を持った対話」（エンゲージメント）を要求していることと表裏の関係にあるといえます。また、機関投資家は、受託者責任の一環として、議決権の行使結果を、少なくとも議案の主な種類ごとに整理・集計して公表すべきであるとされていますが（スチュワードシップ・コード指針5‐3）、主要な機関投資家の多くが個別の議決権行使結果を公表しています。個別の議決権行使結果が明らかにされることに伴い、受託者責任がある機関投資家としては、会社経営に対してより厳しい目で臨まなければならないのです。

　このように機関投資家から厳しい目が向けられる中で、アクティビストによる株主利益の最大化を求めることを前面に出した株主提案も活発化しています。安定株主の減少傾向も相まって、当該株主提案に一定数の賛成票が集まる

傾向にあることから明らかなように、機関投資家も容易にこれに反対できないのが現状です。

　そのため、上場を果たした後はそれまで以上に、経営者は、経営のプロとして不特定多数の株主から当該会社の経営を任されているということを意識する必要があります。他方で、近時、米国を中心として行きすぎた株主至上主義を是正し、持続可能な開発目標（SDGs）の枠組みの中で上場企業も経営されるべきであるとのステイクホルダー（利害関係者）資本主義への動きが起きており、機関投資家もSDGsに積極的に取り組む上場企業への投資（ESG投資）を活発化させる傾向にあります。上場企業の経営者は、株主利益の最大化の実現と従業員、顧客、地域社会等の会社を取り巻くステイクホルダーの利益を調和させる経営を行うことが求められているのです。

本書の楽しみ方── あとがきに代えて〜Beyond IPO!〜

『IPO物語〜とあるベンチャー企業が上場するまでの745日航海記』は、いかがでしたか。

本書のあらすじを振り返ってみましょう。

物語の舞台は、AIによる転職マッチングサービスを提供しているベンチャー企業です。当社を経営する木口社長は、新規事業の資金調達を目的にIPOを決意しました。本書は、彼女と仲間達が様々な問題に立ち向かいながらそれを乗り越え、IPOするまでの軌跡を描いています。

本書は全16章の物語と解説、16のコラムから構成されています。各章はIPO準備の時系列に沿った設定となっています。

第1章から第7章は主にN-3期以前を想定し、社長がIPOを決断し、IPO準備のためのプロジェクトチームを組成した上で、外部協力者の必要性の議論、監査法人と主幹事証券を選定する際に留意すべきポイント、そしてガバナンスを確保するための機関設計、安定株主確保やVC受入など資本政策の在り方が語られます。ここでは、N-2期を迎える前に会社が検討すべき事項が織り込まれていました。

次に、第8章から第12章はN-2期を想定し、企業の成長可能性を織り込んだ事業計画の策定、財務報告を含めた内部管理体制の整備、全社一丸となってIPO準備に取り組むための各部署の説得、弁護士や会計士等の外部協力者の活用などが議論されます。また、労務訴訟問題が発生するものの労務デューデリジェンスを早期に実施・対応していたことでなんとか難を逃れる場面も発生します。ここでは、N-1期を迎える前に会社が整備すべき事項が織り込まれていました。

そして第13章から第14章はN-1期から申請期を想定し、上場直前に発生した情報漏洩リスク問題に対処し、どうにかこれを乗り越え、主幹事証券の最終審査、東証の審査を乗り切る様が描かれています。ここでは、近年の上場審査の厳格化に対応するための留意事項が織り込まれていました。

最後に、第15章から第16章はIPO後を想定し、継続した成長戦略のためのM&Aや資本／業務提携、海外進出の検討、IPO後はじめての株主総会の運営、そして知的財産戦略や買収防衛策の構築などが議論されます。IPO後も会社がさらなる企業価値向上に向けて走り続ける様を描いて本編を終えます。

IPOはゴールではありません。IPOは単なる「通過点」です。その点を忘れてしまっている経営者やその周辺の関係者がいるとすれば、とても残念に思います。IPOは時として、オーナーに巨額の財産をもたらします。いわゆるIPO長者です。IPO長者の中には、IPOしたことに満足してしまい、その後の企業成長を通じた社会貢献といった使命を忘れてしまう経営者も散見されます。企業はIPO後も成長しなければなりません。また、新興市場に何とか上場したのちに本則市場に潜り込むことばかり考える経営者もいることでしょう。

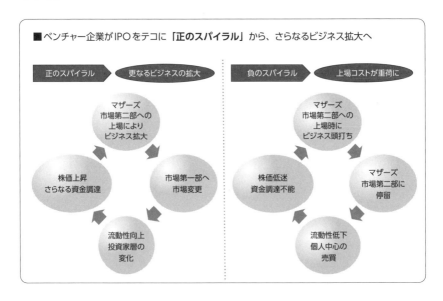

■ベンチャー企業がIPOをテコに「正のスパイラル」から、さらなるビジネス拡大へ

本書執筆時点で、日本取引所グループは、一般投資者向けの市場として、市場第一部、市場第二部、マザーズ及びJASDAQの四つの市場を運営しているところ、近年、そうした市場構造や関連する上場制度を巡り、改善すべき点も見受けられることを踏まえ、市場構造を巡る諸問題やそれを踏まえた今後の在り方等に関する検討を実施しています。「市場構造の在り方等の検討」です。具体的には、2022年4月1日に予定されている新市場区分（プライム市場・スタンダード市場・グロース市場）への移行（「新市場区分の概要等について」(2020年3月))、市場区分の再編に係る第一次制度改正事項（「資本市場を通じた資金供給機能向上のための上場制度の見直し（市場区分再編に係る『第一次』制度改正事項)」(2020年7月)）等、検討が進んでいるのは、国富の象徴たる市場の機能を再度見直す必要が出てきていることの証左であります。

　上場の意義とは、会社が社会の公器として価値を継続的に提供し、しかも、付加価値を長期的に提供し続けることを社内外に宣言することであります。ゴールではない。スタートであると思います。

　経営者の皆様が、「なぜIPOを目指すのか」という起業家としての志、初心を忘れずに、「Beyond IPO」の精神を、本書の物語から感じ取っていただくことを切に希望します。

Bon Voyage!

編著者一同

編著者・執筆者紹介

【編著者代表】

和田　芳幸 (わだ　よしゆき)

1978年公認会計士登録。和田会計事務所代表。監査法人において、法定監査を行う他、約50社のIPOに関与実績。現在も公開準備業務、M&A支援業務などを行っている。また、上場会社及び上場準備会社の社外取締役、顧問も務めている。

〈主要著作等〉

『資本政策のまとめ方・進め方』（編著者　中央経済社）、『株式公開マニュアル』（共著　税務研究会出版局）、『オーナー経営者が知りたいジャスダック上場のすべて』（共著　中央経済社）、『株式上場準備の実務』（共著　中央経済社）等。

本村　健 (もとむら　たけし)

1997年弁護士登録。岩田合同法律事務所所属。経営法務及び企業リスク対応を行うほか、IPO支援を積極的に行う。2015〜2018年最高裁判所司法研修所教官（民事弁護）、2019年東京大学客員教授。上場企業社外役員、財団法人社外理事、学校法人監事等就任。

〈主要著作及び論稿等〉

『株主総会判例インデックス』（共著　商事法務　2019年）、『IPOと戦略的法務──会計士の視点も踏まえて』（共著　商事法務　2015年）、「金融実務に資する調査委員会の実務──調査委員会実務といくつかの課題」（金融法務事情2140号）、「第三者による虚偽の申告書作成と重加算税賦課要件」（ジュリスト1536号）、激化する人材獲得競争下で今後想定されるフリーランスとの契約上の問題点（共著　労政時報3976号）等。

【編著者】

武藤　雄木 (むとう　ゆうき)

2009年弁護士登録。2015年〜2017年東京国税局調査第一部国際調査審理官。公認会計士、公認不正検査士登録。岩田合同法律事務所所属。M&A取引、企業不祥事に関する調査・当局対応（調査委員会委員）、税務調査・争訟対応等を行う。

〈主要著作等〉

『税理士のための会社法ハンドブック〔2019年版〕』（共著　第一法規　2019年）、「入門税務コーポレートガバナンス」（共著　ビジネス法務17巻10号〜18巻5号）等。

佐藤　新也 （さとう　しんや）

2012年公認会計士登録。佐藤新也公認会計士事務所所長。監査法人トキ代表社員。法定監査、IPO支援、内部統制構築支援に多く関与。上場準備会社等の社外役員、顧問等を務める。

小池　赳司 （こいけ　たけし）

2012年公認会計士登録。Itseki Group 代表パートナー。株式会社foxcaleアドバイザー。2016年〜日本公認会計士協会東京会中小企業支援対応委員会委員。IPO支援、内部統制構築支援に多く関与。

〈主要著作等〉

『第三者委員会 ── 設置と運用〔改訂版〕』（共著　金融財政事情研究会　2020年）、「デジタル・フォレンジックの要点と実際」（共著　旬刊経理情報1576号）等。

高木　明 （たかぎ　あきら）

2013年公認会計士登録。高木公認会計事務所所長。2019年〜公認会計士協会東京会中小企業支援対応委員会副委員長。不祥事事案の第三者委員会委員等のほか、上場会社及びベンチャー企業の社外役員、顧問等を務める。

池田　美奈子 （いけだ　みなこ）

2013年弁護士登録。岩田合同法律事務所所属。渉外案件、M&A取引、争訟対応等を中心に行う。

〈主要著作等〉

The International Comparative Legal Guide to: Corporate Investigations 2020（共著 Global Legal Group 2020年）、The Shipping Law Review 3rd edition（共著 Law Business Research 2016年）等。

羽間　弘善 （はざま　ひろよし）

2014年弁護士登録。岩田合同法律事務所所属。人事労務案件、争訟対応、M&A取引等を行う。

〈主要著作等〉

『新・株主総会物語』（共著　商事法務　2017年）、『時効・期間制限の理論と実務』（共著　日本加除出版　2018年）、『民法改正対応　契約書作成のポイント』（共著　商事法務　2018年）等。

【執筆者紹介】(50音順)

足立　理（あだち　まこと）

2017年弁護士登録。岩田合同法律事務所所属。渉外案件、コーポレート、個人情報保護法、知的財産法、エンターテインメント関連法のほか、紛争解決、金融関連分野等を手がけている。

〈主要著作等〉

The Legal 500: Data Protection & Cyber Security Country Comparative Guide – Japan、GIR Know how – Data Privacy and Transfer in Investigations 2019 – Japan（共著 Law Business Research 2019年）等。

飯田　晋平（いいだ　しんぺい）

2012年公認会計士登録。飯田公認会計士事務所所長。IPO支援、決算支援、法定監査等を多く手掛けるほか、ベンチャー企業の顧問等を務める。

木藤　正義（きどう　まさよし）

2003年司法書士登録。司法書士木藤事務所所長。アセットマネジメント会社の勤務経験を活かし、不動産ファイナンス、SPC組成案件などを行うほか、企業法務案件ではグループ企業の組織再編、資金調達案件などに従事。

工藤　良平（くどう　りょうへい）

2011年弁護士登録。岩田合同法律事務所所属。知的財産権一般に関する助言、特許法、商標法、不正競争防止法、著作権法、独占禁止法等の分野に関する契約交渉代理のほか、国内外における紛争解決も多く手掛けている。

〈主要著作等〉

『時効・期間制限の理論と実務［知的財産分野］』（共著　日本加除出版　2018年）、「営業秘密にかかる不正競争の差止請求訴訟における営業秘密の特定方法」（共著　知財ぷりずむ16巻186号）等。

佐々木　智生（ささき　ともお）

2016年弁護士登録。岩田合同法律事務所所属。M&A取引、争訟対応、不動産ファイナンス等を行う。

〈主要著作等〉

『一問一答 相続法改正と金融実務』（共著　経済法令研究会　2018年）、『債権法改正Q&A―金融実務の変化に完全対応―』（共著　銀行研修社　2018年）、『株主総会・取締役会等の議事録作成の実務』（共著　SMBC経営懇話会　2019年）等。

髙野　優子（たかの　ゆうこ）

2015年公認会計士登録。有限責任あずさ監査法人所属。製造業、情報通信業等の金商法監査、私立学校法人の学校法人監査、情報通信業等の上場準備会社の準金商法監査を行う。

野村　有香（のむら　ゆか）

2016年公認会計士登録。有限責任あずさ監査法人所属。小売業、情報通信業等の金商法監査、食品製造会社の会社法監査及び上場準備会社の準金商法監査に関与している。

平井　裕人（ひらい　ひろと）

2016年弁護士登録。岩田合同法律事務所所属。人事労務案件、M&A取引、IT法案件、民法改正等コーポレート案件を中心に、国内外の企業に対し広くアドバイスを行う。

〈主要著作等〉

Employment and employee benefits in Japan: overview（Practical Law）（共著 Thomson Reuters 2020年）、Japan: Labour and Employment Comparative Guide（共著 Mondaq 2020年）等。

深沢　篤嗣（ふかさわ　あつし）

2009年弁護士登録。岩田合同法律事務所所属。2013年〜2014年金融庁・証券取引等監視委員会事務局取引調査課、2017年〜2019年日本銀行決済機構局決済システム課・FinTechセンター勤務。金融規制、決済ビジネス、インサイダー取引規制等に関する助言を行う。

〈主要著作等〉

『IPOと戦略的法務─会計士の視点も踏まえて』（共著　商事法務　2015年）、「課徴金処分取消判決等を踏まえたインサイダー取引防止・情報管理の実務上の留意点」（共著　旬刊商事法務2125号）等。

藤田　浩貴（ふじた　ひろき）

2016年弁護士登録。岩田合同法律事務所所属。コーポレート、M&A取引、知的財産法・IT法分野を中心に、紛争解決、金融関連分野、経済法・競争法分野等を広く手がけている。

〈主要著作等〉

The International Comparative Legal Guide to: Cybersecurity 2020（共著 Global Legal Group 2019年）、『データ取引契約の基本と書式』（共著　中央経済社　2018年）、『ライセンス契約の基本と書式』（共著　中央経済社　2017年）等。

藤沼 香桜里（ふじぬま　かおり）

2019年弁護士登録。岩田合同法律事務所所属。人事労務案件、争訟対応、M&A取引等を行う。

〈主要著作等〉

「特集　営業店で気を付けたいハラスメント防止対策」（共著　銀行実務732号）。

藤原 宇基（ふじわら　ひろき）

2008年弁護士登録。岩田合同法律事務所所属。人事労務案件、争訟対応、M&A取引等を行う。

〈主要著作等〉

『変化する雇用社会における人事権〜配転、出向、降格、懲戒処分等の現代的再考〜』（共著　労働開発研究会　2017年）、『個人請負の労働者性の問題』（共著　第一東京弁護士会労働法制委員会編　労働調査会刊　2011年）等。

IPO物語
—— とあるベンチャー企業の上場までの745日航海記

2020年10月2日　初版第1刷発行
2021年9月5日　初版第2刷発行

編集代表	和　田　芳　幸	本　村　　　健
	武　藤　雄　木	佐　藤　新　也
編 著 者	小　池　赳　司	高　木　　　明
	池　田　美奈子	羽　間　弘　善
発 行 者	石　川　雅　規	

発 行 所　株式会社 商 事 法 務
〒103-0025 東京都中央区日本橋茅場町3-9-10
TEL 03-5614-5643・FAX 03-3664-8844〔営業〕
TEL 03-5614-5649〔編集〕
https://www.shojihomu.co.jp/

落丁・乱丁本はお取り替えいたします。　　印刷／(株)戸田明和
© 2020 Yoshiyuki Wada, Takeshi Motomura　　Printed in Japan
Shojihomu Co., Ltd.
ISBN978-4-7857-2812-0
＊定価はカバーに表示してあります。